辽宁省检察机关
优秀法律文书选编

辽宁省人民检察院 编

中国检察出版社

图书在版编目（CIP）数据

辽宁省检察机关优秀法律文书选编/辽宁省人民检察院编．—北京：中国检察出版社，2021.1

ISBN 978-7-5102-2528-4

Ⅰ.①辽… Ⅱ.①辽… Ⅲ.①检察机关—法律文书—汇编—辽宁 Ⅳ.①D926.13

中国版本图书馆 CIP 数据核字（2020）第 259707 号

辽宁省检察机关优秀法律文书选编

辽宁省人民检察院　编

出版发行：	中国检察出版社
社　　址：	北京市石景山区香山南路 109 号（100144）
网　　址：	中国检察出版社（www.zgjccbs.com）
编辑电话：	（010）86423703
发行电话：	（010）86423726　86423727　86423728
	（010）86423730　86423732
经　　销：	新华书店
印　　刷：	保定市中画美凯印刷有限公司
开　　本：	710 mm×960 mm　16 开
印　　张：	15.75
字　　数：	244 千字
版　　次：	2021 年 1 月第一版　2021 年 1 月第一次印刷
书　　号：	ISBN 978-7-5102-2528-4
定　　价：	50.00 元

检察版图书，版权所有，侵权必究
如遇图书印装质量问题本社负责调换

序 一

党的十八大以来，习近平总书记对推进全面依法治国、加强社会主义法治建设发表了一系列重要讲话，对做好政法工作多次作出重要指示和批示。中央全面依法治国工作会议上正式提出和确立了习近平法治思想，深刻回答了新时代为什么实行全面依法治国、怎样实行全面依法治国等一系列重大问题。这是新时代全面依法治国的根本遵循和行动指南，是推进国家治理体系和治理能力现代化进程中重大创新理论成果，体现了党和国家对司法机关的殷切期望和更高要求。检察机关作为国家法律监督机关，肩负着全面推进依法治国、服务保障经济社会高质量发展的神圣职责，始终牢牢坚持为大局服务、为人民司法，在助力"中国之治"中交出了优异的检察答卷。

风起于青萍之末，浪成于微澜之间。一段时期以来，经历了从机构设置、工作机制等全面重塑性变革的检察机关，在不断"自我加压"的注脚中持续抓重点检察工作，在认罪认罚从宽制度中履行主导责任、用真情落实群众来信件件有回复制度、公益诉讼守护百姓美好生活、检察长带头办案阅卷、激活沉睡的"正当防卫"、主动公布检察业务办案数据、建立以"案－件比"为核心的案件质量评价指标体系、推行检察官业绩考评机制等，充分体现了检察机关护航发展大局的责任担当和改革创新的精神。

大道之行，天下为公；良法善治，民之所向。历史早已明示，法治昌明方能国泰民安，法治废弛只会国乱民怨。改革发展稳定，离不开法治护航；经济社会建设，需要法治保护；百姓平安福祉，靠的是法治守卫。面对当今世界正在经历的百年未有之大变局，在新时代波澜壮阔的治国理政实践中，检察机关必须坚持司法为民、公正司法，为实现中华民族伟大复兴的中国梦提供司法保障。

法律文书是司法公正的晴雨表，不仅反映了检察官的法律智慧、业务水准，更代表了检察机关的办案质效、整体形象。通过规范程序形成的一系列法律文书，将已经出现的各种社会利益冲突恢复到有序的状态，解决矛盾纠纷，树立法律权威，形成全社会对法律的信仰，既融汇了检察官素养，也彰显了法治精神。

每一份法律文书背后亦是有代表性的实践案例。案例是由司法机关的生效裁判积累而成的司法资源，对于完善立法、发展理论和指导司法具有重要价值。在司法体制改革不断深入的当下，指导性案例的现实作用已愈发凸显。阅读学习优秀案例有助于司法机关统一法律适用的标准，有益于提升司法人员的司法能力，并能在一定程度上确保司法人员正确、规范行使审判、监督等权力，预防司法腐败，不断提升司法办案质效。

《辽宁省检察机关优秀法律文书选编》一书顺应了"四大检察""十大业务"的全新检察布局和发挥优秀检察法律文书示范引领作用这一大势。以严谨的评选标准、公开的评选程序，保障公正的评选结果，选出高质量、高标准的检察法律文书精品，以精品强指引、促规范，加强法律监督能力现代化建设持续"提升"，不断满足新时代新发展的更高要求。

同时，这本书将活的法律实践渗入文书样式的每一寸肌理，进一步明确了从文书结构、语法规范、事实认定、办案程序、释法说理以及办案效果等方面的检察法律文书要素，并且内容涵盖了法治化营商环境建设、命案关怀救助、认罪认罚从宽制度适用、未成年人司法保护等体现检察工作新理念、新方向的多种类检察法律文书。为检察官如何在程序规范的前提下准确适用实体法和程序法,从而提高检察文书撰写水平提供了指引,对关注问题解决的理论研究者、关注文书撰写的法律实务者而言,亦能从这本书中得到充足的养分。

法乃公器,民为邦本。司法为民,是建设法治中国的出发点和落脚点。当前实现中华民族伟大复兴的目标离我们越来越近,我们面对的社会健康发展稳定任务之重也是前所未有。新时代工作与发展,要有新气象新作为,要确保国家政治安全和社会大局稳定的局面进一步巩固,服务和保障经济社会发展大局的能力进一步提高,维护社会公平正义的水平进一步提升,使人民群众获得感、幸福感、安全感进一步增强。

习近平法治思想为新时代检察工作提供了遵循、指明了方向,检察机关要在习近平法治思想的指引下,继续奔涌在全面依法治国的新时代洪流中,坚持理论联系实际,进一步科学谋划、认清差距、鼓足干劲,将以人民为中心的发展理念落实到检察工作全过程。要善于运用习近平法治思想指导推动工作,依法履行检察职能,努力提供更加优质高效的"法治产品""检察产品",让检察事业成果惠及广大人民群众。要以求极致的精神让法律文书这面"镜子"映照出检察机关更佳的整体形象,让人民群众从每一份法律文书中读出公平正义,在每一个司法案件中感受到公平正义。

中国刑事诉讼法学研究会顾问、中国政法大学
诉讼法学研究院名誉院长、教授、博士生导师
樊崇义
2020 年 12 月

序 二

理查德·艾伦·波斯纳曾言："法律的正义是人类的发明而不是神的礼物，是促进社会进步的工具而不是一种官方的秘密。"如果一般民众与具体正义之间有时空的阻隔，那么打破这种阻隔的，就是记载案件事实、证据和法律适用的法律文书。法律文书可以成为连接二者的重要桥梁，使得一种司法过程和结果得以公开化，司法官就是这一桥梁的构筑者。

当前法律书籍可谓卷帙浩繁、门类众多，但是侧身其中的法律文书方面的书籍并不算多，而且不显山不露水，不太引人注目。观其内容，多是关于文书结构与制作要求，这类业务用书，为司法人员、法律研习者和有实际需要的人提供了"使用指南"，附带着向社会公众普及了法律文书的常识，惜乎这些书中的内容无法体现司法官的睿智与哲思，法律文书的写作也缺乏个性，司法官竭力虔心、迁思回虑而作的经典法律文书，湮没于山积波委的卷宗之间，匿影藏形，不能不令人深以为憾。

有鉴于此，辽宁省检察机关一力当先，应时而动，积极组织开展优秀法律文书评选，并一鼓作气，将全省优秀法律文书集结成书。这本书涵盖刑事、民事、行政、公益诉讼"四大检察"业务，每一份文书都源自鲜活的司法实践，展现了新时代检察官作为法律"匠人"的独特思考和法律情怀，在具体法治与社会公众之间搭建起沟通与传递之桥，正是及锋而试，众望有归，堪以告慰。

回溯古今中外，法律文书与法律制度相生相随、相互影响。历代法律文书之价值，取决于三个因素，一是案件事实之记述，二是法律适用之分析，二是写作文字之良莠。我国目前发现的最早的法律文书是西周晚期的《匜器铭文》，全文157个字，铸于青铜器之上。《匜器铭文》于1975年出土于陕西岐县，距今已近三千年，弥足珍贵。远自先秦，直到魏晋南北朝，能够保存下来的法律文书史料少之又少。究其原因：一是由于年代久远，保存殊为不易；二是当时的社会对政务文书（包括法律文书）的认识和定位，无非"虽政事之先务，然艺文之末品"。隋唐以下，有所改观，唐朝科举中增添了"试判"的内容，法律文书的地位大为提高。举子应试，要学会写"判词"，称为"拟判"。著名诗人白居易写的《甲乙判》，就是"拟判"的代表作。这些判词，受当时文风影响，语必骈俪，文必四六，言辞优美，但是内容不免虚夸空泛，被后人称为"骈判"。明清时期，判词才明叙案情事实，重视据法论理，"骈判"一变为"散判"，于成龙、张船山等审判官员的实判专集流传下来，成为楷模。时至清末，受政治变局和西学东渐的影响，执政者和法学家开始关注法律文书改革。在已有法律文书基础上，吸收西方国家的做法，对法律文书作了统一程式规定，为现代法律文书的规范化奠定基础。民国伊始，直到新中国成立，已经形成了系统的裁判文书体系。

新中国成立不久，1951年中央人民政府司法部制定了一套《诉讼用纸格式》，系统规定了诉讼文书格式；到了1956年，又制定了《公证文书格式》。这两套格式成为20世纪50年代到60年代的统一文书格式。从20世纪50年代后期开始，司法程序和法律文书制作不再受到重视，法律文书质量大为下降。及至十一届三中全会以后，法律文书制作才再一次得到规范和推广。1980年和1981年，司法部先后重新修订《诉讼文书样式》《公证文书样式》。最高人民检察院于1983年重新修改制定了《刑事检察文书样式》。为配合1996年修正的《中华人民共和国刑事诉讼法》之实施,最高人民检察院制定了《人民检察院刑事诉讼文书格式(样本)》。2001年,在总结经验的基础上,最高人民检察院再次增修下发《人民检察院法律文书格式(样本)》,首次将刑事、民事、行政法律文书和通用法律文书作了统一规定。2012年,为保证实施修改的刑事诉讼法,最高人民检察院对刑事诉讼法律文书格式样本进行了全面修改,发布了《人民检察院刑事诉讼法律文书格式样本》。2019年,最高人民检察院对《人民检察院刑事诉讼规则(试行)》进行全面修订,在修订过程中,最高人民检察院对《人民检察院刑事诉讼法律文书格式样本》同步开展了修改完善工作,并于2020年发布《人民检察院刑事诉讼法律文书格式样本(2020版)》。至此,检察机关建立了门类齐全、主旨鲜明、结构科学、要求严谨的法律文书体系。

法律文书体系的建立和完备,只是现代法治建设的起点之一。程式化的法律文书,不能空有其形式,还需要司法官以智慧和文思来填充其筋骨血肉,添加丰富的社会内容与各异的人生样态。身处法治中国的转型上升时期,司法官的职业特质如何在文字中体现,司法官撰写的法律文书能否成为诠释法治进程的最佳解说和记录,如何让司法官的思索与情感在法律文书中熠熠闪光,这些问题都值得职业司法人员深思。

将概括、抽象的法律运用到纷繁、复杂的社会生活中,是一门艺术,主导诉讼过程的司法官可以成为"艺术家",法律文书就是"艺术作品"。为创造出更多法治时代的"艺术珍品",提高这些"艺术品"的价值,司法官在撰写法律文书时,就不能只限于机械的制作和惯性的写作,还应当用心去"创作"。创作优秀法律文书,是司法官对法治时代的职业贡献。

办理案件务求精勤公道，撰写文书需要简重稳妥。创作优秀法律文书，一要做到求真，二要做到用情。求真，就要对证据抽丝剥茧，去伪存真，善于发现真相和论证事实，在说服自我的同时，还当事人和社会公众以事实本来面目，展现公信力。用情，就要遵循世俗情理来深入理解和正确适用法律，做到行与法相适、情与法互通。一份逻辑清晰、情理交融的优质法律文书，可以使讼消争止、秩复序和，乃至起到传播法律信仰、凸显司法权威的作用。

毫无疑问，法律职业是一个需要持续学习和不断提升的职业，法律文书写作不但是一项职业技能，也是法律职业永远的试卷。写好法律文书，既是对于司法官专业特性的内在要求，也是衡量司法官专业水平的重要标尺。法律文书作者的功力，离不开持之以恒的法学专业学习，离不开社会经验的长期积累，最重要的，是司法官的人文主义情怀。汪辉祖曾言："既入官则以制事为重。凡意计不到之处，剖大疑，决大狱，史无不备。不必凿舟求剑，自可触类引伸。公事稍暇，当涉猎诸史，以广识仪。慎勿谓一官一邑，不足见真实学问也。"法律文书包含着人文情怀。有了这份情怀，工作之余，才会徜徉于文山书海，从中汲取养分和力量，才会醉心于人的事务，展现司法官独有的专业思考与责任担当。在不知不觉中，潜移默化之下，取得每日寸进的愉悦，获得一种成长，在法律文书中展现真实学问，点亮更多的法治光芒。

辽宁省人民检察院这次法律文书评比，体现了一种意识：用一种文书载体，检验检察官的法律素养和人文情怀，提升检察官的专业意识和司法技能。将这些优秀文书集结成书，使检察官的"艺术珍品"不再湮没，它们化身为桥，打破具体正义与一般公众之间的时空阻隔，形成一种专业内外的沟通。可以肯定，这些法律文书的娩出，也会鼓舞司法官写好每一份法律文书，让更多更优秀的法律文书展现法律职业共同体的法律信仰和法治精神。

清华大学法学院教授

2020 年 12 月

目录

序一 ······ 樊崇义 1

序二 ······ 张建伟 2

刑事检察类优秀法律文书

杨某某等人买卖国家机关证件、诈骗、交通肇事、包庇案公诉意见书
　　——依法办理18年未破案件，彰显公平正义 ······ 3
　　基本案情 ······ 3
　　诉讼过程 ······ 4
　　典型意义 ······ 4
　　法律文书 ······ 5
　　评委点评 ······ 14

某港集团涉嫌合同诈骗案不起诉理由说明书
　　——依法适用法定不起诉，优化营商环境 ······ 16
　　基本案情 ······ 16
　　诉讼过程 ······ 17
　　典型意义 ······ 17
　　法律文书 ······ 18
　　评委点评 ······ 20

贾某某等人非法买卖枪支、非法持有枪支案羁押必要性审查意见书

——大胆探索羁押必要性审查，体现执法温度 ················ 22

- 基本案情 ·· 22
- 检察机关监督过程 ·· 22
- 典型意义 ·· 24
- 法律文书 ·· 24
- 评委点评 ·· 25

加强和改进监狱监管和执法工作检察建议书

——以共赢监督理念为指引，监督解决监狱系统问题 ········ 27

- 事件背景 ·· 27
- 检察机关监督过程 ·· 27
- 典型意义 ·· 28
- 法律文书 ·· 28
- 评委点评 ·· 31

加强企业零部件管控检察建议书

——延伸检察职能，保障民营经济发展 ······························ 32

- 事件背景 ·· 32
- 检察机关监督过程 ·· 32
- 典型意义 ·· 33
- 法律文书 ·· 33
- 评委点评 ·· 36

孙某某故意伤害案量刑建议书

——依法适用认罪认罚从宽制度，切实提高司法效率 ········ 37

- 基本案情 ·· 37
- 诉讼过程 ·· 37

典型意义 ………………………………………………… 38
　　法律文书 ………………………………………………… 39
　　评委点评 ………………………………………………… 40

高某、田某涉嫌贷款诈骗案补充侦查提纲

　　——引导补充侦查，保证事实清楚证据确实充分 ……… 42
　　基本案情 ………………………………………………… 42
　　诉讼过程 ………………………………………………… 42
　　典型意义 ………………………………………………… 43
　　法律文书 ………………………………………………… 43
　　评委点评 ………………………………………………… 46

邓某某等人利用未公开信息交易案刑事抗诉书

　　——依法提起刑事抗诉，严惩"老鼠仓" ……………… 48
　　基本案情 ………………………………………………… 48
　　诉讼过程 ………………………………………………… 48
　　典型意义 ………………………………………………… 49
　　法律文书 ………………………………………………… 50
　　评委点评 ………………………………………………… 52

某电子商务有限公司被诈骗、盗窃系列案件检察建议书

　　——依法及时发出检察建议，帮助电商企业堵塞管理漏洞 ……… 53
　　事件背景 ………………………………………………… 53
　　检察机关监督过程 ……………………………………… 53
　　典型意义 ………………………………………………… 54
　　法律文书 ………………………………………………… 54
　　评委点评 ………………………………………………… 58

孙某某强奸案刑事抗诉书

——准确认定案件事实，严厉打击性侵害未成年人犯罪 ……… 59
  基本案情 ……………………………………………………… 59
  诉讼过程 ……………………………………………………… 59
  典型意义 ……………………………………………………… 59
  法律文书 ……………………………………………………… 60
  评委点评 ……………………………………………………… 64

刘某某合同诈骗案纠正违法通知书

——依法监督，凸显保障人权理念 ………………………… 65
  基本案情 ……………………………………………………… 65
  诉讼过程 ……………………………………………………… 65
  典型意义 ……………………………………………………… 65
  法律文书 ……………………………………………………… 66
  评委点评 ……………………………………………………… 67

高某某申请国家赔偿案刑事赔偿复议决定书

——依法保障赔偿请求人的刑事赔偿权利 ………………… 69
  事件背景 ……………………………………………………… 69
  检察机关监督过程 …………………………………………… 69
  典型意义 ……………………………………………………… 70
  法律文书 ……………………………………………………… 70
  评委点评 ……………………………………………………… 72

冯某某涉嫌故意伤害案不起诉决定书

——依法适用不起诉，维护残疾人正当防卫权 …………… 74
  基本案情 ……………………………………………………… 74
  诉讼过程 ……………………………………………………… 74

典型意义 ·· 75
　　法律文书 ·· 76
　　评委点评 ·· 77

张某故意杀人案补充侦查提纲
　　——全方位细致补充侦查，成功起诉欠缺客观证据的陈年杀人案
·· 79
　　基本案情 ·· 79
　　诉讼过程 ·· 79
　　典型意义 ·· 80
　　法律文书 ·· 80
　　评委点评 ·· 84

宋某某等人恶势力犯罪集团案起诉书
　　——精准定性，依法认定恶势力犯罪集团 ················ 86
　　基本案情 ·· 86
　　诉讼过程 ·· 86
　　典型意义 ·· 87
　　法律文书 ·· 87
　　评委点评 ·· 92

邱某交通肇事案支持刑事抗诉意见书
　　——依法履行刑事与附带民事双重监督，两次抗诉均获改判 ······ 94
　　基本案情 ·· 94
　　诉讼过程 ·· 94
　　典型意义 ·· 95
　　法律文书 ·· 96
　　评委点评 ·· 99

对李某甲、刘某某国家司法救助决定书

——命案关怀，扶贫助残开启生活新希望 ················ 101
- 事件背景 ·· 101
- 检察机关监督过程 ·· 101
- 典型意义 ·· 102
- 法律文书 ·· 102
- 评委点评 ·· 104

民行公益检察类优秀法律文书

全某公司借款合同纠纷虚假诉讼案民事抗诉书

——六份民事抗诉书直击虚假诉讼，切实保护民营经济 ········ 107
- 基本案情 ·· 107
- 诉讼过程 ·· 107
- 典型意义 ·· 108
- 法律文书 ·· 109
- 评委点评 ·· 171

丁某等人与某宾馆有限责任公司劳务合同纠纷虚假诉讼案再审检察建议书

——依法适用再审检察建议，严厉打击虚假诉讼 ············ 172
- 基本案情 ·· 172
- 诉讼过程 ·· 172
- 典型意义 ·· 173
- 法律文书 ·· 174
- 评委点评 ·· 179

目 录

某县农业农村局怠于履行中华蜜蜂品种资源保护职责案检察建议书
——依法履行公益监督职责，保护本地区生物多样性……………… 181
  基本案情……………………………………………………………… 181
  检察机关监督过程…………………………………………………… 181
  典型意义……………………………………………………………… 182
  法律文书……………………………………………………………… 182
  评委点评……………………………………………………………… 183

林某某与某矿业有限公司劳动报酬纠纷虚假诉讼案执行检察建议书
——创新办案模式，实现"五位一体"监督……………………… 185
  基本案情……………………………………………………………… 185
  诉讼过程……………………………………………………………… 185
  典型意义……………………………………………………………… 186
  法律文书……………………………………………………………… 186
  评委点评……………………………………………………………… 189

李某某、徐某某民间借贷纠纷虚假诉讼案民事抗诉书
——依法调查核实证据，打击虚假诉讼……………………………… 190
  基本案情……………………………………………………………… 190
  诉讼过程……………………………………………………………… 190
  典型意义……………………………………………………………… 192
  法律文书……………………………………………………………… 193
  评委点评……………………………………………………………… 195

某资产管理股份有限公司某省分公司申请执行监督案检察建议书
——依法运用调查核实权，督促法院执行陈年旧案………………… 196
  基本案情……………………………………………………………… 196
  诉讼过程……………………………………………………………… 196

典型意义 ··· 197
　　法律文书 ··· 198
　　评委点评 ··· 202

位某某与某矿业有限公司、刘某某追索劳动报酬纠纷虚假诉讼案民事抗诉书

　　——查明虚假诉讼事实，依法提出抗诉 ································· 203
　　基本案情 ··· 203
　　诉讼过程 ··· 203
　　典型意义 ··· 204
　　法律文书 ··· 204
　　评委点评 ··· 206

某市市场监督管理局与交通运输公司企业注销登记行政行为案行政抗诉书

　　——依法抗诉纠正错案，督促行政机关依法行政 ····················· 208
　　基本案情 ··· 208
　　诉讼过程 ··· 208
　　典型意义 ··· 209
　　法律文书 ··· 210
　　评委点评 ··· 214

甲银行与乙银行等借款合同纠纷案执行检察建议书

　　——参考指导性案例，提升监督质效 ··································· 216
　　基本案情 ··· 216
　　诉讼过程 ··· 217
　　典型意义 ··· 217
　　法律文书 ··· 218
　　评委点评 ··· 227

附：获奖单位名单 ·· 228

刑事检察类优秀法律文书

杨某某等人买卖国家机关证件、诈骗、交通肇事、包庇案公诉意见书*

——依法办理18年未破案件，彰显公平正义

基本案情

被告人杨某某、孙某系夫妻关系。2007年至2017年间，被告人杨某某、孙某在明知渔业船舶所有权证书不得单独买卖的情况下，仍非法买卖渔业船舶所有权证书，由杨某某联系决定买卖船证及船证的价格，购买船证的钱款及出售船证所获取的赃款均由孙某支付和收取。被告人杨某某、孙某非法买卖渔业船舶所有权证书共14本，非法获利约人民币2210000元。

2007年至2016年国家实行渔用柴油补贴政策期间，被告人杨某某、孙某通过隐瞒部分船证无对应渔船、部分渔船未出海作业以及通过成立虚假养殖合作社等手段，骗取申领补贴所需的全部材料后，骗领国家渔用柴油补贴款。其间，被告人王某甲、郭某明知上述情况不符合国家渔用柴油补贴标准，在杨某某、孙某的授意下，仍通过套用船只进行船舶检验、骗领相关手续等方式，分别为杨某某、孙某骗取国家渔用柴油补贴款提供帮助，并将所获赃款全部交予孙某，被告人杨某某、孙某诈骗国家渔用柴油补贴款共计人民币2303703元。

2001年4月17日17时许，被告人杨某某雇佣的船长即被告人宋某某驾驶辽*渔60197号钢壳渔船在收网后向**方向行驶欲去**岛修船。航行中，宋某某召集张某乙、王某甲、鞠某某、孙某甲等人在驾驶室喝酒，并将渔船交给没有驾驶资质的新船员即被告人张某甲驾驶。当日20时至21时许，张某甲驾

---

* 本文书荣获辽宁省检察机关优秀法律文书评选活动一等奖。

驶辽＊渔60197号渔船行驶至东经123°32′左右，北纬38°45′左右时，其在雷达中发现前方海域有不明物体，后张某甲将情况向宋某某反映，宋某某来到驾驶室发现该物体为"站锚"船只时，虽紧急调整方向，但辽＊渔60197号渔船左前侧仍撞向被害人王某乙的辽＊渔8021号木质渔船艉部，撞船后宋某某不仅没有及时采取救援措施，而是命令船员将辽＊渔60197号渔船船灯关闭，指使张某甲驾驶船只逃离肇事海域。因被撞的辽＊渔8021号渔船破损严重逐渐下沉，最终造成被害人王某乙、管某某、王某丙、王某丁、万某某、陈某某6人因未得到及时救助而落海失踪，仅李某某一人于次日凌晨被救得以幸存的特大海上交通事故。

另查明，2001年7月至2015年间，被告人杨某某明知被告人宋某某有交通肇事且逃逸的事实，为使宋某某逃避法律制裁，仍指使宋某某作虚假供述，并让宋某某叮嘱船员在接受调查时统一口径，即未在案发时经过涉案海域。被告人宋某某及部分船员根据杨某某的授意，在接受公安机关的调查时多次作虚假供述，意图使宋某某免受刑事追究，造成案件长达18年未结、被害人近亲属多年上访的恶劣影响。

诉讼过程

本案由＊＊县公安局侦查终结，以被告人杨某某、孙某、王某甲、郭某某、宋某某、张某甲分别涉嫌组织、领导、参加黑社会性质组织罪，非法经营罪，寻衅滋事罪，诈骗罪，买卖国家机关证件罪，交通肇事罪，包庇罪，于2019年2月21日向＊＊县检察院移送审查起诉。其间，＊＊县检察院经过两次退查。期间，延长审查起诉期限15日。＊＊县检察院于2019年7月25日向＊＊县人民法院提起公诉，＊＊县法院于2019年9月17日公开开庭审理本案，并于2020年1月23日宣判。

典型意义

本案公诉意见的典型意义在于各个罪名的证据论证说理充分，法庭教育感化深入人心。公安机关是以杨某某等人涉嫌组织、领导、参加黑社会性质组织罪等罪名移送检察院审查起诉的涉黑案件，省市县三级检察机关高度重视，在本案办理过程中，检察院办案组成员通过多次提讯被告人、听取被告人及辩护人意见、听取被害人意见等，严格证据标准，对组织、领导、参加黑社会性质组织等罪未予认定。但该案件属于全地区影响较大的案件，在制作公诉意见时对案件的证据情况进行了充分论证，且清晰地在法庭中予以展示。同时，因本案涉及一起长达18年未走入刑事审判程序的交通肇事案件，十余名被害人家属从其他省份到庭参加庭审，所以在公诉意见中，对交通肇事罪及包庇罪的部分从案件事实证据和人性感化的角度叩问被告人的心灵，也体现检察机关的公正与温情，取得了较好的庭审效果。

法律文书

** 县人民检察院
公诉意见书

被 告 人：杨某某、孙某、王某甲、郭某某、宋某某、张某甲
案　　由：买卖国家机关证件罪、诈骗罪、交通肇事罪、包庇罪
起诉书号：*检公诉刑诉〔2019〕*号

审判长、审判员、人民陪审员：

　　今天，被告人杨某某、孙某、王某甲、郭某某、宋某某、张某甲买卖国家机关证件罪、诈骗罪、交通肇事罪、包庇罪一案在此公开开庭，为有效打击犯罪、弘扬法治正义，根据《中华人民共和国刑事诉讼法》第一百八十九条、第一百九十八条和第二百零九条的规定，我们受**县人民检察院的指派，代表本院，以国家公诉人的身份，出席法庭支持公诉，并依法对刑事诉讼实行法律监督。

　　通过刚才的法庭调查，公诉人讯问了被告人，向法庭宣读了证人证言，出示了物证、书证等相关证据，这些证据均系侦查机关通过合法程序取得，被告

人及其辩护人对上述证据进行了充分质证，法庭对被告人的犯罪事实进行了全面详尽地审理。这些证据形成完整的证据体系，构成指控犯罪的基石，充分证明本院起诉书指控六名被告人的犯罪事实清楚，证据确实、充分，适用法律准确。现对本案证据和案件情况发表如下意见，请法庭注意。

一、被告人杨某某、孙某的行为构成买卖国家机关证件罪，犯罪事实清楚，证据确实、充分

《中华人民共和国刑法》第二百八十条第一款规定，买卖国家机关证件罪是买卖国家机关证件的行为。

被告人杨某某、孙某在明知渔业船舶所有权证书不得单独买卖的情况下，非法买卖渔业船舶所有权证书的行为，构成买卖国家机关证件罪。其中，被告人杨某某、孙某单独出售10个渔业船舶所有权证书的犯罪事实有被告人杨某某、孙某、王某甲等人的供述，也得到了中间人张某乙、田某某以及买证人盛某某、高某某、傅某某、马某某、李某甲等人的证言证实，且有相关书证予以佐证，形成完整证据锁链。被告人杨某某、孙某单独通过他人购买4个渔业船舶所有权证书的犯罪事实有杨某某、孙某的供述，得到了证人田某某、林某某、王某乙、张某丙等人的证实，能够相互印证，且有相关书证予以佐证，形成完整证据锁链。上述证据之间能够相互印证，形成完整的证据锁链，结合前两次的庭审，足以证明被告人杨某某、孙某的行为构成买卖国家机关证件罪。

被告人杨某某、孙某所买卖的渔业船舶所有权证属于国家机关证件，在买卖国家机关证件犯罪过程中，杨某某与孙某系共同犯罪，二人共计买卖渔业船舶所有权证书14个。虽然在法庭调查和举证环节中，杨某某、孙某对该罪名拒不认罪，杨某某辩称全国都这样进行，没有规定不让买卖，还将其犯罪行为说成是帮国家清理三无船只；而声称从九十年代初就开始养船对该行业非常熟悉的被告人孙某，却在面对公诉人发问时，声称不知道船舶所有权证书是干什么的，不知道不允许单独买卖船证，也没有买卖过船证，在买卖合同上签字也是按照杨某某说的照做等。然而，事实是杨某某、孙某二人为了钻法律的空子，在所有的单独买卖船证的合同上，均签订的是连船带证买卖，且合同价格与实际交易价格相差甚远，其二人对法律禁止单独买卖船证的主观明知不言自明。在面对诸多证人证言、书证等证据面前，二人的辩解显得苍白无力，不能

被采信。

二、被告人杨某某、孙某、王某甲、郭某某的行为构成诈骗罪，犯罪事实清楚，证据确实充分

《中华人民共和国刑法》第二百六十六条规定，诈骗罪是以非法占有为目的，用虚构事实或者隐瞒真相的方法，骗取他人财物的行为。

被告人杨某某、孙某与王某甲、郭某某交叉结伙，以非法占有为目的，在明知国家给予渔船燃油补贴，需渔船出海作业且船证相符的情况下才能领取，为了躲避检查以及领取国家燃油补贴，杨某某通过将单独购买的船证套在自家三无船只上工作等隐瞒船证不符的真相，通过郭某某、王某甲的帮助，骗取国家渔船燃油补贴款的行为构成诈骗罪。

在涉案的八笔诈骗共同犯罪中，被告人杨某某、孙某系主犯，是犯意的提起者和指使者，在被告人杨某某的指使下，被告人郭某某、王某甲先后在骗领国家渔用柴油补贴款的过程中提供帮助行为。在本案中，被告人孙某在杨某某的**公司中掌管钱款，从买卖船证的证据看，杨某某买船证的钱由孙某支付，因单独买船证和连船带证购买的价格显然不一致，孙某明知杨某某有单独购买船证的事实，其本人也供认与杨某某单独买卖过船证，将买来的船证套在自家黑船上领取过燃油补贴，事前买证意欲骗领油补的主观概括故意显而易见。而王某甲、郭某某均证实是孙某让其领取油补款。杨某某、王某甲、郭某某的供述以及孙某银行交易流水均证实骗取的燃油补贴款最终均到了孙某手中。上述证据足以证明孙某全程参与骗取国家渔用柴油补贴款的事实，即孙某明知有些渔船存在船证不符的情况，仍然通过隐瞒真相的方式，指使郭某某或王某甲等办理相关手续骗领国家燃油补贴的事实。尽管其在侦查及审查起诉阶段对大部分犯罪事实称具体情况记不清，但自本案第一次庭审开始，孙某及其辩护人均辩称孙某在公司无任职，不参与公司管理，没有参与诈骗犯罪行为，也将原本孙某与其他同案犯的供述相互印证的由孙某指使郭某某、王某甲领取油补、领取到的油补给孙某等事实进行曲解为"给孙某"是指转到孙某名下的卡里，卡也不在孙某手里，孙某也没有交代过二人领取油补，推卸罪责的目的昭然若揭。可其辩解与孙某辩护人的辩护意见显然不能自圆其说，不论是庭审前已经形成的证据体系还是三次庭审中杨某某本人供认领取的油补给家属孙某了，还

是孙某当庭声称因为老公特别爱自己，钱都汇到其存折里，抑或是郭某某在辩护人发问下证实是孙某让其去领油补，领到的钱给了孙某等，均能够证实孙某有具体参与行为，所以孙某所谓的其只是一个家庭妇女、不参与公司管理、具体事情不清楚等辩解显然不能成为其推脱罪责的借口。

被告人王某甲2014年开始管理船证及办理燃油补贴手续后，其明知船证下无船或不符合领取条件，仍一手经办骗取燃油补贴相关手续并通过找人刷船号等方式过船检，实施具体实行行为，在诈骗犯罪过程中起到积极主要作用，应依法认定为主犯，在2014年以后骗取燃油补贴款的犯罪过程中，王某甲全部参与，应予以全部认定。

而本案中，被告人郭某某系帮助杨某某顶名部分船只，在办理部分船只燃油补贴款手续，将领取到的赃款交付给孙某。在2015年前，领取油补卡还放在孙某处，故其在诈骗犯罪过程中仅起到帮助作用，应按照其具体参与的犯罪数额认定。

对于上述事实，除了有四名被告人的有罪供述和当庭供述之外，还有相关的证人证言、书证等证据材料予以佐证，上述证据之间能够相互印证，形成完整的证据体系，结合今天的庭审，足以证明杨某某等四名被告人的行为构成诈骗罪，犯罪事实清楚，证据确实、充分。

三、被告人宋某某、张某甲的行为构成交通肇事罪，被告人杨某某的行为构成包庇罪，犯罪事实清楚，证据确实、充分

《中华人民共和国刑法》第一百三十三条规定，交通肇事罪是违反交通运输管理法规，因而发生重大事故，致人重伤、死亡或使公私财产遭受重大损失的行为。

被告人宋某某明知船员即被告人张某甲在不具备驾驶船舶资格的情况下，仍指使张某甲驾驶船舶，违反交通运输管理法规，因而发生特大海上交通事故，行为构成交通肇事罪。同时在事故发生后，宋某某作为船长在明知对方船只被撞后有可能沉没造成人员伤亡的情况下，却未停船检查，救助伤员，而是下令闭灯开船，导致对方六名船员失踪的特大海上交通事故，其行为属于交通运输肇事后逃逸，致使被撞的辽＊渔8021号渔船因破损严重逐渐下沉以及六名船员即被害人王某丙、管某某、王某丁、王某乙、万某某、陈某某因未得到

及时救助而落海失踪，其逃逸行为与失踪结果之间具有刑法上的因果关系，应认定为因逃逸致人死亡。

被告人张某甲无证驾驶船舶在海上行驶，违反交通运输管理法规，未能及时发现对方船舶，因而发生特大海上交通事故，致六人落海失踪，其行为构成交通肇事罪，且属于具有其他特别恶劣情节。

对于上述事实，有被告人宋某某、张某甲的供述以及辽*渔8021号幸存船员李某乙的证言及相关书证等，能够相互印证，形成完整的证据体系，结合今天的庭审，足以认定张某甲交通肇事及宋某某交通肇事后逃逸的犯罪事实。

被告人杨某某明知宋某某、张某甲是造成多人失踪的海上交通事故的肇事者，仍指使宋某某在接受调查时将肇事时间和地点作虚假供述，意图使二人免受刑事追究的行为，其行为构成包庇罪。因杨某某分别于2001年、2005年两次指使宋某某、张某甲作虚假供述，导致该特大海上交通肇事案件长达十八年未能结案，被害人近亲属四处上访，社会影响较大，且宋某某的行为属于因逃逸致人死亡，法定刑为七年以上有期徒刑等，故应认定杨某某的行为属于情节严重的包庇犯罪行为。

四、被告人杨某某、孙某、王某甲、郭某某、宋某某、张某甲应负的法律责任

（一）关于诈骗犯罪数额的认定

被告人杨某某、孙某实施诈骗国家渔用柴油补贴犯罪八笔，涉案数额共计人民币2303703元，数额特别巨大。

被告人王某甲参与诈骗国家渔用柴油补贴犯罪四笔，涉案数额共计人民币1701895元，数额特别巨大。

被告人郭某某参与诈骗国家渔用柴油补贴犯罪三笔，涉案数额共计人民币706708元，数额特别巨大。

（二）共同犯罪中主从犯的认定

《中华人民共和国刑法》第二十六条规定在共同犯罪中起主要作用的，是主犯；第二十七条规定在共同犯罪中起次要或者辅助作用的，是从犯。

1. 在诈骗犯罪过程中，被告人杨某某应认定为主犯。其系**公司法人，涉案领取油补船只的实际所有人，系骗领油补犯意的提起者和指使者，其在共

同犯罪中起主要作用，系主犯。

2. 被告人孙某应认定为主犯。除了与杨某某系夫妻这层关系之外，孙某系 ** 公司财物实际掌管者，这也得到了孙某当庭供述的印证，孙某当庭表示因为老公杨某某特别爱自己，把钱都汇到其存折里。在本案中，骗领油补的涉案船只除了孙某名下之外，还有其他人顶名，但实际均为杨某某、孙某夫妻二人所有，从孙某本人供述提及的"买证套在自家黑船上既能逃避检查监管还能领取油补"已然是与杨某某形成诈骗的合意，在骗领油补过程中，孙某指使郭某某、王某甲等人领取油补，二人将领取的油补钱款亦全部交由孙某，所有赃款尽入孙某囊中。综上孙某在共同犯罪中起主要作用，系主犯，只是相较杨某某而言作用较小。

3. 被告人王某甲应认定为主犯。王某甲在明知涉案渔船不符合领取油补条件的情况下，仍在杨某某的授意下一手经办骗取燃油补贴相关手续，并通过找人刷船号替代船检、成立虚假养殖合作社等手段骗领国家渔用柴油补贴款，在犯罪过程中实施具体实行行为，在共同犯罪过程中起到积极主要作用，系主犯。

4. 被告人郭某某在诈骗共同犯罪过程中，明知其顶名的渔船证下存在有证无船的情况，仍协助办理部分船只燃油补贴款手续，将其名下领取补贴款的银行卡放于孙某处或将领取的补贴款交由孙某，其在共同犯罪过程中起次要辅助作用，系从犯。

综上，被告人杨某某、孙某、王某甲在共同犯罪中起主要作用，系主犯，应依照《中华人民共和国刑法》第二十六条第四款的规定予以处罚。被告人郭某某在共同犯罪中，起次要作用，系从犯，应依照《中华人民共和国刑法》第二十七条第二款的规定予以处罚。

（三）自首与坦白的认定

《中华人民共和国刑法》第六十七条第一款规定犯罪以后自动投案，如实供述自己的罪行的，是自首。第三款规定犯罪嫌疑人虽不具有自首情节，但如实供述自己罪行的，可以从轻处罚。

《最高人民法院关于处理自首和立功具体应用法律若干问题的解释》规定，如实供述自己的罪行，是指犯罪嫌疑人自动投案后，如实交代自己的主要犯罪事实。共同犯罪案件中的犯罪嫌疑人,除如实供述自己的罪行,还应当供述所知的同案犯,主犯则应当供述所知其他同案犯的共同犯罪事实,才能认定为自首。

1. 被告人郭某某系自首。被告人郭某某经电话传唤后主动向公安机关投案,且到案后如实交代自己的主要犯罪事实,还如实供述所知的同案犯的共同犯罪事实。供述主要犯罪事实,是自首,应依照《中华人民共和国刑法》第六十七条第一款的规定予以处罚。

2. 取消被告人杨某某在买卖国家机关证件罪中坦白的认定。起诉书中认定杨某某在买卖国家机关证件罪中具有坦白情节,是基于杨某某在侦查和审查起诉阶段对该部分主要犯罪事实予以供认。而在开庭审理期间,杨某某当庭否认检察机关对该部分犯罪事实和罪名的指控,不但推翻原有供述,更是对孙某参与共谋、拿钱买证、收取卖证赃款等事实予以否认,所以检察机关当庭取消对杨某某在买卖国家机关证件罪中坦白的认定。

3. 被告人孙某不具有坦白情节。被告人孙某系被抓获到案,且到案后未能如实供述自己的主要犯罪事实,不构成坦白。

4. 取消对被告人王某甲、宋某某、张某甲坦白情节的认定。起诉书中认定被告人王某甲、宋某某、张某甲被抓获到案后均能如实供述自己及同案犯的主要犯罪事实,具有坦白情节,依法可以从轻处罚,但是通过前后三次庭审可以看出,王某甲、宋某某、张某甲三名被告人均不同程度地推翻了之前在侦查阶段和审查逮捕、审查起诉阶段的有罪供述,否认起诉书指控的主要犯罪事实,检察机关当庭取消对王某甲、宋某某、张某甲三名被告人的坦白认定。

(四) 其他量刑情节

1. 被告人王某甲具有前科,系共同犯罪中作用相对较小的主犯,未参与分赃。

2. 被告人郭某某没有参与分赃,在共同犯罪中系从犯。

3. 被告人宋某某的行为属于交通肇事后逃逸,致使六人得不到救助而失踪,法定刑为七年以上有期徒刑。

4. 被告人张某甲造成六人失踪的特大海上交通事故,属于交通肇事情节特别恶劣,法定刑为三年以上七年以下有期徒刑。

5. 被告人杨某某明知是犯罪的人而作假证明包庇，属于犯罪情节严重，法定刑为三年以上十年以下有期徒刑。

五、本案的社会危害性和应吸取的教训

买卖国家机关证件罪侵犯的是国家机关的正常管理活动和信誉，国家机关证件是国家机关在社会一定领域、一定方面实行管理活动的重要凭证和手段，任何买卖国家机关证件的行为，都会影响其正常管理活动，损害其名誉，从而破坏社会管理秩序。被告人杨某某、孙某借着渔业船舶的特殊性，通过签订连船带证购买这种内容不真实的买卖协议规避法律监管，逃避了相关部门对渔船的监督检查，进而又实施了诈骗油补等犯罪行为，获取非法利益，严重破坏了社会管理秩序。

诈骗罪是侵犯财产的犯罪，侵害了公私财产的所有权。被告人杨某某出身农村，十余岁便跟随叔叔在海上打工谋生，靠着辛勤肯干和把握机遇，一步步创造积累财富，原本与被告人孙某经营着美满幸福的家庭，夫妻和睦，子女绕膝。但二人却忘了君子爱财，取之有道的古训，其结果是得到了原本不该得到的，必将失去原本不该失去的。广厦千间不过夜宿八尺，良田万顷也不过日食三餐，人生应该有追求，但也应该有必要的满足，无节制地追求那叫贪婪。坐在被告席上的杨某某、孙某二人今天的认罪态度，公诉人并不意外，无论杨某某、孙某有着怎样的侥幸心理，支撑着他们拒不供认犯罪事实，在确凿的证据面前拒不认罪悔罪，公诉人都要提醒被告人杨某某、孙某的是，法律的温情在于对如实供述犯罪事实、认罪悔罪的，给予从轻处罚；但对于情节严重，拒不认罪悔罪的，必将获得严惩，目的就是彰显法律的威严。被告人王某甲、郭某某本系杨某某、孙某公司的员工，但明知其二人从事违法犯罪活动，仍提供帮助行为，归根结底是由于自身的法律意识淡薄，但法律面前人人平等，同样也坐到今天的被告席一并接受法律的惩处。公诉人希望被告人王某甲、郭某某通过今天的庭审能够对自己的行为有个清醒的认识，认罪服法，争取法庭的从宽处罚，在今后的工作生活中严守法律底线，做一名遵纪守法的公民。

交通肇事罪是危害公共安全的犯罪。在现实生活中，交通运输与我们每一个人的生命和财产的安全都是紧密相连的，而由于海上交通的特殊性和复杂性，一旦发生碰撞，肇事者为逃避法律责任、不履行救助义务等逃逸，极易造成严重危害后果。本案中正是由于被告人宋某某、张某甲的交通肇事及宋某某指使逃逸的行为,导致六个鲜活生命的逝去。通过幸存者的描述,我们不难想象他们在死之前,经历了一段怎样的痛苦过程,又含着多少对父母妻儿不舍与牵挂离开了这个世界,六个原本幸福美满的家庭就这样支离破碎,被害人家属悲痛欲绝,人非草木,孰能无情?扪心自问,被告人宋某某、张某甲,你们能感受到被害人家属心灵永远的痛吗?你们能体会到一夜之间失去儿子、父亲的被害人家属的心吗?

事发后,被告人杨某某明知宋某某撞船死了不少人,可能涉嫌刑事犯罪,第一个想到的不是作为公司法人承担起该有的责任,配合港监及公安部门调查案件,积极担负起连带责任安抚、赔偿被害人及其家属的经济损失,反而却百般出谋划策,指使肇事者宋某某隐瞒真实的肇事时间、地点,向调查机关作出虚假供述,还让宋某某传达给其船员口径一致,导致该案正是因为在这两处关键事实上供证相反,无法得到印证,案件迟迟未能终结,达到了其让宋某某、张某甲逃避刑事追责的目的。在本地,老百姓都知道杨某某,但对这个人却褒贬不一,更多的是杨某某有势力、惹不起。公诉人今天不评判杨某某过往的是非对错,单就从这一事件来看,因为杨某某指使宋某某作假证,从 2001 年 7 月案发后 ** 市公安局初次侦查开始、到 2005 年元旦后 ** 市公安局再次启动侦查,原本因交通肇事逃逸应被判处七年以上有期徒刑的犯罪嫌疑人仅仅在被羁押了两个月后就走出了看守所的大门。期间,宋某某先后多次到 ** 市公安局签字取录,也是杨某某亲自陪同,并告诉宋某某在这件事上要守口如瓶。直至 2018 年本案指定 ** 县公安局管辖后,宋某某、张某甲于 2018 年 11 月先后到案,却仍未将真实撞船地点作如实供述。而杨某某之所以包庇宋某某,目的是让其逃避刑事责任,也是害怕追查到自家公司是否涉及越境捕捞,更是害怕公司需要承担的连带民事赔偿责任,使得被害人家属时至今日未得到一分钱的赔偿。杨某某本人当庭称自己每年拿出不少金钱来做慈善,足以见得杨某某不是没有能力赔偿,而是有能力赔偿却不赔,作为一个公司法人,这叫没有担当;作为一个人,这叫没有良知。也正是杨某某、宋某某、张某甲缺少了对生命最起码的敬畏与良知,使得早该结案的特大海上交通肇事案件在长达十八年的时间里未能结案。十八年,六名被害人中有的父母早已年迈甚至离世、有的孩子从咿呀学语到长大成人，却仍未得到他们的儿子、父亲的那份公正的判决。公诉人想说——公平正义也许会迟到，但永远不会缺席。今天被告人杨某某、宋某某、张某甲在被告席上接受庄严的法庭审理，公诉人希望被告人宋某某、张某甲以及杨某某能够珍惜今天庭审的机会，不要避重就轻、推卸责任，也只有真诚地认罪、悔罪，接受法律制裁，才能给自己愧疚的灵魂一个救赎，真正地抬起头来重新做人，也希望这样的人间悲剧不再上演。

综上所述，请法庭依据被告人杨某某、孙某、王某甲、郭某某、宋某某、张某甲犯买卖国家机关证件罪、诈骗罪、交通肇事罪、包庇罪的事实、性质、情节、对社会的危害程度及其认罪态度，依法作出公正的判决，以安抚本案中被害人的家属，警示潜在的犯罪分子，彰显公平正义，还受害人家属一个公道，还社会一个朗朗乾坤。

审判长，公诉意见发表完毕。

公诉人：王某某　刘某　陈某某

2019 年 10 月 15 日当庭发表

评委点评

该份公诉意见书制作规范，观点明确、论理充分、重点突出，体现了公诉意见书总结性、论证性、补充性、教育性的特点。在整体布局谋篇上，充分考虑案件事实、证据以及各被告人庭审表现等，对案件定性部分进行条理清晰地论证，对量刑情节、法律适用进行明确地阐述说理，并结合本案实际情况深刻剖析社会危害性和深入开展法庭教育。整篇公诉意见书重点鲜明、情理结合，通过对事实证据的理性分析达到法律的释明，通过法庭教育中对社会危害性的细腻表达引发情感共鸣，使得该篇公诉意见书恰当融合了理性与感性，让指控更有力度。

不足之处：（1）部分量刑情节的表述不明确，如在郭某某自首情节的认定中，该份公诉意见书表述为"应依照《中华人民共和国刑法》第六十七条第一款的规定予以处罚"，没有明确可以还是不可以，从轻还是减轻。（2）文书规范性有待加强，量刑情节认定部分"取消被告人杨某某在买卖国家机关证件罪中坦白的认定"的表述不规范，第一，在起诉书中对于自首、坦白等可能在庭审中发生变化的情节不宜认定；第二，虽然在起诉书中认定了这一情节，但公诉意见书是结合庭审实际情况对案件事实、证据、量刑情节的全面阐述，未表述认定就是不予认定，何谈取消。

某港集团涉嫌合同诈骗案不起诉理由说明书*
——依法适用法定不起诉，优化营商环境

 基本案情

2017年之前，某港集团某港区海域内北纬39°40′以南区域存在养殖户在未办理养殖证的情况下私自养殖杂色蛤的问题。2017年4月，某港集团决定，委托房某某、单某某管理某港区海域，承诺其可以在不影响航道的前提下在港口海域内养殖，也可以向养殖户收取费用。房某某每年向某港集团支付7500万元。

房某某获得海域管理权后，成立某港某港区海域疏浚办公室，并召集区域内的养殖户开会，某港集团副总张某指派某港的工作人员代表某港参加此会，会上表示某港已经将相关海域委托房某某管理，相关养殖户要服从管理，不能妨害港口通航安全。对于部分不向房某某缴纳费用的养殖户，为达到向养殖户施压的目的，房某某通过联系张某，张某协调港务分局，由某港和港务分局派出执法船只到相关海域进行管理。至2018年4月，部分养殖户向房某某的办公室缴纳约1600万元。

2017年12月29日，**市人民政府认定涉案海域是公共捕捞区，禁止在其中从事养殖、增殖活动，不得以任何理由收取费用，不得进行排他性用海活动。而后，房某某难以继续向养殖户收取费用，已缴纳的部分养殖户向房某某索要费用或向公安机关等部门控告。

2019年3月间，房某某为了继续管理某港相关海域从事养殖活动，按照

---

* 本文书荣获辽宁省检察机关优秀法律文书评选活动一等奖。

某港集团的要求，先与**市中心某港公司解除了2017年的委托管理协议，其后房某某成立了国威航道公司，由国威航道公司与某港集团签订新的委托管理海域协议（五年），双方约定国威公司每年支付给某港7500万元。

2018年9月，公安机关接到养殖户杨某某等人举报房某某强行向养殖户收取保证金的涉恶犯罪线索，随后公安机关对本案进行初查。公安机关于2019年4月13日以寻衅滋事对房某某立案，在侦查过程中，侦查机关又对某港集团涉嫌合同诈骗罪立案。

诉讼过程

**市检察院于2019年6月24日受理此案，期间经历两次退查后，经研究认为某港集团的行为不构成合同诈骗罪，并于2019年12月12日依法作出绝对不起诉决定。

其后公安机关不服该决定，先后向**市检察院和省检察院提出复议、复核，**市检察院和省检察院均维持**市检察院原不起诉决定。

典型意义

（一）本案本质上为行政违法案件

在本案中，某港涉嫌违反港口法等相关行政法规关于港口水域禁止从事养殖、增殖活动的规定，将其某港航道、锚地水域承包给房某某养殖杂色蛤，并允许房某某收取其他水域内养殖户的费用，双方之间并不存在欺诈，也无法认定房某某一方是否有损失。

（二）坚决依法适用绝对不起诉处理案件

某港集团是该地区，甚至是全省的知名企业，因实际控制人被判处缓刑后潜逃，企业现处于破产重组阶段，相关法律关系、利益关系错综复杂。案件受理后，经审查认为本案本质为行政违法案件，在穷尽证据的基础上，**市检察院严守法律和事实底线，坚决依法作出绝对不起诉决定，并制作高质量的不起诉理由说明书，向侦查机关充分阐述**市检察院适用绝对不起诉的理由。避免用存疑不起诉处理方式处理本质上是绝对不起诉的案件，避免案件存疑退回侦查机关后,因案件不具可查性,侦查机关也不主动撤销案件,从而产生的涉民企积案,从而真正依法保障企业的合法权益。

法律文书

**市人民检察院
不起诉理由说明书

某港集团、张某涉嫌合同诈骗罪一案,本院于 2019 年 12 月 12 日以 *检公二刑不诉〔2019〕*、*号不起诉决定书,对某港集团、张某作出不起诉决定,主要理由如下:

第一,本案不符合合同诈骗罪中行为人在签订、履行合同过程中有欺诈行为的构成要件。

一方面,王某某和张某签约前明确告知相关水域是某港的航道规划用海,锚地有锚地海域权使用证。在此水域内,长期存在非法占海养殖杂色蛤的现象,房某某在签约之前,也和其朋友私自在锚地水域内非法养殖杂色蛤。**市政府在 2016 年向社会公开的《**市海洋功能区划》明确了涉案海域的性质,其中北纬 39°40′以北的水域可以养殖,另外房某某也可以到海事部门查询相关海域的使用性质,所以应认定房某某在获得管理权之前,某港集团和张某没有隐瞒海域权属和性质,同时房某某对此也是明知的。

另一方面,现有证据无法认定某港集团和张某明知不具有履约能力而与房某某签订协议。某港集团在实际控制人王某某潜逃之前,具有默许养殖户在其港口海域内养殖的能力,也有能力配合房某某收取其他非法养殖户的费用。签约后,某港集团实施了配合房某某成立疏浚办公室、委派工作人员代表某港集团参加相关会议、协调港务分局派出执法船向养殖户施压等一系列行为而履行委托管理协议。在王某某潜逃后,某港集团进入了破产重组程序,房某某仍积极主动与某港集团签了新的管理海域协议,价格每年 7500 万元,也能反映出房某某认为某港集团具有履约能力。

第二，本案不符合被害人因行为人的欺诈行为而产生错误认识，又基于错误认识而处分并损失财产的构成要件。

房某某在 2017 年以 7200 万元取得某港海域 50% 航道和全部锚地海域的管理权后，在其中进行养殖活动，并收取其他养殖户约 1600 万元。从 2017 年底，**相关政府部门明确发布公告在此海域不允许养殖，并于 2018 年 6 月开始对非法养殖户进行处罚，包括对房某某进行了处罚。其后，房某某为了继续获得某港集团海域的管理权，从而能继续在某港集团的许可下进行养殖，在 2019 年主动先与某港集团签署了解约协议，约定某港集团无需返还 7200 万元保证金，房某某也不再要求任何补偿；又按照某港集团的要求，成立国威航道公司，并以该公司名义与某港集团签订了自 2019 年始，为期六年的新的委托管理海域协议，约定房某某获得某港集团全部航道和锚地水域的管理权，房某某每年缴纳保证金 7500 万元。同时，房某某也未作为被害人向公安机关报案。综合上述情况，无法认定房某某是被害人，亦无法认定房某某因欺骗而产生损失。

第三，本案的本质是某港集团为赚取利润，通过委托房某某管理海域的方式，许可其在港口水域非法养殖。签订和履行的委托管理海域协议，虽然涉嫌违法，但不存在欺骗行为，因此不构成诈骗罪或合同诈骗罪。

2007 年之前某港集团港口海域存在大量的非法占海养殖户，对于港口通航存在安全隐患，某港集团虽然想把所有非法养殖户清走，但鉴于客观情况复杂，难以实现。因此某港集团想找到一名在**有一定能量和能力的人，对水域内的养殖行为进行规范，同时收取高额保证金，以降低损失、赚取利润。房某某方对于海域性质也是明知的，其也想通过获取水域管理权，从而获得某港集团的庇护，可以使某港集团允许其在港口水域内养殖杂色蛤获利。同时，房某某还可以在某港集团和港务分局的配合下，收取已有养殖户的费用获利。虽然港口法明确规定在港口水域是禁止养殖行为，但根据实际情况，在 2018 年之前，只有某港集团协调港务分局对养殖滩涂进行清理，某港集团如果默许养殖户在其中养殖是可以实现获利的，房某某也是看到某港集团具有此能力才想通过这种方式进行获利。某港集团与房某某的这种合作，虽然是违反港口法的相关规定，但是不能认定其中具有欺诈的行为，也无法认定构成犯罪。

鉴于某港集团的行为虽不构成刑事犯罪，但实质上是通过委托房某某管理海域的方式，允许房某某在港口水域进行养殖，违反《中华人民共和国港口法》第三十七条"禁止在港口水域内从事养殖活动"的规定，涉嫌行政违法，建议移送相关部门依法处理。

综上，被不起诉单位某港集团有限公司和被不起诉人张某，在签订、履行合同过程中，不存在欺骗行为，且无法认定房某某存在损失，其行为均不符合《中华人民共和国刑法》第二百二十四条的规定，不构成合同诈骗罪。依照《中华人民共和国刑事诉讼法》第一百七十七条第一款的规定，决定对某港集团有限公司和张某不起诉。

2019 年 12 月 12 日

评委点评

随着"捕诉一体"改革的全面推行和最高人民检察院有关可捕可不捕的不捕、可诉可不诉的不诉、疑罪从无办案理念的落地生根，人民检察院在审查起诉案件过程中作出不起诉决定的案件数量有所上升。由于检察机关的不起诉决定具有终局性意义，所以高检院明确要求作出不起诉决定的应当着重进行说理。

具体到个案中，涉及民间合同的犯罪案件，合同纠纷与合同诈骗之间的界限如何划分，一直存在争议。在保护民营企业经营自主权，保护民营企业的合法权益，优化营商环境已成为社会普遍共识的前提下，防止公权力过度介入市场运作，最大限度地发挥市场的主体作用，应当成为检察机关办理涉经济合同案件过程中需要坚持的一项重要原则。

在本篇不起诉理由说明书中，承办人紧紧围绕合同诈骗罪客观方面要求的"虚构事实、隐瞒真相"以及"基于错误认识交付财物"两个方面展开论述，阐述了合同双方对于合同履行条件没有错误认识的情况下，即使合同执行条件存在违法情况，但由于缺乏"欺骗"和"基于错误认识交付财物"这两个合同诈骗罪客观方面必备的要求，因此，不构成犯罪。

另外，本篇不起诉理由说明书重点突出，没有从主客观全方位地论述本案是否构成犯罪，而是抓住了案件关键点——客观方面，这一个要素着重予以论述，符合犯罪构成从客观到主观逐项判断的要求，避免办案中"客观不足主观凑数"的现象发生，值得借鉴。

贾某某等人非法买卖枪支、非法持有枪支案羁押必要性审查意见书*

——大胆探索羁押必要性审查,体现执法温度

基本案情

犯罪嫌疑人贾某某,被逮捕前系**市某物业管理有限公司、**开发区某物业管理有限公司法人代表。因涉嫌犯非法买卖枪支罪,于2019年6月15日被刑事拘留,同年7月22日以**检侦监批捕〔2019〕*号被批准逮捕。

犯罪嫌疑人贾某某于2017年1月让其同学邱某某(另案处理)在网上购买非制式手枪一支,并将该枪支邮寄到邱某某位于**省**市开发区**小区,后由邱某某交给贾某某。犯罪嫌疑人贾某某于2019年6月14日主动到公安机关投案自首,并将涉案枪支交由公安机关处理。事后,该枪支经**市公正司法鉴定所鉴定:检材为非制式手枪,以火药为能源发射弹丸,机构灵活,射击功能正常(枪口比动能为27.31焦耳/平方厘米),认定为枪支。

检察机关监督过程

省市**区人民检察院刑事执行检察局于2019年7月29日,收到犯罪嫌疑人贾某某委托律师提交的羁押必要性审查申请书。经调阅相关案件材料,走访办案部门,了解贾某某羁押表现情况,掌握了案件事实证据、批准逮捕的理由、犯罪嫌疑人悔罪表现等情形后,办案人员认为犯罪嫌疑人贾某某违

---

* 本文书荣获辽宁省检察机关优秀法律文书评选活动一等奖。

反枪支管理法规，明知是枪支而予以购买，其行为已构成非法买卖枪支罪，依法应予以惩处。但是，考虑该犯系初犯、偶犯，无前科劣迹，犯罪情节较轻，社会危害性较小，并主动到公安机关投案，如实供述犯罪事实，有自首情节，对其变更强制措施不致危害社会，尤其贾某某是**市两家民营企业的法定代表人，他被批准逮捕后，企业生产经营陷入瘫痪。为保障民营企业的健康发展，积极贯彻落实习近平总书记在民营企业座谈会上的重要讲话精神和辽宁省人民检察院《关于依法保障营造企业家健康成长法治环境的意见》以及**市人民检察院《服务保障民营企业健康发展办理涉民营企业案件指导手册》，切实转变司法理念，确保对民营企业家少押、慎押的要求，应建议公安机关对贾某某变更强制措施。

区人民检察院刑事执行检察局通过对贾某某羁押必要性的案件全面深入审查后，召开联席会议讨论，并主动向上级院请示汇报，根据《中华人民共和国刑事诉讼法》第95条之规定，经报请分管检察长审批，于2019年8月5日依法向市公安局**公安分局发送了对贾某某《变更强制措施建议书》（**检执刑羁审建〔2019〕*号）。同年8月9日**市公安局**公安分局采纳了上述建议，对犯罪嫌疑人贾某某变更强制措施为取保候审。针对该系列案件**区检察院刑事执行局于2019年8月5日向本院相关部门发出《检察建议书》（**检执刑建〔2019〕*号），建议今后在办理此类案件中慎重处理，贯彻高检院对民营企业家"少押""慎押"精神，此后，**区检察院对此类案件不再批准逮捕，确保"少捕""慎捕"。与此同时，**区检察院又对犯罪嫌疑人樊某某、薛某某、刘某某、张某某等7件系列"非法买卖"和"非法持有枪支"案件依法提出了变更强制措施建议后，公安机关已经采纳检察院建议6件，变更强制措施为取保候审，另一件法院也采纳了建议，被告人张某某犯非法买卖枪支罪，被判处有期徒刑三年缓刑三年。

2019年8月9日，**市公安局**公安分局同意采纳**区检察院意见，犯罪嫌疑人贾某某被变更强制措施为取保候审后，**区检察院会同**市检察院于2019年8月22日赶赴**市三家民营企业进行了实地考查回访，在了解民营企业经营状况的同时，延续羁押必要性审查的事后监督工作，依法履行了检察机关的监督职能。经了解，犯罪嫌疑人贾某某8月9日被取保候审返家后，于 8 月 16 日与 ** 污水处理有限公司成功签订了价值 40 余万元的《污水处理协议》，有效保障了民营企业的稳定、健康发展。

犯罪嫌疑人贾某某被变更强制措施回到 ** 市后，8 月 13 日专门派人冒雨从 ** 市赶到 ** 市 ** 区检察院送来一面"立检为公保民主、检察情深系民企"的锦旗，表达民营企业对检察院的感谢。犯罪嫌疑人刘某某的代理律师分别到省、市检察院送去感谢信，到 ** 区检察院送了一面"恪职尽守、廉洁执法"的锦旗，也表达对检察机关的谢意。目前，该系列案件法院已经判决 4 件，4 名被告人均被判为缓刑，被告人贾某某 10 月 30 日被 ** 区法院判处有期徒刑二年缓刑二年；另有 4 件案件已经开庭审理，等待法庭宣判。

典型意义

该系列涉枪案件的特殊性在于，上述 8 人法律意识淡薄，犯罪情节较轻，未意识到在网络这样公开平台所购买的仿真"火柴枪"会被认定为枪支，因均无前科劣迹且系初犯偶犯，到案后能够认罪悔罪，社会危害性较小，对他们变更强制措施不致危害社会。这 8 人中，犯罪嫌疑人贾某某系 ** 市两家民营企业法人，犯罪嫌疑人樊某某系 ** 市某民营企业法人。及时对贾某某、樊某某两位民营企业经营者提出变更强制措施的建议，能有效地维护民营企业的合法权益，符合审慎处理涉民营企业案件、对民营企业家少押、慎押的要求。** 区检察院大胆创新、勇于担当，在全省首次突破了涉枪案件不做羁押必要性审查的惯例，取得了较好的政治效果、法律效果和社会效果。该案例获评全国检察机关刑事执行检察精品案件。

法律文书

** 区人民检察院
羁押必要性审查意见书

犯罪嫌疑人贾某某，居民身份证（略），男性，汉族，1968 年 ** 月 ** 日出生，初中文化程度，户籍所在地为辽宁省**市**区，住辽宁省**市**区。被逮捕前系**市某物业管理有限公司、**开发区某物业管理有限公司法定代表人。因涉嫌犯非法买卖枪支、弹药罪，于2019年6月15日被刑事拘留。2019年7月22日被批准逮捕，羁押于**市第一看守所。

犯罪嫌疑人贾某某涉嫌犯罪的主要事实是：2017年1月6日，犯罪嫌疑人贾某某通过朋友邱某某（另案处理）在某店铺购买非制式火柴枪一把。案发后，2019年6月14日犯罪嫌疑人贾某某主动到公安机关投案，并将涉案枪支交由公安机关处理。该枪支经**市公正司法鉴定所鉴定：检材非制式手枪，以火药为能源发射弹丸，机构灵活，射击功能正常（枪口比动能为27.31焦耳/平方厘米），认定为枪支。经审讯犯罪嫌疑人贾某某对犯罪事实供认不讳。

2019年7月29日，贾某某律师向我院书面申请对贾某某变更强制措施。7月30日我院决定对犯罪嫌疑人贾某某进行羁押必要性立案审查。经审查认为，犯罪嫌疑人贾某某确系**市某物业管理有限公司、**开发区某物业管理有限公司法定代表人，贾某某在购买非制式火柴枪案发后，主动到公安机关投案，能够如实供述自己的犯罪事实，系自首，能认罪悔罪，态度较好，且无前科劣迹，又系初犯、偶犯，犯罪情节较轻，社会危害性较小，根据上述情节及最高检发布的《关于充分发挥检察职能依法保障和促进非公有制经济健康发展的意见》和《辽宁省人民检察院关于依法保障民营企业健康发展的意见》的规定，为保障民营企业的健康、稳定发展，我院认为：解除羁押，改为其他强制措施，不致发生社会危险性，故决定向办案机关提出对贾某某变更强制措施建议的意见。

检察官：李某某

2019年8月5日

评委点评

该案件系省公安厅督办的涉嫌非法买卖枪支罪系列案件之一。该案实体处理公正，是高检院"涉非公经济案件羁押必要性审查专项活动"的成果。首次在省内尝试和突破涉枪案件做羁押必要性审查，检察官主动履职、扩展线索，发现了其他 7 名在押犯罪嫌疑人的线索，依申请和职权审查，符合高检院和省院一系列规范性文件要求的平等保护人员。该案件检察长亲自指挥、参与研究，院领导与员额检察官整体联动，体现了该院的执法力度、执法温度和执法透明度，展现了当代员额检察官办案的高素质、高水平，实现了社会综合治理检察职能再延伸，取得了"三个效果"的统一，值得肯定。

　　该羁押必要性审查意见书格式规范、结构合理、内容齐全，符合法律文书的基本要求；语言文字准确、流畅、精练、通俗易懂，叙述事实清楚，脉络清晰严谨，事实认定客观、准确、完整，审查意见的正确性、合理性和合法性阐述充分；能够全面反映具体的审查程序，体现检察监督程序合法、公正；证据规则运用正确，案件法律程序合法规范，充分反映案件办理的全过程，逻辑严谨、层次分明；适用法律准确，力求理由与事实，事实与证据、证据与法律一致、结论归纳完整、简洁。

加强和改进监狱监管和执法工作检察建议书*
——以共赢监督理念为指引，监督解决监狱系统问题

🏠 事件背景

2018年10月4日**第*监狱发生的罪犯脱逃事故，暴露出省监狱监管安全方面存在突出问题，在依法开展事故检察和查办相关干警职务犯罪的基础上，省院在全省部署开展了监管安全专项巡回检察，并在2018年12月对**第*监狱开展了交叉巡回检察，发现监管安全等问题在全省多个监狱不同程度存在。2019年7月29日至8月2日，省院组织**、**、**、**四个地区刑事执行检察派出院分别对**监狱、**监狱、**监狱和**监狱开展交叉巡回检察，综合以往检察工作和此次交叉巡回检察发现的问题，最终梳理总结出全省监狱系统在监管和执法等方面存在的普遍性、倾向性违法问题。

🏛 检察机关监督过程

本着以监督促提升和双赢多赢共赢的监督理念，经省院党组会研究，决定向省监狱管理局发出检察建议。2019年11月18日，省检察院采取面对面方式向省监狱管理局党委班子送达检察建议书（*检建〔2019〕*号）。检察建议书明确指出全省监狱系统存在的监管安全等方面问题，并提供了详实的证据，进行了充分地论证，针对这些问题提出具体的建议，要求监狱管理机关落实整改。省司法厅党组和监狱管理局党委收到检察建议书后，立即召开局党委会和全省监狱系统电视电话会议研究落实，并在全省部署开展了巡回检察问题

---

* 本文书荣获辽宁省检察机关优秀法律文书评选活动一等奖。

专项治理整顿活动，对全省检察机关2019年对监狱巡回检察提出的反馈和监督意见进行逐项梳理，实行"清单式管理"，共分解整改任务618项。2019年11月20日，省监狱管理局发来《关于巡回检察建议整改落实情况的函》，反馈采纳检察建议，通报整改落实情况。

典型意义

省检察院办理的2019年＊号检察建议案件，是省院首次就巡回检察发现问题向省级监狱管理机关发出检察建议的案件，对于提升全省检察机关监狱巡回检察工作质效起到了积极的引领和示范作用。检察建议书促成了一次全省监狱系统对检察机关巡回检察反馈意见和监督意见的大排查、大整改，省院还针对整改情况在全省部署"回头看"，真正实现"一个案件带动一片"的显著效果。省检察院采取面对面的形式，向省监狱管理局党委班子及职能部门负责人释法说理，阐述依据，做到有理有力有节，使得被监督单位真心接受和认可检察机关的监督。过硬的案件质量和平和的监督方式，赢得了被监督单位的尊重，省司法厅在司法部全国"驻在式"检查工作会议上还专门就省检察院提出检察建议及落实整改有关情况进行了汇报，检察建议监督刚性得到充分彰显。

法律文书

＊＊省人民检察院
检察建议书

＊检建〔2019〕＊号

＊＊省监狱管理局：

2018年5月，最高人民检察院着眼于新时代社会主要矛盾变化，贯彻落实党的十九大精神和总体安全观，决定对监狱实行巡回检察重大改革，并在辽宁等 8 个省份部署开展试点工作。同年 10 月，"巡回检察"正式写入《人民检察院组织法》。2019 年 7 月 1 日，监狱巡回检察在全国全面推开。结合一年多来全省检察机关对监狱巡回检察工作实际，特别是 2019 年 7 月 29 日至 8 月 2 日我院组织对 ** 监狱、** 监狱、** 监狱和 ** 监狱开展异地交叉巡回检察的情况，我们认为，全省监狱总体上能够贯彻监狱改造工作方针，坚持惩罚与改造相结合，注重加强内部管理，强化从严治警，不断规范刑罚执行活动，努力提高罪犯改造质量，特别是在 ** 第 * 监狱罪犯脱逃事故发生后，各监狱更加重视监管安全，对监管安全方面的投入不断加大，监管秩序总体趋于稳定，监狱执法工作整体呈现向好态势，但与此同时，也存在一些突出问题，亟须整改和完善：

一、监管安全隐患仍然存在。（内容略）

二、罪犯合法权益保障不到位。（内容略）

三、教育制度落实不到位。（内容略）

四、（内容略）

五、禁闭、戒具管理仍需加强。（内容略）

六、罪犯私藏违禁品、管控品现象屡禁不止。（内容略）

七、监狱队伍管理亟需加强。（内容略）

八、对以往巡回检察发现的问题整改不够彻底。历次巡回检察中，检察机关针对发现的问题向监狱制发纠正违法通知书和检察建议书，但此次我院巡回检察中发现，各监狱对监督意见落实还不到位，整改还不彻底，监督与监管尚未形成良性互动，双赢多赢共赢理念还有待树立和加强。

监狱存在的上述问题违反了《监狱法》《关于加强监狱安全稳定工作的若干规定》《监狱教育改造工作规定》《监狱罪犯生活卫生管理办法（试行）》等有关法律法规，影响了刑罚正确执行和法律有效实施，不利于我省刑罚执行工作的整体发展，根据《刑事诉讼法》第 276 条、《监狱法》第 6 条和《人民检察院检察建议工作规定》第 9 条有关规定，特向你局提出如下检察建议：

一、完善监管安全措施，清除监管安全隐患。严格按照司法部有关文件要求，对监门等设施进行更新完善；合理优化监内监控设置，确保监内监控全方位、无死角；严格落实干警直接管理罪犯制度，提升其安全警戒意识；强化监门管理等制度落实，排除监管安全隐患；建立监狱安全研判工作机制，创新监狱管理模式,充分发挥"技防"与"人防"的优势,切实加强监狱安全管理工作。

二、强化人权保障理念,维护在押人员合法权益。严格落实"5+1+1"工作制度,纠正超时超体力劳动问题,寻求生产经营、劳动改造与人权保障的平衡关系,发现并帮助监狱解决劳动改造深层次的问题;加强罪犯医疗保障,探索推进社会化医疗,形成"小病及时治、大病尽快保"的良性模式;加大对罪犯死亡原因的分析,采取有针对性的措施。

三、落实教育改造制度,强化教育改造功能。认真落实监狱教育改造方针,转变执法理念,加大教育改造投入,努力营造监管与改造并重、惩罚与挽救结合的良性执法环境,发挥刑罚功能,实现改造目的,向社会输出合格产品;针对罪犯违法违纪和又犯罪多发问题,建议加强罪犯管理工作的分析研判,创新教育方法,完善监管措施,切实提升罪犯改造质量。

四、(内容略)

五、规范罪犯管理和处罚措施,增强刑罚执行严肃性。加强禁闭和警戒具管理,严格把握禁闭适用条件,杜绝使用隔离审查等方式代替禁闭长期变相羁押罪犯;及时对罪犯违法违纪行为进行定性处罚,避免出现罪犯长期羁押于禁闭室现象,严防以押代教、以押代罚,切实强化刑罚执行的刚性,提升监管工作水平。

六、严查违规违禁物品和管控物品,堵塞监管漏洞。违禁品是监狱管理的毒瘤,其危害不容小觑,应该从源头上予以治理。建议进一步加强安全检查和外来人员管理,特别是监门车行通道人员出入和货运车辆的管理。严格落实清监检查有关规定,组织对伙房、医院等重点部位进行有针对性地清查。加大对清查出的违禁、管控物品的调查力度,对发现私藏违禁品、管控品罪犯依法依规予以处理,对涉及捎买带违法问题人员依法依纪予以严肃处理。

七、加强队伍建设,严格警察队伍管理。强化监狱管理部门对下指导职能,增加监狱职能部门履职担当意识,认真履行管理职能,保证制度落实到位;加大对干警的思想教育力度,强化干警身份意识、责任意识和自律意识;加强干警业务素能建设和职业化建设,提升监管水平,创新监管方式,完善激励机制,切实为干警依法履职提供强有力的制度保障,充分调动干警履职的主动性和积极性。

八、强化巡回检察反馈意见的整改落实，提升监狱管理质量。提高对检察机关历次巡回检察反馈意见整改工作的重视，及时进行整改落实，努力形成监督与监管的合力，强化责任意识和安全意识，切实解决刑罚执行和监管活动中存在的突出问题，维护监管秩序稳定，为迎接新中国成立70周年创造安定祥和的社会环境。

请你局针对本次检察建议提出的问题及时进行整改和落实，整改落实情况请于二个月内回复我院。如对本检察建议存在异议，请于十日内以书面形式提出。

**省人民检察院

2019年9月17日

评委点评

该检察建议是省检察机关对省内监狱异地交叉巡回检察的结晶。2019年7月，为认真执行修订后《人民检察院组织法》关于巡回检察的规定，落实高检院对监狱巡回检察改革的要求，省人民检察院首次开展了省内监狱异地交叉巡回检察活动，组织了包括省院在内的5个检察院对4所监狱开展了巡回检察。对检察中发现的情况和问题，特别是监狱执法过程中存在的普遍性、倾向性违法问题，以及有其他重大隐患、需要引起监狱管理机关重视予以解决的问题，经批准以省检察院的名义向省监狱管理局发出检察建议，以督促监狱系统整改，推动社会治理能力建设。

该检察建议书将巡回检察发现的问题梳理归结，提出了问题的表象，分析了问题成因，并提出了切实可行的整改建议。整个文书，选用文种准确，符合高检院检察建议工作文书的格式要求；表述严谨，逻辑严密，由现象到本质层层剖析，指向问题明确，挖掘背后成因准确，指明整改措施对路；语言流畅，文字精练，结构合理，引用规定明确，说理充分，具有较强的证明力和说服力。该建议发出后，省监狱局高度重视，以全省视频会议的形式要求监狱积极整改，按期回复，取得了双赢、共赢的良好效果，对于促进全省监狱规范执法，引领检察机关深化巡回检察工作，提升全省监狱检察工作水平发挥了重大示范作用。

加强企业零部件管控检察建议书*
——延伸检察职能，保障民营经济发展

🏠 事件背景

2012年至2014年，被告人王某某利用担任*汽车有限公司**工厂实物物流区域经理的职务之便，接受李某某的请托（另案处理），为李某某的妻子张某某（另案处理）经营的运输公司承揽运输业务提供帮助。2016年至2019年期间，王某某以少缴纳其在张某某运输公司经营车辆管理费的方式，变相收受李某某、张某某行贿款共计人民币489079.16元。被告人王某某于2019年7月6日被公安机关抓获。案发后，王某某近亲属向本院退缴赃款人民币489079.16元。

**区检察院在办理王某某非国家工作人员受贿案时，发现*汽车有限公司对本厂零部件管控存在一定漏洞，于是延伸检察职能，向该公司发出检察建议书。

🏛 检察机关监督过程

本案由**市公安局**分局侦查终结，以被告人王某某涉嫌非国家工作人员受贿罪，于2019年10月9日向**区检察院移送审查起诉。其间，退回公安机关补充侦查两次，延长审查起诉期限两次。被告人同意本案适用认罪认罚从宽制度。**区检察院于2020年4月2日以非国家工作人员受贿罪将王某某起诉至**市**区人民法院。2020年4月27日**区法院对本案进行判决，支持**区检察院起诉的全部事实。

案件审理期间，**区检察院在向*汽车有限公司发出的检察建议书中提

---

* 本文书荣获辽宁省检察机关优秀法律文书评选活动一等奖。

出五条建议，帮助该公司有针对性地开展补救工作，保护公司财产利益。

典型意义

＊汽车有限公司作为全市乃至全省的重点外资企业，2020年4月入选了2019年中国进口企业200强，为地方经济发展作出了重大贡献，检察机关有责任、有义务为企业发展保驾护航，通过办理案件，切实了解了＊汽车有限公司对检察机关的服务需求和亟须解决的问题，检察机关会在办案中延伸检察职能，做好相关工作。

检察建议书发出后，通过跟＊汽车有限公司对接，对该公司是否履行建议内容进行跟踪，＊汽车有限公司已按照＊＊区检察院检察建议书的内容进行整改，并对相关责任人员依照公司的有关规定进行处理。

近年来，＊＊区检察院主动把检察工作放在服务区域振兴发展的大局中谋划，不断为优化营商环境贡献法治力量。制定了多项制度，出台了多种措施，有效保护企业合法的经营权、财产权以及知识产权等权益，助力企业健康发展。先后被评为"全省政法机关服务营商环境示范窗口""全省检察机关服务营商环境先进窗口单位"。在今后的工作中，＊＊区检察院将以更大的力度保护企业合法权益，促进企业守法合规经营，丰富服务保障企业的方式举措，主动与企业建立常态联系制度，及时帮助解决实际困难和法律需求，不断增强服务的针对性和实效性，努力营造法治化营商环境，服务推动区域经济高质量发展。

法律文书

＊＊市＊＊区人民检察院
检察建议书

＊＊检公诉建〔2020〕＊号

＊汽车有限公司：

近期，我院办理了＊汽车有限公司原职员秦某某盗窃，原职员王某某、李某某等人商业贿赂案件，在案件办理过程中我院认为＊汽车有限公司对本厂零部件的管控上存在一定漏洞，亟待整改。

总体而言，某某工厂零部件丢失的主要渠道有以下几个：一是进入场内的第三方人员（如：物流运输公司人员、废弃物清运商人员）与场内相关人员相互勾结，通过物流运输车辆或者废弃物清运车辆等第三方公司车辆，将部件偷运出厂外（此乃最频发、损失最大的渠道）；二是部分负有开具出门证职责的员工以"返厂"名义，通过"合法"程序将零部件运出厂外；三是内部××车辆驾驶员，将××车开出厂外，将车辆上的零部件拆除或用旧件替换的方式，盗窃路试车上的零部件；四是员工通过"蚂蚁搬家"式的手段，将价格较高、体积小的零部件，用衣兜或手提包裹将零部件带出厂外。

综合分析上述丢件渠道，并通过对系列案件的串并分析以及相关行业人员的走访调研，归纳存在问题并提出建议如下：

一、加强对各门岗出口的管理

加强对企业安保人员的教育管理，明确其工作职责，强化对安保人员履职情况的监督抽查。建议在厂区行人出口配置安检仪，对背包等较大随身物品进行扫描检查。对从厂区外出的一切车辆（包括××车），只要具备检查条件的，应该应查尽查，同时为安保人员配置执法记录仪，将其工作情况全程录像并在一定期限内留存备查。

二、规范零部件报废、销毁流程

目前质检部门对零部件报废环节存在流程不严密、执行不严格的问题，人为因素较大，缺乏有效的监督制约，导致部分质检员工利用职务之便，随意报废零部件，或借此要挟供应商索取不正当利益，或采取虚开出门证、与其他部门人员勾结等手段，将零部件运出厂外贩卖。对此，应进一步规范零部件筛选、报废流程，避免不合理报废，同时对报废零部件做好登记，尤其是货值高、体积小的报废零部件，应集中统一存放，定期在相关部门人员的共同参与监督下，核对数量，一并销毁，同时留存相关音像资料。在销毁环节，应采取钻孔、剪断等物理手段使零部件彻底失去使用功能，避免其再次流入市场，同时，应设置监督责任人，如发现有销毁不彻底的零部件，追究相关人员责任。

三、严格物流车辆管理

物流车偷运零部件是贵公司工厂零部件流失的主要渠道，由于厂内进出车辆较多，仅依靠门岗进行抽查无法起到实质性作用，建议严格规范物流车辆进出及装卸货物流程。一是尽量压缩物流车辆在厂时间及随车人员活动空间，划定车辆等候区及工作区，安装无死角监控设备，如具备条件，可以安排车辆在厂外有序等候，由物流"道口"视工作进度通知门岗安排等候车辆进厂。二是厂内物流料箱多为金属材质，一旦装车，受车内空间所限，无法逐一检查，且如果待装车后再进行检查耗时过长，降低效率，因此建议在料箱流转的物流"道口"设定点检查人员。所有出厂料箱均应通过检查点后方可装车，检查人员应配备执法记录仪，并对已检料箱进行标记，对工作过程全程留痕。在料箱更新过程中，可逐步购置透视性好的产品。

四、规范废品回收车辆管理

废品回收车辆也是零部件流失的渠道之一。如黑市中流通的××，系某某厂自行生产的半成品，分析其出厂渠道，应为通过废品回收车辆偷运出厂，进而流向市场。建议一是设置专职残次品销毁人员（包括物流、质检及厂内生产等所有与报废、销毁零部件相关的部门），对残次品进行物理破坏后在显著位置进行标记（如工号）。二是设置废品检查人员，对废品堆放地点进行巡视，发现未有效破坏的零部件，并对废品装车及检斤、校称过程进行监督。三是采取与物流车辆类似的管理模式，要求废品回收车辆按固定点位停放，并辅以相应监控设备。

五、对问题多发部门、岗位相关人员进行调整及整章建制

零部件丢失问题根源在质检、物流部门，建议对上述两部门人员尤其是部门负责人进行适当岗位调整，以起到警示震慑作用，通过岗位交流打破原有人员架构，切断利益链条。同时，有必要对上述部门相关工作流程进一步规范，对涉及零部件的相关环节全程留痕，增强员工责任意识，明确各工作环节责任人员，出现问题追究相关人员责任。

希望贵公司收到本检察建议书后，加强厂内管理，开展一次专门的教育整顿活动，查摆问题，消除隐患。针对不同岗位、不同区域等制定具体的规章制度，严格按照规章制度落实，责任到人，以制度管人。加强技术设备投入，安

装电子监控设备，不留死角。

以上建议，请贵公司认真研究落实，如有异议，可以在收到本检察建议书后十五日内提出，如无异议，应当在收到本检察建议书后两个月内将落实情况书面回复本院。

2020 年 4 月 14 日

评委点评

该份检察建议书用语规范、注重说理、层次清晰、结构合理、逻辑性强，发现问题准确，建议切实可行。案件承办人在涉企案件办理中，注重挖掘案件背后发生的深层次原因，延伸办案效果，对涉案企业发生的多起刑事案件并案分析，采取与企业管理人员座谈、走访关联企业等方式，对企业发案的特点、手段、发案环节做了深入的调查研究。检察建议书中分析了发案的具体原因，结合企业的实际经营管理工作，从建章立制、流程监控、岗位调整、警示教育等多方面提出整改建议，可操作性强，切实可行，从而使被建议单位有针对性地开展补救工作，效果显著，实现了检察建议精、准、实的制发效果，有效提升了检察机关服务营商环境的针对性和实效性。不足之处是发案原因剖析得还不够深入。

孙某某故意伤害案量刑建议书*
——依法适用认罪认罚从宽制度，切实提高司法效率

基本案情

2019年6月15日15时30分许，在被告人孙某某家葡萄地内（**市**镇**村**号），被告人孙某某与被害人吕某某因收葡萄事宜发生争执并厮打在一起，在厮打过程中，被告人孙某某用剪刀将被害人吕某某头部扎伤。经**市中心医院司法鉴定所鉴定：吕某某头部损伤程度为轻伤一级。

诉讼过程

本案由**市公安局侦查终结，以被告人孙某某涉嫌故意伤害罪，于2019年10月31日向**市检察院移送审查起诉。**市检察院受理后，于2019年10月31日已告知被告人有权委托辩护人，同日告知被害人有权委托诉讼代理人，并依法讯问了被告人，听取了被害人的意见，听取了值班律师的意见，审查了全部案件材料。经审查，孙某某故意伤害案事实清楚，证据确实、充分，被告人自愿认罪，符合认罪认罚从宽制度的规定，且同意适用速裁程序审理此案。因此**市检察院只制作了起诉书和量刑建议书。**市检察院于2019年11月8日提起公诉，**市人民法院于2019年11月15日开庭审理此案并采纳**市检察院量刑建议当庭宣判。全部诉讼过程仅用15天。

---

* 本文书荣获辽宁省检察机关优秀法律文书评选活动一等奖。

典型意义

孙某某故意伤害案为**地区首例适用认罪认罚从宽制度和速裁程序审理的案件，对全面落实认罪认罚从宽制度、速裁程序，规范认罪认罚精准量刑具有重要作用。

经审查孙某某故意伤害案事实清楚，证据确实、充分，被告人孙某某自愿认罪，符合认罪认罚从宽制度的规定。讯问阶段，依法告知孙某某享有的诉讼权利，耐心对孙某某进行教育引导，讲解适用认罪认罚从宽制度的法律效果，同时**市检察院了解到孙某某最关心的主要是刑期的问题，孙某某故意伤害案作为速裁案件，庭审环节没有法庭调查和法庭辩论阶段，因此做好量刑建议书就显得尤为重要。

承办人向孙某某出示制作详实的量刑建议书，并在量刑建议书中说明理由和依据，当孙某某看到建议判处被告人有期徒刑八个月缓刑一年的准确刑罚后，被告人孙某某表示量刑建议非常全面、合理，可以接受，没有异议，同意适用速裁程序审理案件，并在值班律师现场见证下签署了《认罪认罚具结书》。由于被告人孙某某已经对检察机关指控的犯罪事实和量刑建议完全接受，因此庭审时间大大减少。因量刑建议书制作完备、细致、精准，因此法院采纳检察院提出的量刑建议，当庭宣判，被告人表示服从判决，不上诉。整个庭审活动仅用时6分钟。

量刑建议精准化，是真正贯彻落实认罪认罚从宽制度的关键所在，是办案的核心任务，也是庭审的新对象，量刑建议精准化不仅提高了犯罪嫌疑人对认罪认罚的认可度，也充分体现了对法院审判的尊重。在制作确定刑量刑建议书时要坚持客观全面评价，着力推进办案专业化，充分发挥科技助力，注重分类施策，进而提升量刑建议的客观性、精准度和公信度。

法律文书

＊＊市人民检察院
量刑建议书

＊检公诉量建〔2019〕＊号

被告人孙某某涉嫌故意伤害罪一案，经本院审查认为，被告人孙某某的行为已触犯《中华人民共和国刑法》第二百三十四条之规定，犯罪事实清楚，证据确实、充分，应当以故意伤害罪追究其刑事责任，其法定刑为三年以下有期徒刑、拘役或者管制。

因其具有以下量刑情节：

1. 根据《辽宁省高级人民法院〈关于常见犯罪的量刑指导意见〉实施细则》的规定，轻伤一人的，可以在拘役至一年六个月有期徒刑幅度内确定量刑起点。被告人孙某某造成一人轻伤（一级），量刑起点确定15个月。

2. 被告人孙某某使用剪刀将被害人吕某某扎伤，根据《辽宁省高级人民法院〈关于常见犯罪的量刑指导意见〉实施细则》的规定，对于持凶器作案的，可以增加基准刑的20%以下，确定增加基准刑的10%。

3. 被告人孙某某自愿认罪认罚适用认罪认罚从宽制度，根据《辽宁省高级人民法院〈关于常见犯罪的量刑指导意见〉实施细则》的规定，可以将认罪认罚作为犯罪事实以外的一个单独量刑情节，减少基准刑的10%—30%，但减少的刑罚量不能超过2年，确定减少基准刑的15%。

4. 被告人孙某某具有坦白情节，根据《辽宁省高级人民法院〈关于常见犯罪的量刑指导意见〉实施细则》的规定，对于如实供述自己罪行的，可以减少基准刑的20%以下，确定减少基准刑的10%。

（因认罪认罚情节与坦白情节不重复评价量刑，因此认罪认罚确定减少基准刑的20%，坦白情节不再计算。）

5. 被告人孙某某积极赔偿被害人吕某某经济损失并取得谅解,根据《辽宁省高级人民法院〈关于常见犯罪的量刑指导意见〉实施细则》的规定,可以减少基准刑的40%以下,确定减少基准刑的30%。

6. 被告人孙某某故意伤害案因民间矛盾引发,根据《辽宁省高级人民法院〈关于常见犯罪的量刑指导意见〉实施细则》的规定,可以减少基准刑的20%以下,确定减少基准刑的10%。

即:15×(1+10%-20%-30%-10%)=7.5

综上,建议判处被告人孙某某有期徒刑八个月缓刑一年。

此致

** 市人民法院

检 察 官:张某某

检察官助理:吉某某

2019 年 11 月 8 日

评委点评

随着全面落实认罪认罚从宽制度,检察机关的量刑建议承载了重要的制度功能。量刑建议犹如一条贯穿认罪认罚从宽制度的红线,一端衔接着犯罪嫌疑人的认罪认罚具结书,另一端关系着法院的判决,是激励犯罪嫌疑人主动交代主要犯罪事实的重要因素,更是实现认罪认罚从宽制度价值的关键。

要实现提升诉讼效率、化解社会矛盾这一制度目标,量刑建议的精准化是对检察机关工作的必然要求。如何找到精确量刑的依据,建立与法院量刑对话的平台,是检察机关能否准确提出精准量刑建议的关键。在前期全国法院系统量刑规范化改革过程中,最高人民法院颁布了《关于常见犯罪的量刑指导意见》和《关于常见犯罪的量刑指导意见(二)》,辽宁省人民高级法院也配套颁布了两个量刑细则。这些量刑规范化指导文件已经涵盖了大多数常用罪名量刑规范,给检察机关提出精准量刑建议提供了一个有力的工具。

这篇量刑建议书就是以法院量刑规范化文件为依据,按照规范化量刑的方法,结合案件的具体情况,通过计算提出精准量刑建议,使量刑活动从神秘走向公开。让犯罪嫌疑人可以对照自己所犯罪行的严重程度，是否具有从轻、减轻的量刑情节等情况，对于可能判处的刑罚有一个正确的认识，促进认罪认罚从宽协议的达成。同时也可以使检法依据相同的标准量刑，使法院对量刑建议的审查有据可依。本篇量刑建议书给检察机关提出精准量刑建议提供了一个可参考、复制的有效路径，值得借鉴学习。

高某、田某涉嫌贷款诈骗案补充侦查提纲*
——引导补充侦查，保证事实清楚证据确实充分

基本案情

犯罪嫌疑人高某、田某于2010年9月至2013年7月间，利用高某作为**银行**支行信贷员的工作之便，由田某提供协助，二人以冒用他人身份信息、伪造房票、伪造房屋他项权证等手段，共计骗取高某所在银行贷款共计人民币125.5万元，其中二人共同作案2起，骗得贷款人民币60万元，高某还单独作案3起，骗得贷款人民币65.5万元，所得贷款被二人挥霍。

诉讼过程

本案由**市公安局**分局侦查终结，以犯罪嫌疑人高某、田某涉嫌贷款诈骗罪，于2019年2月27日移送**市**区人民检察院审查起诉，该院于2019年3月18日向*区检察院移送审查起诉。**区检察院受理后，在法定期限内已告知犯罪嫌疑人、被害人的诉讼权利义务，依法讯问了犯罪嫌疑人，听取了被害人的意见，审查了全部案件材料。于2019年4月18日第一次退回侦查机关补充侦查，侦查机关于2019年5月16日补查重报。**区检察院于2019年6月13日以高某、田某涉嫌贷款诈骗罪向人民法院提起公诉。经公开审理，高某、田某均被法院以职务侵占罪判处有期徒刑刑罚，高某还被并处没收财产人民币10万元。

---

* 本文书荣获辽宁省检察机关优秀法律文书评选活动二等奖。

典型意义

　　**区检察院受案后承办人经审查认为之前的侦查取证过程过于"粗糙",包括行为主体身份不清、书证不全、书证来源不清、书证真伪存疑、细节模糊、供供不一、供证不一、刑民混杂等多个方面,承办人花大气力仔细梳理案情,找准有关定罪量刑的关键情节,有针对性地详细制定了包括 6 大类 31 个小项的退回补充侦查提纲,并在公安机关补查中随时沟通意见,引导侦查补证。

　　通过补充侦查,将受骗银行的被骗经过、各个时间节点、贷款催收过程、具体损失金额、与案件有关的银行书证资料等全部收集到位,使得支撑整个案件事实的脉络细节清晰可见,提起公诉后,起诉书指控的犯罪事实被受诉人民法院全部认定。**区检察院细致而有条理地引导公安机关进行大量的补充侦查,使得该案件事实由"粗线条"变成"精细化",使涉及定罪量刑的关键证据由无到有、由弱变强、由模糊到清晰,而且通过一次退回补充侦查便将定案所需的证据材料补证到位,这对于一个复杂的经济犯罪案件而言,基本做到了快办快结。

法律文书

关于高某、田某涉嫌贷款诈骗案的补充侦查提纲

市公安局分局:

　　你单位向我院移送审查起诉的高某、田某涉嫌贷款诈骗罪一案,经我院审查,有下列问题需要查明并补充证据或说明情况:

　　一、需要查证和补充下列基础证据材料

　　1. 请补充被害人信息。被害单位**支行在不同阶段(**社、****银行、**银行)的名称、起止时间、具体的办公地点以及公司所有制性质。

2. 请补充犯罪嫌疑人高某个人身份信息。高某在**支行的工作经历（从事**员工作的起止时间）、岗位职责和职权、个人身份信息方面的证明。

3. 请补充该支行抵押贷款程序。在2010年至2013年案发期间，**支行办理房产抵押个人贷款的内部审查、审批程序、各有关岗位的职责职权。

4. 请补充高某的前科电话查询记录。

5. 辨认笔录签名不全。田某辨认出高某的辨认笔录中，无侦查人员（两名）、见证人、记录人签名。

6. 说明材料来源。一是请补充"赵某"贷款合同有关资料的公安机关调取证据手续；二是请说明向警方提供"梁某甲""李某乙""由某某"贷款材料的持有人刘某甲的身份和其作为资料持有人的资格；三是说明向警方提供"叶某某"贷款材料的持有人刘某乙的身份和其作为资料持有人的资格。

7. 高某是否有自首行为。检察机关在提审高某时，高某称除了"叶某某"这笔骗贷外，其余四笔骗贷行为是其自首的。请查证并予以说明。

8. 就田某以"詹某某"名义贷款之事是否涉及犯罪作出说明。

二、以"赵某"为名的贷款需要进一步查证下列问题

1. "赵某"这笔贷款诈骗是共同犯罪还是单独犯罪。田某不承认与高某有合谋诈骗，不承认分得贷款，因此现有证据不足以证明田某参与了"赵某"这笔骗贷行为。

2. 贷款合同所附的"赵某"房票的真假问题。请对"赵某"这起骗贷合同中所附的房屋所有权证的真假作出鉴定或说明。

3. 请银行以书面形式对该笔贷款的首次贷款情况、转贷情况、报案时的本金利息损失情况进行说明。包括：以"赵某"名义的首次贷款时间、数额、期限、经手的信贷员；转贷时间、数额、转贷后抵押物有无变化、经手转贷的信贷员；最后一次转贷后的本金数额；至2019年2月25日**支行报案时这笔贷款未归还的本金数额、利息数额；期间有无归还行为、银行有无催收行为及催收结果、该笔贷款是否已确定为无法清收。

4. 请补充"赵某"这笔贷款的转贷合同资料。

三、以"叶某某""李某甲"为名的贷款需要进一步查证下列问题

请银行说明：以"叶某某""李某甲"为名的该笔贷款有无还贷情况、转

贷后有无还息的情况，银行有无催收行为及催收结果，该笔贷款是否已确定为无法清收，该笔贷款的具体损失数额。

四、以"由某某"为名的贷款需要进一步查证下列问题

1. 高某供述中关于伪造他项权证的过程未作具体供述，应补充讯问。

2. 说明贷款合同中出现的"高某某"房票复印件的真伪。

3. 贷款合同中缺少借款申请审批书、贷款发放审批表。

4. 请银行说明该笔贷款的具体情况，作为报案材料的补充：以"由某某"名义贷款的时间、数额、期限，经手的信贷员姓名；该笔贷款还本付息情况，中间有无转贷，至2019年2月25日**支行报案时这笔贷款未归还的本金数额、利息数额；银行有无催收行为及催收结果；该笔贷款是否已确定为无法清收，该笔贷款的具体损失数额。

五、以"梁某甲"为名的贷款需要进一步查证下列问题

该笔贷款供证不一，属于事实不清，无法定性。

1. 供证不一，需要补充讯问和询问。

2. 请银行出具梁某甲在商业银行的所有贷款明细、流水账。

3. 根据高某供述，梁某甲之前有一笔25万元的贷款后又转贷为24万元，请到银行进行查证。

4. 银行给梁某甲合并以前的贷款为44万元，请银行说明是合并了梁某甲之前哪些贷款。

5. 梁某甲说银行未向其催收过24万元的这笔贷款，请银行说明是否（何时）催收过这笔贷款，为什么在合并梁某甲贷款时没有计算这笔24万元的贷款。

6. 根据梁某甲证言，其于2015年合并为44万元的贷款中有一笔是其爱人穆某某名下的7万元贷款，请补充该笔贷款还款凭证（银行传票）。

7. 借款保证合同中的保证人是"梁某乙"，但在供述、证言中均未体现此人的存在，请查证该担保合同是否真实，补充梁某乙的证言。

8. 请查证用于抵押的两处房产是否真实存在，以及房票上的所有权人"***厂"与梁某甲的关系。

9. 请银行说明该笔贷款的具体情况，作为报案材料的补充：以"梁某甲"

名义贷款的时间、数额、期限，经手的信贷员姓名；该笔贷款还本付息情况，中间有无转贷，至 2019 年 2 月 25 日 ** 支行报案时这笔贷款未归还的本金数额、利息数额；银行有无催收行为及催收结果；该笔贷款是否已确定为无法清收，该笔贷款的具体损失数额。

10. 该笔贷款合同日期为 2013 年 3 月 8 日，高某实际取得贷款是 2013 年 6 月 26 日（报案材料写的也是这个时间），请说明为什么经过这么长时间的间隔。

11. 2013 年 3 月 8 日这笔 24 万元的贷款使用的"梁某甲"身份证复印件、房票复印件、结婚证复印件、房屋所有权证复印件是否是梁某甲提供的。

六、以"李某乙"为名的贷款需要进一步查证下列问题

1. 高某供述中关于伪造他项权证的过程未作具体供述，应补充讯问。

2. 请说明贷款合同中出现的"闫某某"房屋所有权证的真伪。

3. 请银行说明该笔贷款的具体情况，作为报案材料的补充：以"李某乙"名义贷款的时间、数额、期限，经手的信贷员姓名；该笔贷款还本付息情况，中间有无转贷，至 2019 年 2 月 25 日 ** 支行报案时这笔贷款未归还的本金数额、利息数额；银行有无催收行为及催收结果；该笔贷款是否已确定为无法清收，该笔贷款的具体损失数额。

2019 年 4 月 18 日

评委点评

检察机关实行捕诉一体后，实际上是把从审查逮捕到审查起诉阶段对侦查取证的引导连贯起来，将起诉和审判的证据要求向前端传导，更有利于强化证据补查工作。为实现这一制度设计效果，就要求检察官在案件批捕或者补充侦查过程中必须详列提纲并阐述理由。只有把补证理由和要求讲清说透，提出的意见才能得到侦查人员的认同和落实。检察机关紧紧抓住规范补充侦查提纲不放，其实质是以此为抓手提升引导侦查能力、提升办案效果，促进法律监督职责更好履行。

本篇补充侦查提纲针对的是一起内外勾结骗取银行贷款案件。公安机关在侦查过程中对于高某作为银行工作人员主体身份及职权的证据、被高某冒用人员的相关证据，以及高某与田某相互勾结的证据的收集均存在不足，而且在移送审查的卷宗材料中还混杂有银行正常贷款业务的相关材料。办案人针对公安机关证据收集中的不足，详列补充侦查提纲，并在补充侦查过程中引导公安机关明确指控犯罪的范围，将不属于指控犯罪证据的相关材料予以剔除。做到了补充侦查提纲要求的"三明确"，即证明目的明确，对于补查的证据证明何种事实指向明确；证明内容明确，需要补查证据应当内容完整、要求具体、可操作性强；证明方式明确，对补查证据是以直接证据证明还是通过间接证据形成锁链予以证实进行充分说理。既提升了补充侦查的效率，也保证了案件的办理质量。

邓某某等人利用未公开信息交易案刑事抗诉书*

——依法提起刑事抗诉，严惩"老鼠仓"

基本案情

被告人邓某某系金融机构从业人员，与被告人孙某某、王某某分别系朋友、夫妻关系。2009年3月至2017年3月间邓某某先后担任**基金管理公司基金交易部负责人（总经理）、基金经理等职务。

此间，邓某某掌握了**核心成长基金、**核心优势基金股票投资的标的股票名称、数量、价格、盈利预期以及投资（买卖）时点等未公开信息。邓某某在任职期间利用其掌握的上述未公开信息，2009年3月至案发前独自或分别伙同被告人孙某某、被告人王某某从事与该信息相关的证券交易活动。其中邓某某涉及成交金额347003.59万元，非法获利55072082.797元；孙某某涉及成交金额168432.195万元，非法获利29275874.987元；王某某涉及成交金额133811.54万元，非法获利16282014.57元。

诉讼过程

邓某某、孙某某、王某某涉嫌利用未公开信息交易罪一案，由**市公安局移送**市检察院审查起诉。**市检察院审查终结后于2018年6月12日将本案起诉至**市中级法院，**市中级法院于2019年4月16日作出一审判

---

* 本文书荣获辽宁省检察机关优秀法律文书评选活动二等奖。

决,判决被告人邓某某犯利用未公开信息交易罪,判处有期徒刑四年。2019年4月28日,**市检察院提出抗诉,原审被告人邓某某上诉。辽宁省高级人民法院于2019年8月26日将本案发回**市中级人民法院重审。2019年10月15日,**市检察院将本案再次起诉至**市中级法院。2019年11月26日,**市中级法院改判邓某某犯利用未公开信息交易罪,判处有期徒刑五年。

 典型意义

在本案办理过程中,为准确指控犯罪,两名承办人认真学习证券交易知识,最终娴熟地掌握了各种从业准则和交易规则,认真分析了本案载卷的各种交易图表和银行流水,进而正确地采信证据,所撰写的起诉书格式严谨、事实认定准确、表述逻辑清晰,层次分明。将公安机关认定的三名被告人的犯罪情节由"情节严重"调整为"情节特别严重",准确地指控了三名被告人的犯罪事实,在市中级法院错误认定量刑情节,将被告人邓某某降刑档进行处罚后,承办人认真审查市中级法院一审判决书,针对一审判决书的判决理由找准抗点,精心撰写刑事抗诉书,充分论述抗诉观点。所提出的抗诉意见得到了省检察院和省高级法院的支持,将案件发回市中级法院重审,最终检察机关的起诉意见和抗诉意见得到审判机关的全面采纳,将被告人邓某某的刑期依法改判。

邓某某等人利用未公开信息交易案在审判时是全国交易数额、获利数额最大的"老鼠仓"案件。案件办理期间,本案被新浪网、和讯网、《财新杂志》等中国财经主流媒体持续跟踪报道,在相关行业影响巨大。本案也被省院评为"辽宁省2019年度精品公诉案例"。本案抗诉书的撰写为本案的成功办理奠定了基础。

法律文书

＊＊市人民检察院
刑事抗诉书

＊检公二诉刑抗〔2019〕＊号

＊＊市中级人民法院以（2018）＊14刑初＊号判决书对原审被告人邓某某、孙某某、王某某犯利用未公开信息交易罪一案判决：

一、被告人邓某某犯利用未公开信息交易罪，判处有期徒刑四年，并处罚金人民币5600万元；二、被告人孙某某犯利用未公开信息交易罪，判处有期徒刑三年，缓刑三年，并处罚金人民币3100万元；三、被告人王某某犯利用未公开信息交易罪，判处有期徒刑一年六个月，缓刑二年，并处罚金1700万元；四、公安机关扣押的被告人邓某某、王某某违法所得人民币3500万元，予以没收，由公安机关执行，上缴国库。被告人王某某用赃款购买的海南省＊＊县＊＊镇＊＊旅游度假区＊＊西＊＊、＊＊房产，由本院依法处理，变价款抵扣违法所得54344146元，超出部分作为罚金上缴国库，不足部分依法继续追缴；公安机关扣押孙某某违法所得人民币4500万元，其中14637937元作为违法所得，予以没收，余款30362063元作为罚金予以收缴，由公安机关执行，上缴国库。罚金不足部分继续追缴。

本院依法审查后认为，该判决对原审被告人邓某某犯罪部分认定事实错误，适用法律错误，导致量刑畸轻；该判决对被告人孙某某财产刑适用错误。理由如下：

一、一审判决认定邓某某具有"主动提供公安机关尚未掌握的账户信息，主动将持有的股票、基金等有价证券变价后上缴，避免了特别严重后果的发生"的情节属于认定犯罪事实错误。

原审被告人邓某某不具有"主动提供公安机关尚未掌握的账户信息"的情节。国家证监会向公安部移交的行政调查卷宗中即载明了本案的主要涉案账户信息。一审判决认定的坦白情节足以评价邓某某对本案犯罪事实的供述情况。

一审判决所认定的原审被告人邓某某"主动将持有的股票、基金等有价证券变价后上缴"情节应认定具有退赃情节。

原审被告人邓某某所实施的利用未公开信息交易犯罪，一经实施即已对国家、对金融市场的监管秩序及市场交易的公平交易秩序和相关投资者的财产权益进行了侵害，邓某某等人的股票交易累计达34.7亿余元，严重侵犯了市场的公平交易秩序和相关投资者的财产权益，犯罪后果已经形成。一审判决认定邓某某具有"避免了特别严重后果的发生"的情节，没有事实和法律的依据。

综上，原审被告人邓某某只具有坦白、认罪、退赃等情节，不具有法定、酌定的减轻处罚情节，一审判决对邓某某认定事实错误，并错误适用《中华人民共和国刑法》第六十七条第三款，对邓某某减轻处罚，导致量刑畸轻。

二、一审判决对原审被告人孙某某的财产刑适用错误

原审被告人邓某某、孙某某共同操控"归某某""朱某""蒋某""凌某""郑某""孙某某"等六个账户，累计成交金额16.8亿余元，非法获利2927万余元。直至案发前，邓某某一直并未获得利润分配，上述股票账户下挂的银行账户一直被孙某某实际控制，二人共同的违法所得全部被原审被告人孙某某所占有。

一审判决在此情况下，将已扣押的原审被告人孙某某的4500万元中的1463万余元作为违法所得予以没收，没有事实依据，不利于罚金刑的执行，不利于惩治犯罪，系财产刑适用错误。

综上所述，一审判决确有错误。为维护司法公正，准确惩治犯罪，依照《中华人民共和国刑事诉讼法》第二百二十八条的规定，特提出抗诉，请依法判处。

此致
**人民法院

2019年4月28日

附：
1. 原审被告人邓某某现羁押于**市看守所。
2. 原审被告人孙某某、王某某现被取保候审。

评委点评

中国裁判文书网显示,本案是审判时全国交易数额和获利数额均为最高的"老鼠仓"案件。案件一、二审期间,本案被凤凰网、新浪网、和讯网、中国证券网、《财新杂志》等中国财经主流媒体持续跟踪报道,在财经证券行业影响巨大。该案发案地在北京,系由"两高"、公安部指定该省司法机关办理的一件证券犯罪案件。全案侦查由省公安厅在公安部证券犯罪侦查局的指导下进行,在该省被确认为全国证券犯罪案件办案基地的大背景下,省市两级检察机关对本案的抗诉成功指导和规范了全省对利用未公开信息交易类犯罪的办理。

该抗诉书严格遵循抗诉书制作规范,结构合理,用语准确,行文简练,语气理性客观。在抗诉书主体部分针对一审判决书判决理由,逐一说明检察机关抗诉意见,在陈述每一抗诉理由的结尾部分又进行总结收尾,有的放矢,说服力强。该抗诉意见得到了省院的支持和审判机关的全面采纳,是一份优秀的抗诉书。

某电子商务有限公司被诈骗、盗窃系列案件检察建议书*

——依法及时发出检察建议，帮助电商企业堵塞管理漏洞

🏠 事件背景

区检察院对2018年11月至2019年7月以来市**区内影响非公有制经济发展的审查批准逮捕案件进行统计分析，发现被害单位为某电子商务有限公司诈骗、盗窃案件共计7件8人，审查过程中发现某电子商务有限公司在商品退换货、商品防损、物流流通等过程中存在监督管理漏洞，**区检察院为全面保护非公有制经济企业合法权益，探索服务保障的新路径、新方法，切实预防危害非公有制经济犯罪，遂向某电子商务有限公司发出检察建议。

🏛 检察机关监督过程

2018年11月至2019年7月以来，**区检察院共计受理被害单位为某电子商务有限公司的审查批准逮捕案件共计7件8人，其中批准逮捕2件3人，不批准逮捕案件5件5人。其中范某某、张某某诈骗案，**市**区人民法院于2019年6月5日作出判决，采纳检察机关的量刑建议，以被告人范某某犯诈骗罪，判处有期徒刑三年，缓刑三年，并处罚金人民币四万元，以被告人张某某犯诈骗罪，判处有期徒刑三年，缓刑三年，并处罚金人民币四万元。

---

* 本文书荣获辽宁省检察机关优秀法律文书评选活动二等奖。

**区检察院于 2019 年 7 月 19 日向某电子商务有限公司发出检察建议书，并于 7 月 25 日前往某电子商务有限公司运营中心公开送达检察建议，某电子商务有限公司于次日复函并提出整改方案。

典型意义

检察建议是检察机关履行法律监督职能、参与社会治理的重要手段。该系列案件是检察机关立足办案主责主业，运用检察建议服务保障民营经济发展的体现。检察机关在办案过程中从宏观维度出发，不局限于个案，综合分析涉案企业其他刑事案件，结合办案实践直指企业在日常管理过程中存在的问题和漏洞，制发有针对性、可操作性的检察建议，并到涉案民营企业公开送达，与传统的"文来文往"方式相比，同被建议单位面对面地交流，把检察建议讲得更生动、更透彻，提高企业法治意识，真正把检察建议做成刚性、做到刚性，促进监督更有力、效率更高、效果更好。检察建议公开送达的情况，被多家媒体报道。该案在审查起诉过程中，检察机关注重维护民营企业合法权益，跟踪核实被告人退赃、退赔落实情况，实现了法律效果与社会效果相统一。该系列案件的成功办理，不仅依法严厉打击侵害民营企业合法权益的犯罪行为，更是检察机关注重提高检察建议的质量和监督的精准性，取得审查办理一案、监督影响一片良好效果的具体体现。

法律文书

**市 **区人民检察院
检察建议书

**检侦监建〔2019〕*号

某电子商务有限公司：

近期，我院对 2018 年 11 月以来**市 **区内影响非公有制经济发展案件进行统计分析，发现你单位在商品退换货、商品防损、物流流通等过程中存在监督管理漏洞。我院为全面保护非公有制经济企业合法权益，严厉惩处侵犯非公有制经济发展犯罪行为，探索服务保障的新路径、新方法，切实预防危害非公有制经济犯罪，现根据最高人民检察院《人民检察院检察建议工作规定》第十一条第一项之规定，特向你单位发出检察建议。

一、案件基本情况及主要特征

2018年11月以来，我院共受理公安机关提请批准逮捕的影响非公有制经济发展案件45件81人，涉及你单位案件7件8人，占影响非公经济犯罪总数的15.6%，其中批准逮捕2件3人，不批准逮捕案件5件5人（因事实不清、证据不足不批准逮捕4件4人，因无社会危险性不批准逮捕1件1人），经过对犯罪事实进行梳理分析，案件基本情况及主要特征如下：

（一）犯罪主要集中在诈骗、盗窃等罪名。2018年11月以来涉及侵害你单位的犯罪案件中，涉嫌诈骗5件6人，占71.4%，涉嫌盗窃罪2件2人，占28.5%。值得注意的是，诈骗案件中犯罪嫌疑人全部为一定时期内多次以相似的手段实施诈骗犯罪。

（二）女性犯罪嫌疑人数多。2018年11月以来涉及侵害你单位的案件中，女性犯罪嫌疑人4名，占50%，相比于其他提请批准逮捕案件女性占比高。

（三）案件不批准逮捕率高。2018年11月以来涉及侵害你单位案件中，经审查依法批准逮捕案件2件3人，占37.5%，不批准逮捕案件5件5人，占62.5%。

二、存在的主要问题分析

上述犯罪行为已经侵犯你单位财产权益，造成严重经济损失，影响企业健康有序发展。同时，上述案件也反映出你单位在管理等方面存在如下问题：

（一）商品退换货流程防损监管缺失，退换货品规则实施过程存在严重漏洞。2014年3月15日实施的《中华人民共和国消费者权益保护法》中规定经营者采用网络等方式销售商品，消费者有权自收到商品之日起七日内退货，且无需说明理由,但特殊商品除外,消费者退货的商品应当完好。① 该规定有效维护消费者合法权益,给予消费者合理期限的"后悔权",但我院办理涉及你单位的系列案件过程中发现,由于商品退换流程防损监管缺失,致使此规则为一些违法犯罪分子所利用。你单位网络平台销售的货品无专属、排他性防损标识,物流工作人员防损业务不精,防损意识不强。同时,退换货品流程管理混乱、工作细则形同虚设,缺少专业、专职防损人员对收回货品进行检查、甄别,为不法分子"调包"作案提供机会。

(二)配送、退换货物品流通过程监管存在"死角",物流工作人员素质参差不齐。某某物流公司办公仓储地点及货品流通防损、防盗手段传统单一,给不法分子以可乘之机;物流工作人员招聘流程简单,物流业务培训"速成",缺乏防损防盗意识,个别工作人员个人素质及工作责任心有待提高。

(三)案发后证据固定、及时止损意识淡薄。我院审查案件时发现不法分子"调包"后的实物证据没有固定,只有电子编码等证据,无法直观、直接反映证物原始形态,工作人员留存、保护证据意识差。在一段时期内,不法分子多次作案,犯罪手段相似案件频发,你单位发现后未及时排查止损,造成经济损失扩大。

三、对策建议

我院为依法履行检察监督职责,参与社会治理,维护司法公正,预防和减少违法犯罪,保护国家和社会公共利益,维护非公企业合法权益,特向你单位提出如下检察建议:

(一)规范商品退换流程管理,健全商品退换业务工作规则。针对本单位

---

① 《中华人民共和国消费者权益保护法》第25条:"经营者采用网络、电视、电话、邮购等方式销售商品,消费者有权自收到商品之日起七日内退货,且无需说明理由,但下列商品除外:(一)消费者定作的;(二)鲜活易腐的;(三)在线下载或者消费者拆封的音像制品、计算机软件等数字化商品;(四)交付的报纸、期刊。除前款所列商品外,其他根据商品性质并经消费者在购买时确认不宜退货的商品,不适用无理由退货。消费者退货的商品应当完好。经营者应当自收到退回商品之日起七日内返还消费者支付的商品价款。退回商品的运费由消费者承担;经营者和消费者另有约定的,按照约定。"

商品退换过程中存在的管理制度漏洞，应当予以加强完善。一是根据商品退换业务流程，结合本单位实际运营情况，尽快出台工作细则，将责任分工层层落实，并配以严格有效的防损绩效考核、考评体系。二是在"某某某"平台所售商品上加以专属、排他性销售防损标识，以防不法分子以假乱真、以旧换新、以次充好调换商品。三是安排具有相关专业知识的专职防损员，对退换货物进行细致鉴别，为防损增加人防防线。四是利用网络"大数据"技术对发生频繁退货的会员进行甄别，以区分正常退换与恶意退换行为。五是增设退换货品宽限期，制定相应政策在不影响退换货品二次销售前提下，突破七天无理由退换货的期限。

（二）加强商品运输流程管理，利用人防、技防、制度建设填补物流管理漏洞。针对本单位商品运输过程中存在的技术管理方面问题，应当通过人力资源、技术设备手段以及制度进行解决。建议你单位制定完善的仓储货运管理制度，对物品存放使用进行登记，工作人员进出仓库刷卡，贵重物品、重要文件资料落实保管防损责任，尤其在商品运输流通过程中，运输车辆软硬件相结合加装安全防盗技术设备、追踪定位装置，安装针对车辆储物仓门监控摄像探头，提升车辆防盗设施技术，商品配送、退换等运输车辆随车人员组成定期轮换，以防长期固化。

（三）强化工作人员招聘培训管理，提升工作人员职业、道德素养。针对本单位工作人员在业务素质、道德水平、证据固定、及时止损意识等方面所存在的问题，应当通过招聘严把关、培训常态化等方式方法予以解决。建议规范招聘流程，招聘及日常工作过程中发现员工存在问题应及时予以纠正。从招聘入手，严把招聘关，招收具备业务素质高、道德素养好的工作人员。招聘人员入职后常态化培训，定期评估考核，对临时雇佣人员严格把关，增设对任职条件、综合素质、道德水平的审核，定期评估招聘工作，引入员工素质和道德水平评分机制，加强从业规范。条件允许情况下，通过提升薪资，丰富企业文化等方式形成"洼地效应"，吸引招揽人才。同时，强化雇员管理，增强其责任意识、法治意识，营造敬业爱岗的工作氛围，发现问题及时处理，防止损失进一步扩大，涉嫌刑事犯罪时注意保护、留存证据。

以上建议，请你单位根据实际情况认真研究落实，并将落实情况于三十日内书面函告我院。

2019 年 7 月 19 日
（院印）

📝 评委点评

该份检察建议书通过类案的分析研判，以保护涉案民营企业的合法权益为出发点，结合办案实践直指该企业在商品退换货、商品防损、物流流通等过程中存在监督管理漏洞，有针对性地提出三个方面的建议，文书语言规范、分析透彻、可操作性强，并深入涉案企业公开送达，与被建议单位面对面交流，通过释法说理，使涉案企业"心悦诚服"地依据检察机关的建议开展整改工作，取得良好的效果。这充分体现检察机关在依法严厉打击侵害民营企业合法权益的犯罪行为的同时，延伸检察职能，运用检察建议服务保障民营经济发展的作为。

孙某某强奸案刑事抗诉书*
——准确认定案件事实,严厉打击性侵害未成年人犯罪

基本案情

2014年6月1日下午,原审被告人孙某某(男、成年人)与李某某、陈某某、刘某及被害人宋某某(女,13周岁)饮酒后到某洗浴中心。李某某与洗浴中心服务员将宋某某扶到洗浴中心三楼吧台附近的椅子坐下,后乘坐陈某某驾驶的车辆送刘某回家。原审被告人孙某某趁机找服务员闫某打开房间,单独把被害人宋某某扶进房间后将醉酒状态的宋某某强奸。

诉讼过程

该案经过两级法院审理,以事实不清、证据不足为由判决孙某某无罪。2018年8月22日,**市检察院提请**检察院抗诉。经全面深入审查案件,**检察院认为存在犯罪事实,并于2019年2月21日制作了*未审刑抗〔2019〕*号刑事抗诉书,依法向**法院提出抗诉。2019年5月5日**法院决定再审,2019年12月24日,**法院依法撤销原无罪判决,以孙某某犯强奸罪,判处其有期徒刑四年。

典型意义

该案存在一定程度的复杂性和敏感性,一是该案系"零口供"案件,原

---

* 本文书荣获辽宁省检察机关优秀法律文书评选活动二等奖。

审被告人孙某某矢口否认强奸行为，从未作过有罪供述；二是被害人案发时年龄幼小，且处于醉酒状态，在陈述中存在一定程度的前后不相符的问题；三是因报案时间较晚，公安机关没有获取到任何物证；四是该案系成年人性侵害未成年人犯罪案件，属于近年来高发的侵害未成年人犯罪类型，对该案如若处理不好会对已经形成的打击成年人性侵害未成年人犯罪高压态势造成不良影响。

制作刑事抗诉书时，检察院结合高检院第十一批指导性案例有关性侵害未成年人犯罪案件证明标准，对案件证据进行了深入分析，准确认定了案件事实。重点从未成年人认知和表达特点等方面分析了被害人前后陈述个别细节存在差异的主客观原因，论证了前后陈述差异的合理性，审查认定被害人陈述客观真实且能得到证言印证、侵害人的无罪辩解缺少事实依据。并从证人证言的及时性有效性等方面全面论证了案件事实和法律适用问题，深入论证了生效裁判的错误之处，提出了清晰明确充分的抗诉理由。此抗诉案件的成功办理，体现了全省检察机关依法严厉打击性侵害未成年人犯罪的坚定决心，体现了检察官在保护未成年人合法权益方面的责任担当，为今后全省类似案件的办理提供了有益的参考，也为全省政法机关在性侵未成年人犯罪证明标准方面达成共识，打下了坚实基础。

法律文书

**人民检察院
刑事抗诉书

*未审刑抗〔2019〕*号

原审被告人孙某某，男，**年**月**日出生，汉族，大专文化，住**市**区**镇**村，**镇政府工作人员。因本案于**年**月**日被**区公安局刑事拘留，经**区人民检察院批准，同年**月**日被执行逮捕，**年**月**日被**区人民法院取保候审。

区人民法院以（2017）*1104 刑初 * 号刑事判决书判决被告人孙某某无罪。区人民检察院提出抗诉后，**市中级人民法院以（2018）*11 刑终字 * 号刑事附带民事裁定书裁定驳回抗诉，维持原判。**市人民检察院于 2018 年 8 月 22 日提请本院抗诉，经依法审查，本案的事实如下：

2014 年 6 月 1 日下午，孙某某同李某某、陈某某、刘某及被害人宋某某等人一起先后吃烧烤喝酒、到歌厅唱歌喝酒，导致宋某某呈醉酒状态。当日 22 时许，上述五人来到某洗浴中心，后陈某某驾车与李某某送刘某回家。孙某某借机找服务员打开一客房，将宋某某扶进房内，将醉酒状态下无反抗能力的宋某某强奸，致宋某某阴部流血。

本院认为，原审被告人孙某某强奸被害人宋某某的事实清楚，证据确实、充分，应当以强奸罪追究其刑事责任。一、二审法院认定事实错误，适用法律错误，理由如下：

1. 被害人宋某某的陈述与指认能够与其他在案证据相互印证。（1）宋某某陈述自己案发时处于醉酒状态，可以得到各证人证言、原审被告人供述及监控录像的佐证，这个事实不存在异议；（2）宋某某陈述案发时自己因发生性关系导致阴道出血，医院体检记录所载"已婚未育型"可以证明宋某某处女膜破裂，证人赵某、宋某、李某某、陈某某及闫某的证据均可以证实案发现场床单上留有血迹。同时，宋某某的陈述案发当天不是月经期，证人李某某、赵某的证言证实在案发现场给宋某某洗澡时没有看到宋某某垫卫生巾，也没有看到宋某某来月经。宋某彬的证言及医生体检证明能够证实案发十日后宋某彬陪同宋某某到医院体检时宋某某刚来月经。证人赵某的证言可以证实案发时宋某某体表没有伤口，也可以排除现场血迹系宋某某体表出血的可能；（3）宋某某陈述案发时其在醉酒状态下感觉下体疼痛，意识到有人正与之发生性关系。该陈述前后稳定，且被害人陈述、证人有关看到现场血迹的证言及处女膜破裂的体检记录均可以对该陈述进行佐证；（4）有关宋某某陈述孙某某趴在其身上强行与之发生性关系，证人赵某、宋某在案发现场均听到了原审被告人孙某某的亲口承认、证人李某某在案发现场及证人刘某在次日通话中均听到了宋某某的口述，上述证人证言均可以对宋某某的陈述进行佐证。

2. 证人赵某、宋某将所见所闻相结合证实孙某某的犯罪事实，具有较强证明力。首先，证人赵某和宋某系案发后第一时间赶到现场，二人证言所证实的床单上的血迹、被害人宋某某醉酒及哭泣状态、原审被告人孙某某的表现，及赵某证实的给宋某某洗澡时发现大腿内侧血迹等情况，均系二人亲身感知，非转述自其他人，且能够得到证人李某某、陈某某证言及被害人宋某某陈述的印证；其次，证人赵某和宋某在案发现场均听到孙某某说其将宋某某"干了"，孙某某对强奸行为的这一承认系二证人直接听孙某某口述，同样非转自他人。证人赵某、宋某将孙某某所述与现场所见相结合，可以直接且有力地证明孙某某实施了强奸行为。同时，没有证据证明赵某、宋某受到胁迫或具有其他压力，二人的证言均系在个人独立意志下完成的，二人也证实与原审被告人孙某某是朋友关系，没有矛盾存在，可以排除作伪证的可能。故证人赵某、宋某指证孙某某强奸宋某某的证言具有较强的证明力，应当采信。

3. 证人李某某、陈某某证言变化可以做出合理解释。（1）有关李某某、陈某某在现场是否看到血迹的证言，李某某、陈某某在第一份证言中没有证实，但现场床单上留有血迹有其他证据证实，该事实是客观真实的，不能因二人证言的前后不一致而否定该事实；（2）比较李某某、陈某某的第一份证言与后面的证言发现，后面的证言均比第一次证言详细，其不仅体现在直接指证孙某某犯罪方面，其他方面也都是较之前详细。如李某某有关案发现场床位布置的证言、陈某某证言中有关与孙某某的争吵内容方面，这符合二人对前后证言不完全一致的解释——"第一次在公安做笔录比较紧张，后来慢慢回忆起来了"。因二人系一年后作证，故这也符合记忆内容经回忆逐渐清晰的规律。同时，二人的证言与被害人宋某某的陈述相互印证，应当采信。

4. 被害人宋某某前后陈述变化可以做出合理解释。（1）宋某某有关看见孙某某趁其酒醉趴在其身上强行与之发生性关系的陈述，虽然宋某某在第一次笔录中并没有明确，但其解释称因为第一次做笔录比较紧张，而第二次笔录比较全面。本院认为宋某某的解释是合理的，宋某某案发及第一次做笔录时年仅13周岁，从询问笔录看公安机关办案时并未采用符合未成年人特点的询问方式，在这种情况下其紧张是符合未成年人身心特点的，第一次陈述的内容与事实不完全吻合，符合未成年人的认知规律和表达特点。同时，虽然宋某某在第一次笔录中没有陈述孙某某趴在其身上这一情节，但对孙某某的指认前后笔录是一致而且是稳定的，本院认为该陈述应当采信；（2）有关宋某某在案发现场是否向李某某说明孙某某对其强奸事实，宋某某在第一次陈述中并没有进行证实，宋某某对此的解释与前一问题一致，本院认为该解释合理，具体理由同上。同时，对该事实证人李某某的证言可以证实，且证人赵某也证实了在案发现场李某某蹲在床头与宋某某对话的事实。虽然宋某某的第一份笔录没有对此进行陈述，但后面的多次笔录均进行了稳定地陈述，结合证人证言，本院认为该陈述应当采信。

5. 原审被告人孙某某的辩解缺少事实依据。（1）原审被告人孙某某辩称案发当天证人赵某、宋某到洗浴中心系上述二人主动联系他，但赵某、宋某均证实是孙某某通过电话将二人叫到洗浴中心的。证人赵某和宋某的证言在本案中能够直接证实孙某某的强奸行为，二人如何来到案发现场的原因十分关键，可见孙某某为了否定二人对自己不利的证言在此事上作了虚假供述，赵某和宋某的证言相互印证，能够直接否定孙某某的该项辩解；（2）孙某某辩称没有在案发现场发现血迹，也不知道"清理费"一事，而多位证人均能够证实现场看到血迹（具体内容详见第1条），证人闫某和周某均能够对"清理费"一事进行证明，现场存在血迹一事是客观真实的。可见，孙某某为了否认强奸事实，对现场血迹一事进行否认，该辩解也不应被采信。

综上所述，为维护司法公正，准确惩治犯罪，依照《中华人民共和国刑事诉讼法》第二百五十四条第三款的规定，对**市中级人民法院（2018）*11刑终字*号刑事附带民事裁定书提出抗诉，请依法判处。

此致
**人民法院

2019年2月21日

附件：

1. 被告人孙某某现取保候审于居住地
2. 其他有关材料

评委点评

该份刑事抗诉书结合最高人民检察院第十一批指导性案例有关性侵害未成年人犯罪案件证明标准,对案件证据进行了深入分析,重点从未成年人认知和表达特点等方面分析了被害人前后陈述个别细节存在差异的原因,论证前后陈述差异的合理性,审查认定被害人陈述客观真实且能得到证言印证、侵害人的无罪辩解缺少事实依据。此外,还从客观性、关联性、时效性等角度对证人证言进行了分析论理,驳斥被告人供述的虚假之处,文书论据充分、论证合理、语言简明、严肃规范。

不足之处在于,裁判文书的审查意见部分与抗诉理由论证部分未能有效衔接,审查意见部分认为法院判决认定事实错误,适用法律错误,而抗诉理由论证部分主要从证据采信错误的角度进行论证,抗诉观点不够明确。

刘某某合同诈骗案纠正违法通知书*
——依法监督，凸显保障人权理念

基本案情

2018年10月18日，A市公安局将刘某某列为网上逃犯，10月23日B铁路公安处将刘某某抓获并临时羁押于B市看守所，11月5日A市公安局将其押解回程并于次日羁押于A市看守所，12月6日，A市公安局以犯罪嫌疑人刘某某涉嫌合同诈骗罪向A市人民检察院提请批准逮捕，至此刘某某已被刑事拘留44日。

诉讼过程

2019年3月5日，**检察院在办理刘某某批准延长侦查羁押期限案件中，发现公安机关对刘某某存在超期羁押行为，遂于3月7日向公安机关发出纠正违法通知书，并与侦查员就违法事项进行沟通。3月14日，A市公安局向**检察院书面回复纠正结果。目前该案已于法定期限内起诉，一审已宣判。

典型意义

（一）牢固树立并落实尊重和保障人权理念

尊重和保障人权，是检察机关法律监督的应有之义。如何在繁杂的证据中

---

* 本文书荣获辽宁省检察机关优秀法律文书评选活动二等奖。

发现侦查人员的违法行为,除了通过规范化、精细化审查案件外,还要具有将公平正义视为检察事业生命线的决心。实践中,关于异地羁押如何计算羁押期限颇有争议,侦查机关往往因在7日内往返于异地押解犯罪嫌疑人并办理好羁押、报捕手续存在困难,而将异地羁押时间及在途时间均不计算在刑拘期限内;检察机关希望法院宣判时会将实际羁押日期扣除。

  刑事拘留是限制人身自由的强制措施,其适用理应受到法律的严格规制。犯罪嫌疑人被异地抓获后,无论在看守所还是返程路途中,其自由被完全限制的状态是持续的。因此刑拘列逃被异地抓获产生的临时羁押只是执行刑事拘留的一种方式,其本质依然是对犯罪嫌疑人执行刑事拘留的强制措施。司法机关应当以尊重和保障人权为出发点,严格遵守《刑事诉讼法》的相关规定,在法定期限内报捕或变更强制措施。

  (二) 在办理延押案件中坚持监督与配合并重

  延押案件一方面为侦查机关争取了收集证据的时间,另一方面也加重了检察机关作为赔偿义务主体的责任。因此在审查中应坚持惩罚犯罪与保障人权并重、监督制约与支持配合并重、程序审查与实体审查并重的原则。通过规范化、精细化审查案件,在保证案件实体正义的同时,依法监督侦查机关的侦查活动,确保程序正义,避免异地拘留超期等"不经意"违法的重复发生。

法律文书

** 人民检察院
纠正违法通知书

*检侦监纠违〔2019〕*号

A市公安局:

  我院在办理刘某某批准延长侦查羁押期限案件中,发现你局存在侦查活动违法行为。2018年10月18日你局将刘某某列为网上逃犯,10月23日B铁路公安处将刘某某抓获并临时羁押于 B 市看守所，11 月 5 日你局将刘某某押解回程并于次日羁押于 A 市看守所，12 月 6 日你局向 A 市人民检察院提请对刘某某批准逮捕。

本院认为，根据《中华人民共和国刑事诉讼法》第六章的相关规定，强制措施只有拘传、取保候审、监视居住、刑事拘留和逮捕五种。刑拘列逃被异地抓获而产生的临时羁押只是执行刑事拘留的一种方式，其本质依然是对犯罪嫌疑人执行刑事拘留的强制措施。本案中，刘某某的刑事拘留时间应从 2018 年 10 月 24 日起算。你局在未办理延拘手续的情况下，在刘某某被抓获 12 天后才将其押解回程，而后又对其延长拘留时间至 2018 年 12 月 6 日，并向检察机关提请批准逮捕，至此刘某某已被刑事拘留 44 日，严重违反了《中华人民共和国刑事诉讼法》第九十一条第一款、第二款的规定。

根据《中华人民共和国刑事诉讼法》第一百条的规定，特通知你局予以纠正，请将纠正结果于十日内告知我院。

2019 年 3 月 7 日
（院印）

评委点评

网上追逃是实现地区乃至全国通缉的一项侦查措施，但由于立法规定尚待完善，导致公安机关在具体执法过程中对于相关法律规定的理解和执行存在偏差。检察机关有必要从保护犯罪嫌疑人合法权益的角度出发，加大对网上追逃的监督力度。

本篇文书就是检察机关针对公安机关异地抓获犯罪嫌疑人异地羁押期限没有计入法定羁押期限而向公安机关制发的纠正违法通知书。对于公安机关异地抓获犯罪嫌疑人异地羁押期限是否计入法定羁押期限，关键是要明确抓获地公安机关抓获在逃人员并送押的程序法意义。依据刑事诉讼法规定，可以对犯罪嫌疑人进行羁押的强制措施只有刑事拘留和逮捕两种，其他限制在逃人员人身自由的行为没有法律依据。对于由异地公安机关抓获送押的情形，立案地公安机关网上追逃时应办理合法的拘留或逮捕手续，异地公安机关只是受委托执行拘留或逮捕。因此，抓获地公安机关抓获在逃人员并送押的行为，实际上只是代为执行刑事拘留或逮捕的行为。因此，抓获地公安机关在送押时应当对在逃人员宣布刑事拘留或逮捕，进而应当将抓获地异地羁押的时间计入刑事拘留或者逮捕的期限，并折抵刑期。

在实务中，公安机关可能会遇到抓获地距离立案地路途遥远、办案期限紧张的实际困难，但这并不构成可以超期限羁押犯罪嫌疑人的正当理由。还应当注意的是，异地羁押犯罪嫌疑人后，原则上应当由立案机关依法在 24 小时内讯问犯罪嫌疑人并通知犯罪嫌疑人家属或单位，但考虑到路途遥远来不及讯问等困难，立案机关在 24 小时内讯问或确有困难的，可以委托抓获地公安机关代为讯问和通知。本篇纠正违法通知书紧扣公安机关违法问题，制作规范，说理充分，具有借鉴意义。

高某某申请国家赔偿案
刑事赔偿复议决定书*

——依法保障赔偿请求人的刑事赔偿权利

事件背景

2008年4月至2009年4月期间，**市*集团有限公司项目经理高某某分别到徐州和上海出差，先后分六次回单位报销旅差费等共计10646元人民币。经徐州市税务局和上海市税务局鉴定，高某某用于上述报销的182张发票均为假发票。

检察机关监督过程

2010年9月10日，**市公安局**分局以高某某涉嫌职务侵占罪对其刑事拘留，10月14日高某某被**区人民检察院批准逮捕。12月28日**区人民检察院向**区人民法院提起公诉。2011年4月15日**区人民检察院以该案事实、证据发生变化为由决定撤回起诉。4月15日**区人民法院裁定准许**区人民检察院撤诉。4月15日高某某被取保候审并释放。6月15日**区人民检察院将案件退回**市公安局**分局补充侦查。

2019年3月26日，高某某以**区人民检察院错误批准逮捕致其人身自由受到侵犯为由，向**区人民检察院申请国家赔偿。同年5月22日，**区人民检察院以超过申请国家赔偿两年的时效为由作出不予赔偿决定。高某某不

---
* 本文书荣获辽宁省检察机关优秀法律文书评选活动二等奖。

服向**市人民检察院提出赔偿复议申请。8月26日，**市人民检察院作出*检赔复决〔2019〕*号赔偿复议决定，决定撤销**区人民检察院*检控申赔决〔2019〕*号刑事赔偿决定，赔偿复议请求人高某某人身自由赔偿金为68874.92元及精神抚慰金13774.98元，向其赔礼道歉，并在侵权影响范围内为其消除影响，恢复名誉。

典型意义

最高人民法院、最高人民检察院《关于办理刑事赔偿案件适用法律若干问题的解释》最大的亮点就是，明确特定情形下疑罪从挂案件的受害人有权取得国家赔偿的权利。具体到本案，人民检察院对公民人身羁押在解除、撤销强制措施超过一年未移送起诉、作出不起诉决定或撤销案件的，或强制措施法定期限届满后虽未解除、撤销强制措施，但未移送起诉、作出不起诉决定或撤销案件的，赔偿请求人有权依法申请国家赔偿，获得权利救济。本案办理不仅保障了受害人取得国家赔偿的权利，而且充分发挥刑事赔偿制度的倒逼功能，针对公安机关补侦后一直悬而未决，复议机关在作出赔偿决定的同时要求赔偿义务机关向公安机关发出检察建议，建议公安机关撤销案件，做到以赔促防、倒逼和监督公权力的正确行使，有效防止权力的滥用。

法律文书

**市人民检察院
刑事赔偿复议决定书

*检赔复决〔2019〕*号

赔偿请求人：高某某，男，**年**月**日出生，身份证号码（略），**族，****有限公司，住**市**区**路**号。

代理人：刘某，男，**年**月**日出生，**律师事务所律师。

赔偿义务机关：**市**区人民检察院。

赔偿请求人高某某于2019年3月26日，以错误批准逮捕致其人身自由受到侵犯为由，向**市**区人民检察院申请国家赔偿。请求支付人身自由赔偿金和精神损害抚慰金共计人民币116059.68元，依法向其赔礼道歉，并在侵权影响范围内为其消除影响、恢复名誉。**市**区人民检察院经审查认为，赔偿请求人高某某提出的赔偿申请已过法定时效，已丧失请求赔偿权，属无效的赔偿请求。根据《中华人民共和国国家赔偿法》第39条的规定，决定对赔偿请求人高某某的赔偿请求不予支持。

赔偿请求人高某某不服**市**区人民检察院*检控申赔决〔2019〕*号刑事赔偿决定，以赔偿义务机关对其权利的侵害一直处于持续状态，其申请国家赔偿未超过两年时效为由，于2019年7月1日向我院提出赔偿复议申请。请求：1. 纠正**区人民检察院*检控申赔决〔2019〕*号刑事赔偿决定，依法赔偿人身自由赔偿金人民币73298.68元，精神损害赔偿金人民币50000元，合计人民币123298.08元；2. 依法向赔偿请求人赔礼道歉，并在侵权影响范围内为其消除影响，恢复名誉。

本院查明：赔偿请求人高某某因涉嫌职务侵占罪于2010年9月10日被**市公安局**分局刑事拘留，10月14日被**市**区人民检察院批准逮捕。12月28日**市**区人民检察院向**市**区人民法院提起公诉。2011年4月15日**市**区人民检察院以事实、证据发生变化为由决定撤回起诉。4月15日**市**区人民法院裁定准许撤诉。4月15日高某某被**市**区人民检察院取保候审并于当日被释放。6月15日**市**区人民检察院将案件退回**市公安局**分局补充侦查。期间高某某共被羁押218天。

本院认为，**市**区人民检察院对高某某采取取保候审期限届满一年后未移送起诉或作出不起诉决定，公安机关也未作出撤销案件的决定。《最高人民法院、最高人民检察院关于办理刑事赔偿案件适用法律若干问题的解释》于2016年1月1日起颁布施行，目的是解决实践中案件久拖不决的问题，保障受害人有获得国家赔偿的权利，不能以该解释颁布之日作为赔偿时效的起算点，从而限制受害人申请国家赔偿权利。根据《中华人民共和国国家赔偿法》第十七条第（二）项、第二十一条第三款，《最高人民法院、最高人民检察院关于办理刑事赔偿案件适用法律若干问题的解释》第二条第（三）项的规定，**市**区人民检察院作为对高某某作出批捕决定的机关即赔偿义务机关，应对高某某被羁押承担国家赔偿责任。本案不存在《中华人民共和国国家赔偿法》第十九条规定的国家免责情形。

根据《人民检察院国家赔偿工作规定》第二十五条第二项规定，《中华人民共和国国家赔偿法》第三十三条、第三十五条规定，《最高人民法院、最高人民检察院关于办理刑事赔偿案件适用法律若干问题的解释》第二十一条第一款的规定，《最高人民检察院关于作出国家赔偿决定时适用2018年度全国职工日平均工资的通知》规定，《最高人民法院关于人民法院审理国家赔偿案件适用精神损害赔偿若干问题的意见》第五条、第六条、第七条规定，决定如下：

1. 撤销**区人民检察院*检控申赔决〔2019〕*号刑事赔偿决定；

2. **区人民检察院支付高某某人身自由赔偿金68874.92元及精神抚慰金13774.98元；

3. **区人民检察院依法向高某某赔礼道歉，并在侵权影响范围内为其消除影响，恢复名誉。

如对本决定没有异议，可以自收到本决定之日起向**区人民检察院申请支付赔偿金。如不服本决定，可以在收到本决定之日起三十日内向**市中级人民法院赔偿委员会申请作出赔偿决定。

2019年8月26日
（院印）

📝 评委点评

本案系一起复议后改变原赔偿决定的案件，赔偿义务机关认为赔偿请求人高某某提出的赔偿申请已过法定时效，已丧失请求赔偿权。赔偿请求人高某某不服向上级机关申请复议后，复议机关认为2016年1月1日起颁布施行最高人民法院、最高人民检察院《关于办理刑事赔偿案件适用法律若干问题的解释》，目的是解决实践中案件久拖不决的问题，保障受害人有获得国家赔偿的权利，不能以该解释颁布之日作为赔偿时效的起算点，从而限制受害人申请国家赔偿权利，故本案不存在《中华人民共和国国家赔偿法》第 19 条规定的国家免责情形。决定撤销赔偿义务机关作出的 * 检控申赔决〔2019〕* 号刑事赔偿决定，支付高某某人身自由赔偿金 68874.92 元及精神抚慰金 13774.98 元，并在侵权影响范围内为其消除影响，恢复名誉。

  该文书认定事实清楚、程序合法、适用法律准确，决定公正严谨、脉络清晰，释法说理性强。本案的办理不仅保障了赔偿请求人依法取得国家赔偿的权利，而且充分发挥刑事赔偿制度的倒逼功能。针对公安机关补侦后一直悬而未决的问题，复议机关在作出赔偿决定的同时，要求赔偿义务机关向公安机关发出检察建议，建议公安机关撤销案件，做到以赔促防、倒逼和监督公权力的正确行使，有效防止权力的滥用。

冯某某涉嫌故意伤害案不起诉决定书[*]
——依法适用不起诉,维护残疾人正当防卫权

🏠 基本案情

冯某某,男,盲人按摩师。2019年5月23日20时许,冯某某(盲人)和女朋友杨某某(视力衰弱)在经营的盲人按摩店内上班,陌生男子施某某醉酒后闯入店内上厕所,因为视力障碍,冯某某和女朋友无法辨认施某某的行为,通过声音跟随在施某某身后进行询问,施某某对二人进行辱骂后离店。数分钟过后,施某某再次进店进行言语挑衅,随后双方发生争吵,施某某身体冲向冯某某女朋友方向,杨某某害怕地大喊并躲到冯某某身后,冯某某展开双手阻挡施某某,此时施某某挥拳打在了冯某某头部,随后两人撕打在一起。经司法鉴定,施某某左下颌骨骨折评定为轻伤二级;外伤性左下6、7牙齿脱落评定为轻伤二级;左眼钝性挫伤评定为轻微伤。

诉讼过程

本案由**市公安局**分局侦查终结,以被不起诉人冯某某涉嫌故意伤害罪,于2019年8月7日向**区检察院移送审查起诉。**区检察院于同年9月6日第一次退回侦查机关补充侦查,侦查机关于同年9月26日补查重报。2019年10月22日,经检察委员会讨论决定,认为冯某某的行为属于正当防卫,不构成故意伤害罪,**区检察院于同年10月25日依法决定对冯某某不起诉。

---

[*] 本文书荣获辽宁省检察机关优秀法律文书评选活动二等奖。

典型意义

《刑法》第20条第1款规定，为了使国家、公共利益、本人或者他人的人身、财产和其他权利免受正在进行的不法侵害，而采取的制止不法侵害的行为，对不法侵害人造成损害的，属于正当防卫，不负刑事责任。检察官既是犯罪的追诉者，也是无辜的保护者，承办人通过综合判断事实和证据，正确适用正当防卫制度，保障了当事人的合法权益。

在正当防卫领域当中，有两个问题最容易引起争议。一是正当防卫的紧迫性，二是防卫限度的认定标准。本案较为典型地体现了这两个方面。通过审查全案证据，多次讯问、询问，发现案件起因系施某某醉酒进店滋事，言语恐吓，并进一步冲向冯某某女友杨某某，冯某某在保护女友过程中首先遭到施某某的殴打，进而引发他的防卫行为，因冯某某视力残疾等级壹级，无法精准判断施某某实施不法侵害的手段及危险程度，他有充分理由认为施某某对其本人和女朋友的人身、财产和其他权利已经产生了巨大威胁，因此，防卫行为具有紧迫性。

本案中，被不起诉人冯某某在供述中多次提到"用拳头打到对方不能反抗为止"。在判断防卫是否"明显超出必要限度时"，检察官没有简单、机械地对侵害行为与防卫行为的性质和强度进行比对，而是考察防卫行为是否属于当时情况下及时、有效地制止不法侵害所必不可少的手段。剖析本案，针对施某某滋扰、殴打行为，当事人采取双手抱住对方、用拳头击打的方式实施殴打，虽然造成了施某某轻伤的后果，但属于制止不法侵害必不可少的手段，在正当防卫的必要限度内，不属于防卫过当。

本案制作的不起诉决定书不仅保障了残疾人的正当防卫权益，惩罚了恶意滋事者，同时也彰显了依法防卫者优先保护的理念，给予公民保护自身合法权利的勇气，让公众真切感受到司法机关呵护公平正义的决心和诚意，从而坚定公众对法治的信仰。

法律文书

** 市 ** 区人民检察院
不起诉决定书

*检公诉刑不诉〔2019〕*号

被不起诉人冯某某，男，1981年**月**日出生，居民身份证号码2114211981*******，汉族，小学文化，个体，出生地和户籍所在地**省**县**镇**村，现住**省**市**区**小区**门市。因本案于2019年6月8日被**市公安局**分局刑事拘留，同年6月21日被取保候审。我院于2019年8月28日决定对其取保候审。

本案由**市公安局**分局侦查终结，以被不起诉人冯某某涉嫌故意伤害罪，于2019年8月7日向本院移送审查起诉。本院于2019年9月6日第一次退回侦查机关补充侦查，侦查机关于2019年9月26日补查重报。

经本院依法审查查明：

2019年5月23日20时许，施某某醉酒后无故进入冯某某经营的**市**区**小区**门市，言语挑衅，用拳头击打冯某某面部，为了使自身及女朋友杨某某的人身权利免受正在进行的不法侵害，冯某某用拳头将施某某殴打致伤。经法医司法鉴定：1. 施某某左下颌骨骨折评定为轻伤二级；2. 施某某外伤性左下6、7牙齿脱落评定为轻伤二级；3. 施某某左眼钝性挫伤评定为轻微伤。

本院认为，冯某某的上述行为，属于正当防卫，不构成故意伤害罪。本案中，施某某在醉酒状态下，先后两次进入冯某某经营的按摩店内滋事，言语挑衅，挥拳对冯某某进行殴打，首先实施了不法侵害行为，并企图冲向与冯某某同有视力残疾的女朋友杨某某，施某某的主动性攻击引发了冯某某的针对性防卫，冯某某的行为具有防卫性和正当性。

同时，冯某某的防卫行为没有明显超过必要限度。冯某某系视力残疾人，残疾等级壹级,案发地点在其经营并居住的按摩店,面对无故进来滋事的施某某,在已经受到不法侵害和可能受到更大侵害的危险性现实存在的情况下,冯某某有充分理由认为施某某对其本人和女朋友的人身、财产和其他权利已经产生了巨大威胁,而他采取了双手抱住对方、用拳头击打的方式进行了正当防卫。案发后立刻报警并拨打了120急救。因此冯某某的防卫行为虽然造成了施某某轻伤的后果,但在正当防卫的必要限度内,属于正当防卫。

依照《中华人民共和国刑事诉讼法》第一百七十七条第一款的规定,决定对冯某某不起诉。

被不起诉人如不服本决定,可以自收到本决定书后七日内向本院申诉。

被害人如果不服本决定,可以自收到本决定书后七日以内向**市人民检察院申诉,请求提起公诉;也可以不经申诉,直接向**市**区人民法院提起自诉。

2019 年 10 月 25 日

评委点评

正当防卫案件已成为近两年舆论炒作的重点,昆山反杀案、福州赵宇见义勇为案、邢台董民刚案等,在社会上引起强烈反响,检察机关在办理这些案件中,起到了引领、重塑正当防卫理念的作用,使"法不能向不法让步"深入人心。

认定正当防卫,需要同时具备起因、时间、对象、意图等要件,起因是以存在不法侵害为前提,冯某某故意伤害案起因是施某某醉酒进店滋事引起,在冯某某及其女友遭受殴打的不法侵害时,引发防卫行为。认定防卫过当,应当综合不法侵害的性质、强度、危害程度和防卫实际、手段、损害后果等情节,结合社会公众的一般认知作出判断。办案检察官没有简单、机械地对侵害行为与防卫行为的性质和强度进行比对,而是考察防卫行为是否属于当时情况下及时、有效地制止不法侵害所必不可少的手段,剖析在施某某滋扰、殴打行为过程中,冯某某采取双手抱住对方、用拳头击打的方式实施殴打行为，不仅只考虑已经造成的损害，更立足防卫人防卫时所处情境，考虑造成进一步损害的紧迫危险性和现实可能性。该案较好地把握司法尺度，不起诉决定准确、适当，不起诉决定书分清是非曲直，合乎事理情理法理，彰显了依法防卫者优先保护的理念，确保了案件处理符合人民群众的公平正义观念，告知公众司法有力量、有是非，更有温度，体现检察机关既是犯罪的追诉者，又是无辜的保护者。

张某故意杀人案补充侦查提纲*
——全方位细致补充侦查，成功起诉欠缺客观证据的陈年杀人案

基本案情

被告人张某于 2004 年 5 月 27 日 22 时许，与女友徐某酒后搭乘一辆出租车回家途中，行驶至 ** 市 ** 区 ** 街 ** 委原 * 厂北门前土道附近时，遇到被害人韩某某（男，卒年 42 岁）挡在车前，因徐某让韩某某让路二人发生口角，被告人张某下车与韩某某发生争执，在厮打过程中因韩某某咬住张某胳膊不放，张某遂拿出随身携带的尖刀猛刺韩某某身体数下，致其倒地死亡。经法医鉴定：韩某某系被他人用带刃刺器刺中胸腹部，造成肺、主动脉弓部及脾脏破裂致大失血而亡。

诉讼过程

本案由 ** 市公安局侦查终结，以被告人张某涉嫌故意杀人罪，于 2018 年 12 月 4 日向 ** 市检察院移送审查起诉，** 市检察院在此前提前介入侦查，并于审查起诉期间，退回公安机关补充侦查二次，延长审查起诉期限二次，于 2019 年 5 月 15 日向 ** 市中级人民法院提起公诉，** 市中级人民法院于 2019 年 12 月 12 日作出一审判决，判决张某犯故意杀人罪，判处无期徒刑，剥夺政治权利终身，宣判后张某未提出上诉，该判决已生效。

---

* 本文书荣获辽宁省检察机关优秀法律文书评选活动二等奖。

典型意义

本案系在押监管人员白某（原工作单位：**市公安局、**省公安厅）举报同监室在押人员张某（前科累累）曾经故意杀人，经张某本人供述杀人属实后，经排查走访确定2004年韩某某被杀案与其供述吻合。由于举报人员身份特殊，及该案多年始终无侦破线索，张某虽然始终供述其持刀伤人，客观上也存在韩某某被杀害一事，但张某的行为与韩某某死亡的事实中因缺少如刀具及被害人衣物的血迹比对等客观关联证据，未能形成完整的证据链条，且韩某某被害案的现场未排除有其他人作案的可能，因此该案从提前介入侦查到补侦提纲的提出始终在全方位细致地补全证据，围绕韩某某被害案的现场情况查找线索，是否能指向张某，围绕张某供述的持刀伤人情况，如何确定该人死亡及如何将线索指向韩某某被杀案，排查所有相关未破获案件，补充查找可能的目击证人，围绕已有的证据相互间的矛盾展开排除等工作，最终在客观证据仍然欠缺的情况下，公安机关围绕检察机关提前介入及补充侦查期间提出的工作提纲对案件证据进行不断补足和补强，与承办人之间不断沟通，最终全方位地补充了相关证据，使得检察机关成功对犯罪嫌疑人张某以故意杀人罪提起公诉，并获得法院判决的确认，张某认罪服法，被害人家属因本案的终结，心灵得以慰藉。

法律文书

关于张某故意杀人案的补充侦查提纲

**市公安局：

你局于2018年12月4日向本院移送审查起诉的犯罪嫌疑人张某涉嫌故意杀人一案，经审查，张某是在同监室被羁押人员白某（原系**市公安局及**省公安厅工作人员）检举后供述了其2004年持刀攮刺一个人的，后排查确认了被害人韩某某被杀案，本案除张某供述攮刺一个陌生男子外，并无如血迹、刀具、指纹等客观证据将韩某某被害案与张某供述的案件关联，故为了查明案件事实，需你局就该案继续补充提供如下证据：

1. 本案发生在2004年，根据证人证言为张某从**省劳教刚释放后不久，未查明张某是否具有作案时间，及人身危险性的前科情况，需补充调取张某前科查询表及前科判决及释放证明：1996年判决服刑后的释放证明，2002年的劳动教养决定书及释放证明，2007年判决后监外执行决定，2009年判决及释放证明。

2. 报警情况登记表内记载报警人为出租车司机，所留的电话号码却为被害人韩某某家电话，为排除上述矛盾之处及查明报警人，需补充询问接警人解释说明上述报警信息填报的问题及询问如何查找报警人。

3. 本案除犯罪嫌疑人张某供述其持刀攮刺过他人外，缺少客观证据印证其供述。犯罪嫌疑人张某供述过、其女友徐某也证实过，案发后二人曾经在几年前通过QQ聊天，张某告知徐某，如果有人问到，让徐某帮助隐瞒张某之前杀过人的事实。该聊天记录系张某被检举前其对该案作出有罪供述的客观记录，为查明上述事实是否存在，补充客观证据，应调取徐某与张某QQ聊天记录，找技术人员对电脑或手机恢复数据查找涉案聊天记录，或到腾讯公司调取上述聊天记录。

4. 因犯罪嫌疑人张某供述其在案发时间段攮刺过一个人，但韩某某被害案现场未发现张某的客观痕迹物证，为排查是否存在其他被害人被他人攮刺的案件，确定张某与韩某某被害案的关联性，排查张某被劳教释放后，2002年至2005年发生在**市**地区刑事案件，是否有其他持刀故意伤害案件或杀人案件有报案却未被侦破的案件，落实排查工作情况，应补充详细工作说明，包含参与排查的侦查员姓名及签字，接待查询单位及接待人员签字及公章。

5. 本案检举人被羁押前为公安人员，被举报的犯罪也仅有口供等言词证据，缺少客观证明，为排除其他因素干扰，查明该案的发现及侦破经过，需明确补充说明详细破案经过：需列明举报人白某的举报时间、犯罪嫌疑人张某第一次供述犯罪事实的时间，公安人员首次调取韩某某被害案卷宗的时间，由调取侦查人员签名或盖章，接待调取韩某某被害案卷工作的单位及接待人员签字及公章。

6. 举报人白某的证言证实其跟管教反映犯罪嫌疑人张某有杀人的犯罪，张某供述一个某姓管教找他谈话时其供述了杀人的犯罪事实，为查明张某的有罪供述是否为主动供述，应继续补充对该某姓管教的询问，问明其与犯罪嫌疑人张某谈话的原由及经过，需查明某姓管教因何与犯罪嫌疑人张某谈话，谈话过程中犯罪嫌疑人张某如何供述出犯罪事实，查明详细经过，以落实张某对持刀攮人的犯罪事实是否为主动供述。

7. 根据破案报告记载，张某甲为张某故意杀人案的一个较为重要的证人，侦查人员因找到该证人并通过其证言确认了张某讲过自己曾经杀过人，在查找该人的过程中，张某起初供述姐姐的男朋友叫"杨某"，侦查人员第一次询问张某的姐姐张某乙时，其表示不认识"杨某"，后通过询问张某的父母得知该人叫张某甲。为补全该案的侦破过程，需补充提供寻找张某甲过程中对张某乙第一次询问的笔录，补充提供对张某父母的询问笔录，补充张某父母对张某甲的辨认笔录。

8. 从韩某某被害案现场照片来看，未发现其有随身物品散落，但根据对被害人家属的询问得知，韩某某案发当天随身携带有钱包、现金、身份证等多个物品，现场勘验笔录记载的物品并无上述记载，为查明被害人韩某某是否有随身物品及其去向，应补充提供该案现场勘查时查扣的物品清单，并讯问犯罪嫌疑人张某是否看到并处置上述被害人的随身物品。

9. 本案对被害人韩某某的尸体检验中对身高未进行记载，犯罪嫌疑人张某对其攮刺的被害人的身高有一定描述，为核实被害人韩某某体貌特征与张某描述的被害人是否相符，需要补充查明被害人身高情况，可通过对被害人家属及朋友的询问补充查明该项内容。

10. 犯罪嫌疑人张某供述其攮刺一个人，后来知道他死了，为查明张某是如何得知被其攮刺的人死亡的消息，本院提审张某时进行过详细询问，其表示他依据三个判断，一个是案发后一个小时本人去现场看，被害人还躺在那里，判断应该是死了，另一个是第二天早上让其姐姐对象张某甲去看过，张某甲看过后说有个人死了，第三个是从某市外逃几天后回家，听其母亲说过前几天楼下死了一个卖汽车配件或摩托车配件的男的。以上三个来源，除其本人供述外，张某甲的证言未印证张某的供述，故需要进一步补充询问张某的母亲，案发当年 2004 年左右，是否听说过其家附近有个卖汽车配件或摩托车配件的人死在其家附近的事情，听谁说的，是否跟张某谈起过此事，什么时间跟张某提起的此事，是否知道张某在此前期间曾去过 ** 市朋友家住几天？

11. 根据张某的供述，案发后其打电话让姐姐男朋友张某甲去过现场看人是否死了，张某甲回话说看到人死了，根据上述供述，张某甲是案发后唯一可能去过现场看到现场的证人，为查明现场情况及张某的供述是否属实，故能否补充调取案发当天张某与张某甲是否存在通话记录，如果上述工作无法实现，需补充讯问张某，如何向张某甲描述的案发地点，使张某甲能够找到被害人，如何向张某甲告知去看这个人的原因及如何导致该人死亡。补充对张某甲的详细询问：犯罪嫌疑人张某持刀攮人的事其是否知情，如何知情的？是否接过犯罪嫌疑人张某的电话后，按其要求去过现场，详细询问其看到的被害人的情况，发型、衣着、身体头脚朝向、仰俯情况等细节。衣服拉链是否拉开，是否看到附近有钱包等物品，是否看到有围观群众，是否报警。由于张某的姐姐张某乙和其男朋友张某甲关于案发当晚记忆回家时间及听张某讲其攮刺一个人的时间证实内容均不一致，补充询问张某甲和张某的姐姐张某乙，犯罪嫌疑人张某出事的当晚，二人几点从外回家，怎么回家，步行还是坐出租车等，回家途中是否经过被害人倒地位置，是否看到被害人躺倒在地。

12. 本案案发当时，除张某外，还有两个目击证人，一个是张某当时的女友徐某，一个是出租车司机，目前出租车司机未找到，为查明案发经过及确定张某攮刺的被害人是否为韩某某及验证徐某的证言的真实性，应补充对徐某的询问：其证言中证实过"看见张某和被害男子用手互怼对方胸前的位置"，后又说"由于当时醉酒难受靠着车内休息，那个地方黑，看不清"，上述证言前后矛盾，补充询问其是否看到被害男子与张某在出租车外有何行为，该男子的着装情况。并需要继续解释如下问题：如果当天醉酒，如何能事后辨认出案发地点。在能辨认出案发地点的情况下，为何不能记得当晚其与张某曾经与哪些人一起喝的酒，能否补充证实当晚发生的其他情况。

13. 证人张某的姐姐张某乙及其女友徐某均称看见过张某平时带的刀，张某供述自己平时带刀及使用该刀作案，为查明杀人凶器刀具是否为张某所有，是否为韩某某被杀的凶器，需补充查明下列事实：补充询问张某乙、徐某，是否能在市面上找到与当时张某持有的刀具相同的刀,进行辨认。如果有相同刀具,找张某对刀具进行辨认是否与其攮刺被害人的刀具属于同种刀具。将该刀与被害人尸检伤口进行比对,是否可比对出为同类刀具。

14. 该案目击者除徐某外就是出租车司机,徐某由于醉酒,其证言证实内容受限,为查明案情,寻找该目击证人对于该案突破具有重要作用,提出如下侦查方向,如对2004年在**市**地区执业的出租车公司进行补侦工作,可通过提供线索悬赏等方式,继续查找案发当天目击者出租车司机,对其开展侦查。报警情况中记载次日早有个出租车司机报案,该人是否为当晚目击的出租车司机,或者另一个早上发现死者的司机,对该报案人也应该进行查找取证,可通过接警民警进行询问等查明报案人如何得知案情并报案,问明目击案件的情况。

15. 为验证张某的供述及变化是否属实,需补充对张某讯问:第一次供述如何确定案发时间在2004年五一之前?为什么后期又改口称为五六月份?为何能够在案发十四年后指认出案发地点,却不记得当晚与谁喝酒,能记得当晚案发前有朋友打电话叫其继续饮酒,却记不得是哪个朋友?其几次供述中,关于被害人着装为何从深色夹克变成浅色、米黄色(浅色更接近现场勘查服装颜色)?

2019年1月3日

评委点评

补充侦查是完善以证据为核心刑事指控体系的需要,是提高办案质效,确保公正司法的有效保证。制作补充侦查提纲,不仅考量办案人对案件事实掌握程度,更加考量办案人法律素养和对证据分析运用的综合能力。本案是多年前的故意杀人案件,只有犯罪嫌疑人张某供述,缺少证实故意杀人行为的直接证据,缺少刀具、被害人衣物血迹比对等重要的客观关联性证据,缺少现场目击证人证言,不能形成完整的犯罪证据链条。在缺少大量证据的情况下,办案人做到入脑入心,对补充侦查工作下大力气、下大功夫,制作的补充侦查提纲细致缜密,说理性强,既阐明补充侦查的理由、方向和取证目的,又明确补充侦查的具体事项，补充、完善证据需要达到的标准和必备要素，充分体现可行性、说理性原则；能够就案件事实、证据、定性等方面存在的问题和补充侦查的情况，做到与侦查机关当面沟通、协作配合，督促侦查机关全方位地补充了相关证据，最终使该案事实清楚，证据确实、充分，体现出配合性、有效性原则。

刑事诉讼是一个动态的过程，补充侦查工作需要检察官既规范又灵活，既主动作为又注重配合，将证据裁判原则向诉讼前端传导，发挥检察官在诉讼进程中的主导作用。

宋某某等人恶势力犯罪集团案起诉书*
——精准定性，依法认定恶势力犯罪集团

基本案情

2015年5月至2018年9月，被告人宋某某为获取非法经济利益，纠集被告人王某甲、关某某、张某甲、刘某某、魏某某、于某某、吴某某等人在**市非法开展巡游出租汽车经营业务，在此期间，逐步形成以被告人宋某某为首要分子，王某甲等7人为组织成员的恶势力犯罪集团，多次实施非法经营、寻衅滋事等违法犯罪活动，为非作恶、欺压百姓，扰乱经济、社会生活秩序，造成较为恶劣的社会影响。

诉讼过程

本案由**市公安局**分局侦查终结，于2018年12月12日向**区检察院移送审查起诉。其间，退回公安机关补充侦查两次，延长审查起诉期限一次。**区检察院于2019年5月17日以非法经营罪、寻衅滋事罪将宋某某等8人起诉至**市**区人民法院。2019年5月17日**区法院对本案进行判决，支持**区检察院起诉的全部事实，判处宋某某等8人有期徒刑二年至七年不等的刑罚，并处罚金。

---

* 本文书荣获辽宁省检察机关优秀法律文书评选活动二等奖。

典型意义

宋某某等8人非法经营、寻衅滋事案,是扫黑除恶专项斗争中,**区检察院认定的首起恶势力犯罪集团案件。案件承办人认真审查案件证据,准确把握案件定性,依法认定宋某某纠集王某甲等人成立**汽车公司,非法收取管理费,并以围攻、缠闹政府机关等不合理方式达到其非法经营目的,通过实施寻衅滋事等违法犯罪活动,达到欺压出租车行业乃至周边百姓的目的,严重扰乱出租车行业经济秩序,损害了出租车行业形象,造成较为恶劣的社会影响的犯罪事实,依法认定以被告人宋某某为首要分子,王某甲等7人为组织成员的恶势力犯罪集团。该案的成功办理,维护了社会正义,为人民群众追求美好生活提供了安全保障,为推动经济高质量发展营造了良好环境,展现了检察机关立足检察职能,坚持精准办案,推动扫黑除恶专项斗争取得新成效的政治担当。

法律文书

** 市 ** 区人民检察院
起诉书

**** 公诉刑诉〔2019〕* 号

被告人宋某某,男,1962年**月**日出生,公民身份号码(略),汉族,大专文化程度,案发前系**汽车租赁有限公司经营者,出生地辽宁省**市,居住**市**区**路**号**。因涉嫌非法经营罪、聚众扰乱社会秩序罪,于2018年9月8日被**市公安局**分局刑事拘留,2018年10月12日经本院以非法经营罪批准逮捕,于次日被该分局执行逮捕。

辩护人安某某、赵某某,系辽宁**律师事务所律师。

被告人王某甲，男，1962年**月**日出生，公民身份号码（略），汉族，初中文化程度，案发前系**汽车租赁有限公司副总经理兼二队队长，出生地辽宁省**市，户籍所在地**市**区**街**号，现住**市**区**路**巷**号**。因涉嫌非法经营罪、聚众扰乱社会秩序罪，于2018年9月8日被**市公安局**分局刑事拘留，2018年10月12日经本院以非法经营罪批准逮捕，于次日被该分局执行逮捕。

被告人关某某，女，1973年**月**日出生，公民身份号码（略），满族，大专文化程度，案发前系**汽车租赁有限公司出纳员，出生地辽宁省**市，户籍所在地**市**区**街**号**，现住**市**区**街**号**。因涉嫌非法经营罪、聚众扰乱社会秩序罪，于2018年9月8日被**市公安局**分局刑事拘留，2018年10月12日经本院以非法经营罪批准逮捕，于次日被该分局执行逮捕。

辩护人邹某某，系辽宁**律师事务所律师。

被告人张某甲，男，1959年**月**日出生，公民身份号码（略），汉族，初中文化程度，案发前系**汽车租赁有限公司**队长，出生地辽宁省**市，户籍所在地**市**区**街**号**，现住**市**区**街**巷**号**。因涉嫌聚众扰乱社会秩序罪，于2018年9月8日被**市公安局**分局刑事拘留，2018年10月12日经本院以非法经营罪批准逮捕，于次日被该分局执行逮捕。

被告人刘某某，男，1959年**月**日出生，公民身份号码（略），汉族，小学文化程度，案发前系**汽车租赁有限公司二队队长，出生地辽宁省**市，户籍所在地**市**区**街**号**，现住**市**区**街**号**。因涉嫌聚众扰乱社会秩序罪，于2018年9月8日被**市公安局**分局刑事拘留，2018年10月12日经本院以非法经营罪批准逮捕，于次日被该分局执行逮捕。

被告人魏某某，曾用名魏某甲，女，1970年**月**日出生，公民身份号码（略），汉族，初中文化程度，案发前系**汽车租赁有限公司**队长，出生地辽宁省**市，居住**市**区**路**号**。因涉嫌非法经营罪、聚众扰乱社会秩序罪，于2018年9月8日被**市公安局**分局刑事拘留，

2018年10月12日经本院以非法经营罪批准逮捕,于次日被该分局执行逮捕。

被告人于某某,男,1961年**月**日出生,公民身份号码(略),汉族,初中文化程度,案发前系**汽车租赁有限公司**一队队长,出生地辽宁省**市,户籍所在地**市**区**路**号**,现住**市**区**路**号**。因涉嫌非法经营罪、聚众扰乱社会秩序罪,于2018年9月8日被**市公安局**分局刑事拘留,2018年10月12日经本院以非法经营罪批准逮捕,于次日被该分局执行逮捕。

被告人吴某某,男,1978年**月**日出生,公民身份号码(略),汉族,初中文化程度,案发前系**汽车租赁有限公司**队长,出生地辽宁省**市,居住**市**区**路**号**。因涉嫌聚众扰乱社会秩序罪,于2018年9月8日被**市公安局**分局刑事拘留,2018年10月12日经本院以非法经营罪批准逮捕,于次日被该分局执行逮捕。

本案由**市公安局**分局侦查终结,以被告人宋某某、王某甲、关某某、张某甲、刘某某、魏某某、于某某、吴某某涉嫌非法经营罪、聚众扰乱社会秩序罪,于2018年12月12日向本院移送审查起诉。本院受理后,于2018年12月12日已告知被告人有权委托辩护人,依法讯问了被告人,听取了辩护人的意见,审查了全部案件材料。其间,退回公安机关补充侦查两次(自2019年1月11日至2019年2月10日;自2019年3月8日至2019年4月4日);延长审查起诉期限一次(自2019年5月5日至2019年5月19日)。

经依法审查查明:

2015年5月以来,被告人宋某某为获取非法经济利益,纠集被告人王某甲、关某某、张某甲、刘某某、魏某某、于某某、吴某某等人在**市非法开展巡游出租汽车经营业务,在此期间,逐步形成以被告人宋某某为首要分子,王某甲等七人为组织成员的恶势力犯罪集团,多次实施违法犯罪活动,为非作恶、欺压百姓,扰乱经济、社会生活秩序,造成较为恶劣的社会影响。具体犯罪事实如下:

一、非法经营罪

2015年5月,被告人宋某某在**市**区**路**号设立**汽车租赁有限公司(以下简称"**公司"),在不具有巡游出租汽车车辆经营权、未取得巡游出租汽车经营许可、道路运输经营许可证的情况下，纠集王某甲等以残疾人为主的人员，以**公司名义非法开展巡游出租汽车经营业务，逐步形成由王某甲担任副总经理，关某某担任出纳员，张某甲、刘某某、魏某某、于某某、吴某某等人担任各区"车队"队长的组织架构。2016年至2018年期间，被告人宋某某等人在**汽车销售公司订购吉利牌轿车（仿出租车双色），向王某乙等残疾人销售获利，并组织王某乙等购车人及其他自有双色车辆的残疾人共计180余人加入**公司，成为公司"队员"，"队员"按月缴纳管理费。**公司为"队员"车辆统一安装顶灯、导航计价设备等，建立微信群、通讯手台等联络方式，"队员"车辆被交通运输管理等监管部门查扣时，由宋某某等人出面采取聚众造势、纠缠等方式摆平事端。2016年11月至2018年9月期间，宋某某指使关某某、魏某某、张某甲、刘某某、于某某、吴某某等人非法收取管理费共计人民币113万余元。

二、寻衅滋事罪

1.2017年12月19日19时20分许，**公司"队员"王某乙驾驶辽****非法营运车辆，在**国际机场送乘客时，进入出租车通道2号岗附近，被合法运营的出租车围住，出租车司机向**市交通局**分局（以下简称"**交通局"）机场运输管理所举报王某乙非法营运，该所工作人员到现场调查时，王某乙拒不下车配合，堵住出租车通道，并使用手台和微信群发布消息，**公司10余名"队员"各自驾驶车辆到现场聚众造势，造成机场出租车通道阻断近两个小时，公安机关出动大量警力到现场维持秩序。当晚，王某乙到**交通局接受调查，**公司"队员"跟随王某乙到浑南交通局，被告人宋某某得知消息后到浑南交通局处理此事，由**公司缴纳1000元罚款后了结此事。

2.2018年3月21日，被告人王某甲、张某甲、刘某某等人到**市**新区残疾人联合会（以下简称"**残联"）附近道路聚集，要求**残联撤回发布的《致**新区广大残疾人车主的一封信》，并提出**残联应帮助协调解决残疾人非法营运车辆被查扣事宜等不合理诉求。张某甲在现场给宋某某打电话，向宋某某汇报现场情况，宋某某告知张某甲留在现场继续聚众造势。当日，另有孙某某（另案处理）等人组织的，合计200余名残疾人、100余辆残疾人非法营运车辆在**残联附近道路聚集，造成道路拥堵，秩序严重混乱。当日15时许，王某甲作为聚集人员代表，以解决在场残疾人午餐为名，强行向**残联索要人民币1万元，后**信访局垫资人民币1万元，由王某甲、张某甲（另案处理）出具收条签收此款，到场的残疾人每人分得人民币50元后陆续从现场撤离。

被告人宋某某、关某某、魏某某、吴某某、张某甲于2018年9月7日被公安机关抓获，被告人刘某某于2018年9月8日被公安机关抓获，被告人王某甲、于某某于2018年9月8日被公安机关传唤到案。

认定上述事实的证据如下：

1. 书证：常住人口基本信息、电话查询记录、归案/抓捕经过、扣押决定书、扣押清单、营业执照、企业机读档案登记资料、股东会决议、**汽车销售有限公司汽车销售合同、购买人详细清单、管理费明细、购车订金明细、行政处罚决定书、残疾人王某乙非法营运案件情况说明、致**新区广大残疾人车主的一封信、收条、关于**汽车租赁有效公司行政许可审批及废业有关情况说明、报警情况登记表、辽宁省公安机关接处警登记表、调派出动单等；2. 证人证言：证人陈某甲、李某甲、陈某乙、陈某丙、王某丙、朱某某、邢某某、潘某某、岳某某、方某某、郑某某、刘某某、李某乙、蔡某某、张某乙、那某某、孙某某、张某丙、王某乙等人的证言；3. 被告人的供述与辩解：被告人宋某某、王某甲、关某某、张某甲、刘某某、魏某某、于某某、吴某某的供述与辩解；4. 搜查笔录；5. 视听资料：现场录像视频。

本院认为，被告人宋某某、王某甲、关某某、张某甲、刘某某、魏某某、于某某、吴某某未经许可，非法从事出租汽车营运活动，扰乱市场秩序，情节特别严重，其行为触犯了《中华人民共和国刑法》第二百二十五条第四项，犯罪事实清楚、证据确实、充分，应当以非法经营罪追究刑事责任。被告人宋某某、王某甲在公共场所起哄闹事，造成公共场所秩序严重混乱，其行为触犯了《中华人民共和国刑法》第二百九十三条第一款第四项，犯罪事实清楚、证据确实、充分，应当以寻衅滋事罪追究刑事责任。依据《中华人民共和国刑法》第二十六条第二款的规定，被告人宋某某、王某甲、关某某、张某甲、刘某某、魏某某、于某某、吴某某为实施犯罪形成较为固定的犯罪组织，是犯罪集团。依据《中华人民共和国刑法》第六十九条的规定，对被告人宋某某、王某甲应数罪并罚。根据《中华人民共和国刑事诉讼法》第一百七十六条第一款的规定，提起公诉，请依法判处。

此致

市区人民法院

检察员：杨某某

2019年5月17日

附：

1. 被告人宋某某、王某甲、张某甲、刘某某、于某某、吴某某现羁押于**市**区看守所；被告人关某某、魏某某羁押于**市**看守所。

2. 案卷材料和证据8册。

3. 录像光盘1张。

评委点评

起诉书是刑事检察工作的"门面担当"，被告人、律师、法官乃至社会公众都可以透过这份文书审视检察工作开展情况，其质量好坏不但事关检察机关的"颜面"，也关乎公平正义的实现。

案件事实是起诉书的"最硬内核"，失之毫厘谬以千里。宋某某等8人非法经营、寻衅滋事案是当地影响较大的恶势力犯罪案件，宋某某等人成立**汽车公司非法收取管理费，并以围攻、缠闹政府机关等不合理方式达到其非法经营目的，通过实施寻衅滋事等违法犯罪活动，达到欺压出租车行业乃至周边百姓的目的，严重扰乱出租车行业经济秩序。该案的事实部分，承办人较好地围绕何时、何人、何地、何行为、何手段、何工具、何后果七要素展开，文字中立、客观、理性，明晰、准确地指控多项犯罪事实，筑牢了起诉书的基础和关键。在法律适用方面，能够通过对事实充分归纳和审查，精准认定以被告人宋某某为首要分子,王某甲等 7 人为组织成员的恶势力犯罪集团,罪状明确,完整具体。

该案的成功办理,体现了"打早打小"和"打准打实"的惩治策略,维护了社会正义,为人民群众追求美好生活提供了安全保障,为推动经济高质量发展营造了良好环境,展现了检察机关在扫黑除恶专项斗争中的政治担当。

邱某交通肇事案支持刑事抗诉意见书*
——依法履行刑事与附带民事双重监督，两次抗诉均获改判

基本案情

2017年5月8日8时许，被告人邱某驾驶小型轿车沿S204线由西向东行驶至某路段处时，与赵某某驾驶的三轮电动车由北向南过公路时相撞，造成赵某某抢救无效死亡、邱某受伤及双方车辆损坏的交通事故，案发后被告人邱某电话报警并留在现场。经**公安局交警大队现场勘查及调查取证认定：邱某的行为违反了"安全驾驶、在没有限速路段应保持安全车速和驾驶机动车不得有拨打接听手持电话、观看电视等妨碍安全驾驶的行为"的规定，这是造成此次事故的主要原因，负事故的主要责任。赵某某负此事故的次要责任。

诉讼过程

本案由**县人民检察院向**县人民法院提起公诉。**县人民法院一审判决邱某无罪。**县检察院提出抗诉。**市人民检察院以*检公支刑抗〔2018〕*号支持刑事抗诉意见书支持抗诉。抗诉后经过发回重审，**县人民法院于2019年4月10日改判被告人邱某犯交通肇事罪，判处拘役四个月，缓刑六个月。**县检察院再次提出抗诉，**市检察院经审查，认为发回重审后判决中认定邱某负70%的责任显属偏低，应予纠正，故制定了*检公支刑抗〔2019〕*号支持刑事抗诉意见书，重点针对附带民事部分再

---

* 本文书荣获辽宁省检察机关优秀法律文书评选活动二等奖。

次支持抗诉。法院终审判决采纳检察机关的抗诉意见，改判邱某犯交通肇事罪，判处拘役四个月，缓刑六个月；保险公司在被害人近亲属各项经济损失的 90% 范围内予以赔偿。

 典型意义

本案中，检察机关充分发挥法律监督职能，坚持全面审查案件事实，以证据为核心构建抗诉基础，通过仔细复核、补强证据，排除证据矛盾，完善证据体系，使原审判决无罪的案件，在检察机关两次抗诉后，两次均获得法院改判。本案通过抗诉，不仅使无罪判决改判有罪，交通肇事被告人得到处罚，还依法纠正了附带民事赔偿的比例，保障了被害人近亲属的合法权益，是检察机关维护社会公平正义、践行新时代"枫桥经验"的典型案例，切实维护了国家法律的统一适用。

（一）一次抗诉，无罪改有罪，保障有罪的人受到追究

本案在 ** 县检察院以交通肇事罪提起公诉后，** 县人民法院认为邱某交通肇事致人死亡的事实存在，但因相关法律未明确列举听音乐妨碍驾驶，故对交警大队作出的道路交通事故认定书不予采信。因无法认定本次交通事故责任划分，故判处邱某无罪。面对无罪判决，** 县检察院第一次提出抗诉。

** 市检察院承办检察官受理二审抗诉案件后，仔细审查了案件的所有卷宗材料，反复观看现场的行车记录仪视频，经审查后认为，邱某的行为构成交通肇事罪，针对 ** 县法院无罪判决的几点理由，在 * 检公支刑抗〔2018〕 * 号支持刑事抗诉意见书中予以逐条答辩、有针对性地表达支持抗诉意见：第一，交警大队的责任划分应当予以采信；第二，案件发生系邱某未履行注意义务的行为引起；第三，赵某某驾驶的电动三轮车是否属于机动车的事实与事故的发生无直接因果关系。

第一次抗诉后，** 市中级人民法院裁定撤销该案一审判决，将该案发回重审。2019 年 4 月 10 日，** 县法院重新作出有罪的一审判决，改判被告人邱某犯交通肇事罪，判处拘役四个月，缓刑六个月。检察机关的第一次抗诉，保障有罪的人受到追究，充分体现了检察机关履行法律监督职能、维护公平正义的作用。

（二）二次抗诉，依法纠正附带民事赔偿比例，切实化解社会矛盾

发回重审判决作出后，被害人近亲属不服法院附带民事赔偿比例，提出上诉。**县检察院认为原判决认定邱某负 70% 的责任显属偏低，再次提出抗诉。**市检察院承办检察官第二次受理抗诉案件后，在第一时间了解到被害人近亲属的经济条件一般、邱某未获得被害人家属谅解等情况。结合双方在此次事故中的责任划分及过错程度，从关心弱势群体、化解基层矛盾、推进社会治理的角度出发，**市检察院重点针对附带民事部分再次支持抗诉，建议**市中级人民法院依法改判被告人邱某承担此事故 80%—90% 的责任，由保险公司在商业三者险赔偿限额内承担 80%—90% 民事赔偿责任，被终审判决全部予以采纳。至此，这起一审判决无罪的案件经过**县检察院的两次抗诉、**市检察院的两次支持抗诉，终于划上句号。在检察机关的不懈努力和坚持下，不仅有罪的人得到追究，更为被害人近亲属争取了合理的民事赔偿，在促进社会和谐稳定、实现长治久安中彰显了检察机关的新担当、新作为。

该起抗诉案件的成功办理，充分体现了**市检察机关认真贯彻落实高检院、省院关于强化审判监督工作要求，转变理念、积极作为，依法惩治刑事犯罪的使命担当。该案不仅保障有罪的人受到追究，确保了法律正确实施，更依法纠正了附带民事赔偿错误，充分化解社会矛盾，取得了较好的法律效果和社会效果。

法律文书

**市人民检察院
支持刑事抗诉意见书

*检公支刑抗〔2018〕*号

**市中级人民法院：

县检察院公诉部门以**号刑事抗诉书对**人民法院**号邱某犯交

通肇事罪一案的刑事判决提出抗诉。本院审查后认为，抗诉正确，应予支持。

本案犯罪事实清楚，证据确实、充分。一审法院判决显属不当，邱某的行为构成交通肇事罪。

一审判决认为 *** 交警大队对此事故认定事实有误，认为邱某听音乐行为不属于违法行为、赵某某无证驾驶无牌照三轮车通过路口、没有让行，且专家认定意见确认邱某在此事故中应承担主要责任，因而未采信该责任事故认定书而采信专家认定意见，认为无法确定邱某在此事故中所负责任，判决邱某无罪。该判决属认定事实不当、证据采信错误。理由如下：

1. 邱某驾驶机动车时超大分贝听音乐的行为已违反了《道路交通安全法实施条例》第 62 条。发生该起交通事故的主要原因是被告人邱某违反了《道路交通安全法》第 22 条、第 42 条，没有安全驾驶、超速行驶。《道路交通安全法实施条例》第 62 条规定的驾驶机动车不得有拨打接听电话、观看电视等妨碍安全行驶的行为，该法条使用了"等"的用语，并明确"妨碍安全驾驶"的具体要素，说明"妨碍安全驾驶"不仅包括拨打接听电话、观看电视两种具体行为，只要驾驶员的行为足以妨碍安全驾驶，均属于违反该条规定的行为。行车记录仪视频显示，事故发生时邱某驾驶车辆播放音乐音量很大，足以影响驾驶员注意力，系妨碍安全驾驶的行为。故此，应认定被告人邱某违反了《道路交通安全法实施条例》第 62 条。

2. 关于一审判决认定被害人赵某某通过路口，没有让行，违反了《道路交通安全法实施条例》第 52 条"没有安全标志，标线控制的，在进入路口前停车瞭望，让右方道路的来车先行"一节，该节事实认定及法律适用显属不当。从案发时邱某车辆的行车记录仪视频上，能够清楚地看到案发路段是宽阔的东西走向道路，赵某某在横过马路前已经停车瞭望，过马路时车速十分缓慢，且事故发生时赵某某已经过了公路中心线、即将行驶至公路边缘。而邱某驾驶车辆在道路上超过安全车速行驶，且在视线内已经能够看到赵某某的情况下，并未降低车速，可见，该事故的发生是因邱某未履行安全注意义务，驾驶车辆速度过快、在路口时未降速、未保持必要车距、未及时刹车而引起的。

3. 关于一审判决认定赵某某无证驾驶无牌照三轮车一节。虽然赵某某驾驶的电动三轮车经鉴定属于机动车，但该事实与事故的发生直接并无直接因果关系。且经向交警部门了解，目前国家行政部门并未强制要求此类电动车上道路需办理牌证，也未强制要求驾驶此类电动车需取得驾驶资格，客观上交警部门也未开通给此类电动车办理牌照的业务。

　　4. 关于**市公安局交通事故专家组的专家认定意见一节，从形式上看，该专家认定意见不符合《刑事诉讼法》规定的几类证据要求，专家认定过程既没有合法的委托手续，又没有参与认定的相关专家的资质证明，不可作为证据使用。且根据该专家认定意见记载，该意见系"**政法委召集相关人员，会同我市道路事故专家组部分成员对本次交通事故责任认定进行分析研究，各抒己见，最后根据少数服从多数的原则，会议确定邱某在此次事故中应承担同等责任"。而根据《道路交通安全法实施条例》等相关规定，交通事故责任划分只能由公安机关交通管理部门作出。该专家意见以会议形式确定责任划分显然不符合要求。***交警大队依据《道路交通安全法》和《道路交通安全法实施条例》的相关规定，认定邱某负此事故主要责任，赵某某负次要责任，该道路交通事故认定书已发生法律效力，应当作为证据使用而予以采信。

　　综上所述，为维护司法公正，准确惩治犯罪，依照《人民检察院刑事诉讼规则（试行）》第四百七十三条的规定，请你院依法纠正。

2018 年 9 月 6 日

＊＊市人民检察院
支持刑事抗诉意见书

＊检公支刑抗〔2019〕＊号

＊＊市中级人民法院：

　　＊＊县检察院公诉部门以＊＊号刑事抗诉书对＊＊人民法院＊＊号邱某犯交通肇事罪一案的刑事判决提出抗诉。本院审查后认为，抗诉正确，应予支持。

　　一审判决被告人邱某犯交通肇事罪，判处拘役四个月，缓刑六个月，定性

准确,但量刑畸轻,适用缓刑不当。理由如下:

1. 一审法院判决保险公司在商业三者险赔偿限额内承担 70% 民事赔偿责任不当。本案经 ** 公安局交通警察大队现场勘查及调查取证认定,邱某负此事故的主要责任,赵某某负此事故的次要责任。对此 ** 人民法院亦予以采信。从案发时邱某车辆的行车记录仪视频上,能够清楚地看到案发路段是宽阔的东西走向道路,赵某某在横过马路前已经停车瞭望,过马路时车速十分缓慢,且事故发生时赵某某已经过了公路中心线、即将行驶至公路边缘了。而邱某驾驶车辆在道路上超过安全车速行驶,且在视线内已经能够看到赵某某的情况下,并未降低车速,综合双方在此次事故中的责任划分及过错程度,建议被告人邱某承担此事故 80%—90% 的责任,保险公司在商业三者险赔偿限额内承担80%—90% 民事赔偿责任。

2. 判处被告人邱某缓刑不当。邱某虽自愿将其所有的位于 ** 房屋赔偿给附带民事诉讼原告人,但房屋价值并不高,且附带民事诉讼原告人对此并不认可,且被告人邱某未取得附带民事诉讼原告人谅解,结合以上情节,对邱某判处缓刑不当。

综上所述,为维护司法公正,准确惩治犯罪,依照《人民检察院刑事诉讼规则(试行)》第四百七十三条的规定,请你院依法纠正。

2019 年 8 月 15 日

评委点评

刑事抗诉是法律赋予检察机关的重要职权,对实现社会公平正义,促进社会和谐稳定,树立和维护法治权威具有重要意义。本案中,检察机关充分发挥法律监督职能,坚持以证据为核心构建抗诉基础,复核、补强证据,排除证据矛盾,完善证据体系,依法履行刑事与附带民事双重监督,两次抗诉均获改判。两份支持刑事抗诉意见书能从释法和说理的角度,详细分析原判决证据采信错误、认定事实不当的理由和依据,释法有据,说理于情。一次抗诉,对交通事故责任划分深度释析,使无罪改判有罪,保障犯罪得以追究。二次抗诉,纠正附带民事赔偿错误，保证被害人家属合法权益。两次抗诉，不仅使有罪的人受到法律追究，更是从关心弱势群体、化解基层矛盾、推进社会治理的角度出发，为被害人亲属争取了合理的民事赔偿，在促进社会和谐稳定、实现长治久安中彰显了检察机关依法惩治犯罪的新担当、新作为。

对李某甲、刘某某国家司法救助决定书*
——命案关怀，扶贫助残开启生活新希望

事件背景

2020年3月10日晚11时许，犯罪嫌疑人李某乙与被害人李某丙和朋友丁某某等人在＊区"夜狼"饭店聚餐并吸食"笑气"。3月11日凌晨1时许，李某乙、李某丙、丁某某3人共乘出租车回家后，在＊区＊＊路＊＊号楼外3人继续吸食"笑气"。期间李某乙和李某丙2人在聊天中言语不和，发生厮打，李某乙持刀攮刺李某丙数下，致其腹部中刀，随后李某乙同丁某某将李某丙送往医院，经抢救无效死亡。李某乙于当日3时到＊＊派出所投案。经检验：李某丙系被他人用带刃刺器作用于胸腹部造成心、肝和左肺破裂导致死亡。

检察机关监督过程

犯罪嫌疑人李某乙于2020年3月11日因涉嫌故意伤害犯罪被＊＊市公安局＊＊分局刑事拘留，同年3月19日经＊＊市检察院批准，于次日被＊＊市公安局逮捕，于同年5月19日＊＊市公安局以＊＊公诉字〔2020〕＊号移送审查起诉，2020年6月19日起诉至法院。

＊＊市检察院发现被害人父亲、祖母生活困难，因被害人死亡，家庭缺失经济来源，被告人无赔偿能力的情况下，便主动发挥检察职能，对李某甲、刘某某给予国家司法救助金。

---

* 本文书荣获辽宁省检察机关优秀法律文书评选活动二等奖。

典型意义

（一）积极落实命案关怀计划

今年年初，辽宁省人民检察院部署实施"命案受害家庭关怀计划"，**市人民检察院党组高度重视，围绕《辽宁省人民检察院关于实施命案受害家庭关怀行动检察官工作指引》，突出将"因案致命"的命案受害家庭作为关怀的重点。

（二）扶贫助残体现人文关怀

被害人李某丙的父亲李某甲系残疾人，腿部因股骨头严重坏死，丧失劳动能力，仅有名下的土地转租收入二千多元。李某甲母亲刘某某年老且无生活来源，需要由李某甲提供部分生活费用。被害人李某丙生前打工为其家庭主要生活来源，李某丙被害死亡后其家庭失去了主要生活来源，犯罪嫌疑人李某乙又无经济能力赔偿，李某丙的父亲及祖母不能因诉讼得到相应的赔偿。**市检察院发现线索后，审了案件情况及当事人家属情况后，认为符合救助条件，决定给予救助。李某甲是农民亦属于扶贫攻坚的对象，自身残疾且受命案之害，应尽各方之努力共同予以帮助。检察机关的救助工作助力脱贫攻坚，切实体现了人民司法的温度、温情和温暖，有助于帮助申请人走出生活困境，令其树立对法治的信心、对未来生活的希望。

 法律文书

**市人民检察院
国家司法救助决定书

*检救助〔2020〕*号

救助申请人李某甲，男，1972年**月**日出生，身份证号码2302811972********，汉族，小学文化，住黑龙江省讷河市**镇**村**组。系李某乙故意伤害案被害人李某丙的父亲。

救助申请人刘某某，女，1954年**月**日出生，身份证号码

2302221954********，汉族，小学文化，住黑龙江省讷河市**镇**村**组。系李某乙故意伤害案被害人李某丙的祖母。

申请人李某甲、刘某某于2020年6月17日，以李某丙因故意伤害案死亡，身体和精神遭受巨大伤害，经济损失得不到及时有效赔偿，导致其家庭生活严重困难为由，请求本院予以国家司法救助。

本院查明：2020年3月10日晚11时许，犯罪嫌疑人李某乙与被害人李某丙和朋友丁某某等人在某区"夜狼"饭店聚餐并吸食"笑气"。3月11日凌晨1时许，李某乙、李某丙、丁某某三人共乘出租车回家后，在某区五老东路21号楼外三人继续吸食"笑气"。期间李某乙和李某丙二人在聊天中言语不和，发生厮打，李某乙持刀攮刺李某丙数下，致其腹部中刀，随后李某乙同丁某某将李某丙送往医院，经抢救无效死亡。李某乙于当日3时到**派出所投案。经检验：李某丙系被他人用带刃刺器作用于胸腹部造成心、肝和左肺破裂导致死亡。犯罪嫌疑人李某乙于2020年3月11日因涉嫌故意伤害罪被某市公安局某区分局刑事拘留，同年3月19日经本院批准，于次日被某市公安局逮捕，于同年5月19日某市公安局以*公诉字〔2020〕*号移送审查起诉，现该案件处于检察机关办案环节。申请人李某甲身患残疾十多年，股骨严重变形，行走不便，不能耕种，已将土地转包，平时开三轮车赚取微薄收入，年均收入2230元，无其他经济来源。案发前与李某丙共同生活，主要依靠李某丙打工赚取工资维持生活。在李某丙被害死亡后，原本与李某丙共同生活的李某甲，精神上遭受严重打击、生活陷入严重困难。李某丙的祖母刘某某年岁已高，无经济来源，需要李某甲提供赡养费，由于李某甲身体残疾、收入微薄，扶养老人的义务主要由被害人李某丙承担。犯罪嫌疑人李某乙可能被判处15年有期徒刑，且无赔偿能力。因此，申请人李某甲、刘某某的经济损失无法通过诉讼获得赔偿，属于"刑事案件被害人受到犯罪侵害致死，依靠其收入为主要生活来源的近亲属或者其赡养、扶养、抚养的其他人，因加害人死亡或者没有赔偿能力，无法通过诉讼获得赔偿，造成生活困难"的国家司法救助范围，且案件处于检察机关办案环节，检察机关应当予以国家司法救助。

本院认为，救助申请人李某甲、刘某某因李某乙的犯罪行为，无法通过诉讼获得赔偿而陷入生活困难，符合救助条件，根据《关于建立完善国家司法救助制度的意见（试行）》第二条第（三）项、《人民检察院国家司法救助工作细则（试行）》第七条第（三）项之规定，应当予以救助。

本院决定：给予申请人李某甲、刘某某共5万元国家司法救助金。

2020 年 6 月 18 日

评委点评

该案系"命案受害家庭关怀计划"实施以来该市首例刑事案件被害人受到犯罪侵害致死，因加害人没有赔偿能力，无法通过诉讼获得赔偿，造成生活困难的司法救助案件。

该案申请人系农民且身有残疾，命案被害人的父亲仍有老母亲需要扶养，是非常典型的需要救助的情形，对其进行救助符合国家司法救助制度的精神实质。该救助案在刑事案件处于审查起诉阶段就着手办理体现了司法救助案件坚持及时救助原则。该案救助申请人属黑龙江户籍，因命案发生在**市，由案件管辖地负责救助体现了司法救助案件坚持属地救助原则。该案申请人是农民因案致贫亦属脱贫攻坚应帮扶对象，对其进行救助展现司法助力脱贫攻坚工作的担当精神，也是检察官在办案中坚持以人民为中心发展思想的具体实践。通过救助个案让申请人感受到了依法治国理念，加强了司法人权保障，感受到法律面前人人平等的力量。通过点亮一盏盏受害心灵的信息之灯，共同照亮法治之路的未来。

该国家司法救助决定书格式规范、结构合理、内容齐全、符合法律文书的基本要求；语言文字准确、通俗易懂，叙述事实清楚，脉络清晰严谨；逻辑严谨、层次分明；适用法律准确，结论归纳完整、简洁。

民行公益检察类
优秀法律文书

全某公司借款合同纠纷虚假诉讼案民事抗诉书*
——六份民事抗诉书直击虚假诉讼，切实保护民营经济

基本案情

＊＊市红某投资公司起诉全某公司立即偿还十笔借款共7580万元，并给付利息。＊＊市中级人民法院作出（2015）＊民三终字第＊号等十份民事判决书，判决全某公司偿还全部借款及利息。全某公司不服，向检察机关申请监督，经检察机关了解：本案为十件案件的串案，案情复杂、案值累计近亿元。申请人将四件案件向法院申诉，将六件案件向检察机关申请监督。检察机关分别调取了红某投资公司、全某公司、第三人程某等案件相关主体的账户资料及有关凭证，发现该案存在"循环转账"等重大疑点，本案涉嫌虚假诉讼。

诉讼过程

＊＊市检察机关将该系列案件提请＊＊省检察院抗诉，＊＊省检察院经分析、研判：本案当事人系利用民事诉讼虚构债务，企图非法占有全某公司财产，本案为虚假诉讼典型案件。承办人对案情全面梳理、认真研究抗诉策略，科学构建证据链条、强化了法律适用的精准度，遂于2017年3月20日作出＊检民（行）监〔2017〕＊号等六份民事抗诉书，向省高院提出抗诉。省高院将该六件案件指令由＊＊市法院再审。＊＊市中级人民法院将全部十件案件发回＊＊区法院重审。＊＊区法院作出（2018）＊0213民初＊号等十份民事判决，驳回红某投资公司的诉讼请求。红某投资公司不服，上诉至＊＊市中级人民法院，

＊ 本文书荣获辽宁省检察机关优秀法律文书评选活动一等奖。

2019 年 6 月 27 日 ** 市中级人民法院作出（2019）*02 民再 * 号等十份民事判决书，认定红某投资公司与全某公司之间并无真实的借款关系，判决驳回红某投资公司的上诉，维持原判。

典型意义

首先，本案案值数额巨大，案情复杂，省市两级院形成联合办案组，发挥了检察一体化办案优势，共累计为民营企业挽回经济损失近亿元，案件取得了良好的法律效果、社会效果、政治效果。该案被评选为 2019 年辽宁省检察机关"涉民营企业司法保护典型案例"，通过办理案件检察机关切实履行了对民营经济的司法保护职责，发挥了保护民营经济典型案例的办案指导作用。

其次，本案彰显了检察机关的审判监督职能，体现了检察机关在办理重大、疑难、复杂案件中发挥的司法引领作用。法院在接到其中四个案件的申诉后，对如何处理该案产生争议，并积极与检察机关沟通，等待检察机关意见。在此情况下，省、市两级检察机关通力协作，敢于攻坚克难，成功对该案开展监督。对检察机关调查的事实及对案情的分析，法院高度认可，并最终促成了该十件案件的全案改判。检察机关的监督发挥了司法引领作用，达到了通过个案纠正类案的良好效果，在本省检法系统内起到了良好的示范作用。

最后，通过本案的办理，检察机关也系统地总结了民事虚假诉讼案件的调查方式、证据收集、证明标准、法律适用、一体化监督机制等重要的办案经验。该案现已入选《最高人民检察院第十四批指导性案例适用指引（民事虚假诉讼）》一书，相关办案经验也总结于《诉讼监督视角下民事虚假诉讼案件办理机制的建构》一文，作为高检院重点应用理论研究课题成果在《人民检察》发表。

法律文书

＊＊省人民检察院
民事（行政）抗诉书

＊检民（行）监〔2017〕＊号

全某（＊＊市）有限公司（以下简称全某公司）因与＊＊市红某投资有限公司（以下简称红某公司）、程某借款合同纠纷一案，不服＊＊市中级人民法院（2015）＊民三终字第＊号民事判决，向＊＊市人民检察院申请监督，该院提请本院抗诉，本案现已审查终结。

2014年12月31日，＊＊市红某投资有限公司起诉至＊＊市＊＊区人民法院，请求判令全某公司立即偿还借款780万元并给付利息（自2014年11月21日起至本息还清之日止，按同期银行贷款利率四倍计算）。

＊＊市＊＊区人民法院于2015年4月2日作出（2015）＊民初字第＊号民事判决，该院一审查明：2014年11月13日，红某公司与全某公司签订《借款合同》，红某公司作为贷款人，全某公司作为借款人，全某公司当时的法定代表人洪某作为保证人。合同基本内容为："全某公司向红某公司借款人民币780万元，借款用途为流动资金。就借款用途及使用情况随时接受甲方（红某公司）的监督。借款期限为10天，从2014年11月13日起至2014年11月22日。以实际放款日为准，乙方（全某公司）应向甲方支付借款总额的2%作为借款利息。支付方式为上达（打）息，乙方应于本合同签订当日一次性付清借款利息。违约事项约定，任何一方未履行本合同项下的任何义务均构成违约，应向守约方支付实际借款金额20%作为违约金。洪某自愿对以上债务承担保证责任。"合同签订后，红某公司于2014年11月18日向全某公司账户内打款780万元。款项于当天由全某公司账户又打入程某账户内，用于全某公司偿还欠程某的债务。全某公司并未按照合同约定先行给付红某公司利息。

另查，红某公司给全某公司账户打款期间内，全某公司的公章、财务章、营业执照等文件在红某公司处。全某公司分别于2015年1月29日、2月2日在**市日报公告声明公司印章、财务印章作废，重新刻制企业印章，并于2015年1月16日企业法定代表人洪某变更为高某。

再查，2014年12月15日，红某公司向**区人民法院申请诉前财产保全，法院查封全某公司名下的位于**市海湾工业区土地使用权证号为普国用（2008）第*号，使用面积为491211.80平方米的国有土地。诉前保全费为5000元。

该院一审认为：红某公司与全某公司之间签订的借款合同是当事人双方真实意思表示，从红某公司营业执照看，该公司虽然不具备金融从业资质，但通过本案其借款给全某公司并没有实际获益的行为，看不出红某公司是以放贷为主要利润收益来源，因此应该认定借款合同有效。有效合同对当事人各方均具有约束力。红某公司以银行转账的形式将款出借给全某公司，不管全某公司对该笔款项如何使用，红某公司已经履行了合同约定的义务，全某公司即应按合同约定偿还借款。借款到期后全某公司未按合同约定偿还借款的行为已构成违约，应承担违约责任。鉴于双方在合同中约定借款利息为借款额的2%已经部分超过中国人民银行同期同类贷款利率四倍，对超出部分不应予支持。红某公司要求全某公司按中国人民银行同期同类贷款利率四倍承担利息具有事实及法律依据，予以支持。全某公司应该从借款之日始按中国人民银行同期同类贷款利率的四倍给付红某公司借款期内及逾期还款利息。关于全某公司辩称其实际上并没有占用此笔款项，红某公司没有实际履行借款的义务，因此全某公司也就不存在向红某公司返还借款、违约金、利息等一系列责任的辩解意见，因红某公司提供光大银行电汇凭证，该证据足以证明给全某公司账户打款的事实，因此对全某公司的辩解意见，不予支持。关于全某公司辩称假设案涉借款合同有效，红某公司也无权主张四倍利息的辩解意见，因借款合同第三条约定全某公司应该向红某公司支付借款总额2%作为借款利息，支付方式为上达（打）息，全某公司应于本合同签订当日一次性付清借款利息，此条款并非属于预扣利息的约定，全某公司亦未按照约定履行给付利息，因此，对全某公司的这一辩解意见，亦不予采信。**市**区人民法院依照《中华人民共和国合同法》

第六条、第八条、第四十四条、第六十条、第一百零七条、第一百九十六条，《最高人民法院关于人民法院审理借贷案件的若干意见》第六条之规定，作出如下判决：全某公司于本判决生效后十日内偿还红某公司借款本金780万元及利息（利息计算方法：按中国人民银行同期同类贷款利率的四倍计算，于2014年11月18日始至该款付清之日止）。如果未按本判决指定的期间履行给付金钱义务，应当依照《中华人民共和国民事诉讼法》第二百五十三条之规定，加倍支付迟延履行期间的债务利息。诉讼费38200元（含案件受理费33200元、保全费5000元，以上红某公司已预交）由全某公司负担。

全某公司不服一审判决，向**市中级人民法院提起上诉，请求撤销原判，驳回红某公司的全部诉讼请求。

**市中级人民法院于2015年8月18日作出（2015）*民三终字第*号民事判决。该院二审查明的基本事实与一审一致。

并经审理补充查明：全某公司于2014年11月11日向中国光大银行**市**支行递交了"开立单位人民币银行结算账户申请书"，其上"法定代表人或单位负责人"处填写为洪某，"财务负责人"处填写为苏某某，证件均为身份证，并留存二人的固定电话和手机号码，且开通短信通知，留存了支付密码器编号，并签约电话查询系统，"电话核实记录"单位核实人填写为洪某，银行电话核实经办人处签字人为苏某某。红某公司称该申请书即为全某公司案涉4033账户的开立申请书，全某公司认为该申请书上未体现出账号，但未能举证证明该公司在中国光大银行**市**支行另行开立了其他账户。案涉780万元款项由红某公司账户汇入全某公司上述账户后，同日，中国光大银行**市**支行按照全某公司提交的电汇凭证，经与该公司相关人员核实并经同意后将款项转入程某账户。红某公司成立于2014年10月20日，其自称因其他项目而成立公司（后来项目没有拿到），自公司成立后，除了于2014年11月18日、11月21日向全某公司发放包括本案在内的共计7580万元借款外，至今没有进行其他经营，也没有财务账簿。红某公司在原审提起诉讼时，曾将洪某一并列为本案被告，要求洪某对案涉借款本息承担连带保证责任。后在原审法院开庭之前，撤回了对洪某的诉讼请求。在法院开庭审理时，红某公司明确表示撤回诉讼请求即撤回对洪某的起诉。

该院二审认为：红某公司与全某公司、洪某签订的《借款合同》，系各方当事人的真实意思表示，合同内容不违反法律、行政法规的效力性强制性规定，除合同第三条约定的借款利息（借款总额的 2%）超出法律规定部分不予保护外，其他内容均合法有效，对当事人具有法律约束力，各方当事人应严格履行。红某公司虽不具备从事金融业务资质，但其除于 2014 年 11 月 18 日、11 月 21 日从事包括案涉款项在内的合计 7580 万元对全某公司的放贷行为之外，至今未有其他实际经营，没有财务账簿，也无证据证明其自案涉的临时性资金拆借行为之外尚有其他放贷行为、以资金融通为常业、违反国家金融管制的强制性规定，故全某公司关于借款合同无效的上诉理由，法院不予采纳。

借款合同签订后，红某公司依约履行了放款义务，全某公司在借款到期后，没有按约定偿还借款本息，系违约行为，依法应承担违约责任。全某公司上诉称红某公司利用其占有、控制全某公司印鉴之机，私自将款项存入全某公司的账户后立即转入程某账户，红某公司实际没有向全某公司出借款项，但从本案现有证据看，红某公司将合同约定出借的 780 万元打入全某公司开立的 4033 账户的同日，银行便根据全某公司提交的电汇凭证，经与该公司相关人员核实并经同意后才将款项转入程某账户。由此可见，红某公司的放款义务已履行完毕，款项进入全某公司账户后，款项的流向不能否定红某公司已履行放款义务的事实。而且，全某公司将其公章、财务专用章、营业执照等证照交与红某公司控制，在无明确的使用授权限制的情况下，便是对使用其公章、财务专用章及营业执照等证照法律后果的认可。故全某公司关于红某公司未向其出借款项的上诉理由，法院亦无法采纳。另，程某在本案中已提交证据证明其与全某公司之间存在债权债务关系，如全某公司认为其对程某没有还款义务，不应将款项转入程某账户，可另行向程某主张返还，但不能以此作为对红某公司的抗辩理由。

综上，红某公司要求全某公司偿还借款本息的诉讼请求，依法应予支持。根据合同约定，全某公司应于借款期限届满当日还清借款本金。合同约定的借款期限为 10 天（以实际放款日为准），实际放款日为 2014 年 11 月 18 日，故借款到期日应为 2014 年 11 月 27 日，逾期不还即构成违约。合同还约定，全某公司应向红某公司支付借款总额的2%作为借款利息,且应于合同签订当日一次性付清借款利息,但在实际履行中,全某公司并未于合同签订当日一次性付清借款利息,红某公司对此并无异议且仍依约放款,应视为双方以实际行为对利息的支付时间进行了变更,但变更之后并未重新明确利息的支付时间,按照《中华人民共和国合同法》第二百零五条之规定,全某公司应在返还借款时一并支付利息。但前述约定中关于以借款总额的2%作为借款利息的约定,超过了中国人民银行公布的同期同类贷款基准利率的四倍,故对超出部分不应予以支持。因此,红某公司请求全某公司自2014年11月18日起按银行同期同类贷款利率四倍给付利息的诉讼请求,原审法院予以支持并无不妥,全某公司关于此节的上诉理由无法律依据,本院不予采纳。红某公司在原审期间撤回了对借款合同连带责任保证人洪某的起诉,属于对其民事权利的处分,并不违背法律规定,全某公司亦未提出异议,本院不予干涉。

综上所述,原判决认定事实基本清楚,适用法律正确,依照《中华人民共和国民事诉讼法》第一百七十条第一款第(一)项之规定,判决驳回上诉,维持原判。

全某公司不服二审判决,向某省高级人民法院申请再审,称红某公司转款的全某公司账户系红某公司实际控制,所签订的借款协议是虚假的,存在恶意串通及虚假诉讼。

某省高级人民法院于2016年3月22日作出(2016)*民申*号民事裁定书,裁定驳回全某公司(**市)有限公司的再审申请。

全某公司向检察机关申请监督。

本院认定的事实与法院认定的事实部分一致。经**市检察机关查明以下事实:

为了进一步查明案中涉及资金的流向,**市检察机关分别调取了红某公司、全某公司、程某等的相关账户资料及部分凭证。分别是:1. 红某公司在中国光大银行**市**银行账户(红某公司3989账户);2. 全某公司在上述银行的账户(全某公司4033账户);3. 第三人程某在上述银行的账户(程某7460账户);4. 案外人**市亿恒农业科技有限公司在招商银行**市开发区支行的账户(亿恒农业0802账户);5. 案外人吕某某在中国光大银行**市分行的账户（吕某某2583账户）。经查，红某公司3989账户于2014年11月11日设立，全某公司4033账户于2014年11月11日设立，程某7460账户于2014年11月14日设立。

2014年11月18日，案外人**市亿恒农业科技有限公司通过亿恒农业0802账户向红某公司3989账户汇入790万元，汇款摘要为"往来"，使3989账户内资金额达到790.0992万元。当日红某公司将上述款项中的660万元通过3989账户汇入全某公司4033账户，汇款摘要为"往来款"；当日该笔660万元款项从全某公司4033账户被汇入程某7460账户，汇款摘要为"往来款"，又从程某7460账户通过网银转账汇入红某公司3989账户。上述660万元的款项经过三次转账，形成了一个循环，又回到红某公司账户中。之后，也在当日，红某公司又将3989账户中的780万元按照上述转账方式，汇入全某公司4033账户，又通过程某7460账户再网银转账至红某公司3989账户。经过两次循环后，当日红某公司将3989账户中的790万元汇入亿恒农业0802账户，返还给了**市亿恒农业科技有限公司。

又查，2014年11月21日案外人吕某某通过2583账户向红某公司3989账户汇入790万元，汇款摘要为"往来款"，使3989账户内资金额达到790.0834万元。当日红某公司将上述款项中的780万元通过3989账户汇入全某公司4033账户（汇款摘要为"往来款"）；当日该笔780万元款项从全某公司4033账户汇入程某7460账户（电汇凭证上附加信息及用途项是"借款"，其中有"往来"字样被划掉）；又从程某7460账户通过网银转账汇入红某公司3989账户。上述780万元的款项经过三次转账，形成了一个循环，又回到红某公司账户中。之后，也在当日，红某公司继续通过3989账户，按照上述循环转账方式，先后向全某公司4033账户汇入750万元、790万元、780万元、790万元、750万元、750万元、750万元，均又分别经程某7460账户通过网银转账或系统内划款方式汇至红某公司3989账户。上述款项经过八次循环后，红某公司累积转款达6140万元。当日，红某公司将3989账户中的790万元汇入吕某某2583账户，返还给了吕某某。

其中，2014年11月21日由程某7460账户汇入红某公司3989账户的最后两笔款项不是网银转账，是系统内划款。从程某7460账户提款的具体经办人是冉某，冉某又将该款项直接存入红某公司。另，2014年11月10日，冉某代表红某公司从全某公司接收了公章、财务专用章、营业执照等文件。冉某也是红某公司的财务负责人及银行账户的管理人（大额汇划联系人）。

2014年11月19日，全某公司的原法定代表人洪某与案外人翟某某、高某签订了《债权转让协议书》，约定高某受让翟某某对洪某的债权，高某对洪某享有1.6亿元债权，成为洪某的债权人。翟某某将东海域（**市）投资有限公司（以下简称东海域公司）95%的股权、**市浦项钢板有限公司100%股权、普兰店市富泰采石矿的所有权过户给高某或高某指定的第三方作为担保。之后，洪某与高某签订了《股权回购确认书》，约定了洪某可于一定时间内以相应价格回购上述企业股权，以及洪某没有回购股权的法律后果。

另查，全某公司系中外合资企业，2007年6月设立，注册资本3400万美元。原系外商独资企业，由韩国CSM株式会社全资设立，2012年10月变更为中外合资企业，东海域公司和全进CSM株式会社系全某公司的企业法人股东，东海域公司占股75%，全进CSM株式会社占股25%，东海域公司投资2550万美元，实缴出资850万美元。

东海域公司系国内有限责任公司，2009年12月设立，法定代表人洪某，注册资本人民币1000万元。洪某持股80%，李某某持股20%。2012年11月，公司股东发生变更，洪某持股5%，高某某持股20%，邰某某持股75%。洪某变更为非控股股东，但仍系公司法定代表人。2014年11月24日，公司股东发生变更，洪某持股5%，高某某持股20%，邰某某持股5%，高某持股70%。高某通过控股东海域公司，成为全某公司的实际控制人。2014年12月10日全某公司的法定代表人由洪某变更为高某。

再查，2015年10月29日全某公司的法定代表人由高某变更为娄某。

另，王某提供两张中国农业银行的个人结算申请书，日期分别是2010年11月19日、11月23日，金额为2000万元、980万元，付款人均系苑某（系王某的会计），收款人为东海域（**市）投资有限公司，用途为往来款。还提供了在2011年6月2日、6月8日向洪某名下在中国农业银行的银行卡汇款1000万元的银行卡存款业务回单、转账汇款回单。用以证明洪某和东海域公司曾借王某巨额款项。以及程某、全某公司、王某在2014年1月18日签订的借款5000

万元的协议、划款指令"全某公司（**市）公司指定程某将人民币三千五百万元整（35000000.00）汇入王某（身份证号：2102211966********）指定账户"、全某公司的董事会决议、借款补充协议、补充协议书、5000万元的专用收款收据、转款1500万元的银行回单凭证。用以证明全某公司为了还王某3500万元的借款，向程某借款5000万元，为了还程某的借款，向王某的红某公司借款7580万元。

王某提供的以上证据均系复印件，没有提供原件予以核对。

因王某称与洪某之间借款均通过苑某个人账户转账。检察机关调取了洪某在中国农业银行的个人账户，发现洪某与苑某之间在2010年至2013年有多笔大额款项往来。检察机关还调取了东海域公司的账户，发现上述涉及的农业银行2980万元款项，在转入东海域银行账户后，当天即被全部转走，其中转到**市新华房屋开发公司1300万元，转到洪某某个人账户700万元，转到**市沙河口银丰小额贷款有限公司180万元，转到**市向阳文化集团有限公司800万元。而东海域公司的账簿上没有上述款项的记载。

基于王某的辩解，检察机关要求王某限期提供书面证据，以证明确实与洪某之间存在的3500万元的债权债务关系，以及上述涉及5000万借款已经全部履行的证据。但是王某无正当理由至今没有提供。

本院认为，**市中级人民法院（2015）*民三终字第*号民事判决认为红某公司与全某公司之间的借款协议真实有效属于认定的基本事实缺乏证据证明，理由如下：

一、红某公司与全某公司之间的借款关系明显不合乎企业间借贷的正常情况。

市检察机关从中国光大银行市**支行调取的红某公司、全某公司及程某的银行对账单、贷记通知、电汇凭证、个人取款凭证、进账单等证据，证明了红某公司、全某公司和程某之间账户资金的真实流转情况，本案780万元借款的形成过程及资金流向明显不合常理。

经查，2014年11月21日，案外人吕某某向红某公司汇入790万元，红某公司于当日先将上述款项中的780万元汇入全某公司账户，该笔780万元款项当日又从全某公司账户汇入程某账户，后返回红某公司账户。此后，红某公司采取上述循环转账方式，于当日又先后向全某公司账户汇入750万元、790万元、780万元、790万元、750万元、750万元、750万元，均分别经程某账户返回红某公司账户。上述款项经过8次循环后，红某公司累计向全某公司转款达6140万元。最后，红某公司于当日将790万元汇入吕某某账户，把所借款项返还给了吕某某。从以上款项来源及流转过程看，红某公司先从第三方拆借资金790万元进入红某公司3989账户后，将该790万元款项以红某公司—全某公司—程某—红某公司的顺序，通过资金过桥的方式，分别以不同的金额在三方账户中循环转账8次，之后，红某公司又将借入的790万元返还给第三方，整个资金流转过程均于当日完成，形成了红某公司和全某公司之间包括本案780万元在内共计6140万元的转账金额。上述转账行为极其不符合常理，红某公司在没有付出任何对价的情况下，仅是利用程某的账户，将从第三方拆借的款项循环转账。虽然红某公司在诉讼过程中提供了借款合同及转款凭证等作为证据，以证明全某公司收到了借款，但其并未实际支付780万元，其汇入全某公司账户的780万元于当天返回并还给出借方，故红某公司主张的借款关系明显不合乎企业间借款的正常情况。

二、对于上述明显异常的情形，红某公司不能举证对其行为的合理性予以说明。

对于上述借款，王某主张全某公司为了还王某的3500万元借款，向程某借5000万元；而全某公司为了还程某的这些借款，才又向王某的红某公司借款。但关于全某公司向王某借款一事，经**市检察机关调查，虽然洪某与苑某（王某的会计）的银行账户之间在2010、2011年前后存在多笔大额资金往来，但无法确定洪某与王某之间的债权债务关系以及具体的数额。此外，王某向检察机关提供个人结算申请书和存款业务回单、转账业务回单等用以证明其向洪某、东海域公司汇款，但以上款项发生时，全某公司是外商独资企业，洪某、东海域公司均不是全某公司的股东，故不能认定全某公司与王某及红某公司存在借款关系。关于全某公司向程某借款一事，王某提供了5000万元的借款合同、补充协议、董事会决议等，借款合同约定：程某借给全某公司5000万元，期限为2014年1月18日至2014年6月18日。王某主张其中有3500万元款项由程某直接付给王某抵偿洪某的债务，但是，王某没有提供相关款项的支付证明。而董事会决议和补充协议的内容是：全某公司因流动资金不足借款5000万元，其并未体现是对洪某有关债务的结算确认并予以承担，也没有5000万元到账证据。全某公司是独立企业法人，在没有证据证明洪某及东海域公司所借款项用于全某公司生产经营，或经董事会决议予以承担的情况下，洪某有关债务不能由全某公司偿还。因此，王某关于全某公司为了偿还其3500万元借款而向程某借款5000万元，后其又借给全某公司7580万元用于偿还程某债权及利息的意见，没有提供充分证据加以证明。

更为重要的是，对于借款资金在当日又从程某的账户转回红某公司账户，即红某公司在没有支付任何对价的情况下，仅是利用程某的账户，将从第三方拆借的款项循环转账等情形，红某公司尚无足够证据对这一明显异常的资金流转行为的合理性予以说明。

三、参与案涉借款资金流转的红某公司、洪某、程某之间存在特殊的关联关系，红某公司可以操控案涉资金账户。

经查，案涉的红某公司、全某公司、程某三方账户都是同期设立，账户内基本仅有上述所谓借款的款项流转，以上三个账户就是为方便红某公司快速转账而设立。2014年11月11日，洪某将全某公司的企业公章、财务专用章及营业执照等文件交给了红某公司，为红某公司控制、利用全某公司的4033账户频繁过桥转账提供便利。2014年11月21日，在最后两笔款项的循环转账过程中，红某公司财务负责人冉某直接以程某代理人身份，从程某的7460账户提款并存入红某公司的账户，证明红某公司也可以实际控制、使用程某的账户。由此可见，红某公司与全某公司、程某之间必然存在某种关联关系，红某公司正是基于该特定的关联关系，为实现循环转账目的而直接控制案涉的三个账户。

四、结合"借款"期间全某公司股东的变更情况、红某公司起诉情况以及上述操控账户、循环转账等事实，可以认定本案涉嫌构成虚假诉讼。

经查：2014年11月，洪某与案外人翟某某、高某三方协商并签订了《债权转让协议书》和《股权回购确认书》，根据该协议，高某对洪某享有1.6亿元债权，高某将成为全某公司的实际控制人。而正是在此期间，发生了案涉账户设立、借款发生及操控账户、循环转账等事实，且在案涉借款到账后又通过与洪某有关联关系的红某公司操控账户立即将资金转回给出借方红某公司，而没有实际用于全某公司的生产经营。且在高某替代洪某成为全某公司实际控制人之后，参与循环转账的出借方红某公司立即向法院就案涉借款申请诉前保全并起诉全某公司。综合以上案情可以得出：洪某的目的显然是掏空全某公司的企业财产，使案外人高某用巨额债权作为对价却仅换得了担负大量债务的不良资产。洪某与红某公司是以借款合同的"合法形式"虚构债务并利用民事诉讼的方式，达到非法占有全某公司财产、侵害高某利益的目的。因此原审认定借款协议真实有效缺乏事实依据，红某公司起诉全某公司一案存在虚假诉讼的嫌疑。

综上所述，**市中级人民法院（2015）*民三终字第*号民事判决认定的基本事实缺乏证据证明，根据《中华人民共和国民事诉讼法》第二百条第（二）项，第二百零八条第一款的规定特提出抗诉，请依法再审。

此致
**省高级人民法院

2017 年 3 月 20 日
（院印）

附：检察卷宗一册

**省人民检察院
民事（行政）抗诉书

*检民（行）监〔2017〕*号

全某（**市）有限公司（以下简称全某公司）因与**市红某投资有限公司（以下简称红某公司）、程某借款合同纠纷一案，不服**市中级人民法院（2015）*民三终字第*号民事判决，向**市人民检察院申请监督，该院提请本院抗诉，本案现已审查终结。

2014 年 12 月 31 日，**市红某投资有限公司起诉至**市**区人民法院，请求判令全某公司立即偿还借款 790 万元并给付利息（自 2014 年 11 月

21 日起至本息还清之日止，按同期银行贷款利率四倍计算）。

　　市区人民法院于 2015 年 4 月 2 日作出（2015）*民初字第*号民事判决，该院一审查明：2014 年 11 月 13 日，红某公司与全某公司签订借款合同，红某公司作为贷款人，全某公司作为借款人，全某公司当时的法定代表人洪某作为保证人。合同基本内容为：全某公司向红某公司借款人民币 790 万元，借款用途为流动资金。就借款用途及使用情况随时接受红某公司的监督。借款期限为 10 天，从 2014 年 11 月 13 日起至 2014 年 11 月 22 日。以实际放款日为准，全某公司应向红某公司支付借款总额的 2% 作为借款利息。支付方式为上达（打）息，全某公司应于本合同签订当日一次性付清借款利息。违约事项约定，任何一方未履行本合同项下的任何义务均构成违约，应向守约方支付实际借款金额 20% 作为违约金。洪某自愿对以上债务承担保证责任。合同签订后，红某公司于 2014 年 11 月 21 日向全某公司账户内打款 790 万元。款项于当天由全某公司账户又打入第三人程某账户内，用于全某公司偿还欠第三人程某的债务。全某公司并未按照合同约定先行给付红某公司利息。红某公司给全某公司账户打款期间内，全某公司的公章、财务章、营业执照等文件在红某公司处。全某公司分别于 2015 年 1 月 29 日、2 月 2 日在**市日报公告声明公司印章、财务印章作废，重新刻制企业印章，并于 2015 年 1 月 16 日将企业法定代表人洪某变更为高某。

　　2014 年 12 月 15 日，红某公司申请诉前财产保全，法院查封全某公司名下的位于**市海湾工业区土地使用权证号为普国用（2008）第*号、使用面积为 491211.80 平方米的国有土地。诉前保全费为 5000 元。

　　该院一审认为：红某公司与全某公司之间签订的借款合同是当事人双方真实意思表示，从红某公司营业执照看，其虽不具备金融从业资质，但通过其借款给全某公司并没有实际获益的行为，看不出红某公司是以放贷为主要利润收益来源，因此应认定借款合同有效。有效合同对当事人各方均具有约束力。红某公司以银行转账的形式将款出借给全某公司，不管全某公司对该笔款项如何使用，红某公司已经履行了合同约定的义务，全某公司即应按合同约定偿还借款。借款到期后全某公司未按合同偿还借款的行为已构成违约，应承担违约责任。鉴于双方在借款合同中约定借款利息为借款额的 2% 已经部分超过中国人民银行同期同类贷款利率4倍,对超出部分不应支持。红某公司要求全某公司按中国人民银行同期同类贷款利率4倍承担利息具有事实及法律依据,依法应予支持。全某公司应从借款之日起按中国人民银行同期同类贷款利率的4倍给付红某公司借款期内及逾期还款利息。全某公司辩称其没有占用此笔款项,红某公司没有实际履行借款义务,因红某公司提供光大银行电汇凭证足以证明给全某公司打款的事实,故对其辩解不予支持。借款合同第三条并非属于预扣利息的约定,全某公司亦未按照约定给付利息,故全某公司关于合同第三条为预扣利息的辩解意见亦不予采信。综上,原审依据《中华人民共和国合同法》第六条、第八条、第四十四条、第六十条、第一百零七条、第一百九十六条、《最高人民法院关于人民法院审理借贷案件的若干意见》第六条之规定,判决:全某公司偿还红某公司借款本金790万元及利息(按中国人民银行同期同类贷款利率的4倍计算,于2014年11月21日始至该款付清日止);诉讼费33550元由全某公司负担。

全某公司不服一审判决,向**市中级人民法院提起上诉,请求撤销原判,驳回红某公司的全部诉讼请求。

**市中级人民法院于2015年8月25日作出(2015)*民三终字第*号民事判决。该院二审查明的基本事实与一审一致。

并经审理补充查明:全某公司于2014年11月11日向中国光大银行**市**支行递交了"开立单位人民币银行结算账户申请书",其上"法定代表人或单位负责人"处填写为洪某,"财务负责人"处填写为苏某某,证件均为身份证,并留存二人的固定电话和手机号码,且开通短信通知,留存了支付密码器编号,并签约电话查询系统,"电话核实记录"单位核实人填写为洪某,银行电话核实经办人处签字人为苏某某。红某公司称该申请书即为全某公司案涉4033账户的开立申请书,全某公司认为该申请书上未体现出账号,但未能举证证明该公司在中国光大银行**市**支行另行开立了其他账户。

案涉790万元款项由红某公司打入全某公司上述账户后,同日,中国光大银行**市**支行按照全某公司提交的电汇凭证,与该公司相关人员核实并经同意后将款项转入程某账户。

红某公司于2014年10月20日成立,其自称因其他项目而成立公司(后来项目没有拿到），自公司成立后，除了于 2014 年 11 月 18 日、11 月 21 日向金进重工发放包括本案在内的共计 7580 万元借款外，至今没有进行其他经营，也没有财务账簿。

红某公司在原审提起诉讼时，曾将洪某一并列为本案被告，并要求其对案涉借款本息承担连带保证责任，2015 年 1 月 19 日在原审法院开庭审理之前，其撤回了对洪某的诉讼请求。在二审法院开庭审理时其明确表示撤回诉讼请求即撤回对洪某的起诉。

红某公司与全某公司在案涉借款合同第十三条约定：乙方（全某公司）自愿用位于 ** 市海湾工业区的国有土地作为借款的抵押担保物。但双方并未到相关部门就该土地办理抵押登记。

该院二审认为：红某公司与全某公司和洪某签订的借款合同，系各方当事人的真实意思表示，合同内容不违反法律、行政法规的效力性强制性规定，除合同第十三条约定的抵押担保因未办理抵押物登记而未发生法律效力及借款利息超出法律规定部分的约定不予保护外，其他内容均合法有效，对当事人具有法律约束力，各方当事人应严格履行。红某公司虽不具备从事金融业务资质，但其除于 2014 年 11 月 18 日、11 月 21 日从事案涉合计 7580 万元对全某公司的放贷行为之外，至今未有其他实际经营，没有财务账簿，也无据证明其自案涉的临时性资金拆借行为之外尚有其他放贷行为、以资金融通为常业、违反国家金融管制的强制性规定，故全某公司关于借款合同无效的理由，不予采纳。

借款合同签订后，红某公司依约履行了放款义务，而全某公司在借款到期后，没有依约偿还借款本息，系违约行为，依法应承担违约责任。全某公司称红某公司利用其占有、控制的全某公司的公章等，私自将款项存入全某公司的账户后立即转入程某的账户，红某公司实际没有向全某公司出借款项。但从本案现有证据可以看出，红某公司将合同约定出借的 790 万元打入金进重工开立的 4033 账户的同日，银行便根据全某公司提交的电汇凭证，经与该公司相关人员核实并经同意后才将款项转入程某账户。由此可见，红某公司的放款义务已履行完毕，款项进入全某公司账户后，款项如何使用不构成对红某公司义务履行的否定，而且，全某公司将其公章、财务专用章、营业执照等文件交与红某公司控制，在无明确的使用授权限制的情况下，便是对使用其公章、财务专用章及营业执照等文件法律后果的认可。故全某公司关于红某公司未向其出借款项的上诉理由，亦无法采纳。

另，程某在本案中已提交证据证明其与全某公司之间存在债权债务关系，如全某公司认为其对程某没有还款义务，不应将款项转入程某账户，其可另行向程某主张返还，但是该节事实无论如何不构成其抗辩偿还红某公司借款本息的法定理由。

综上，红某公司要求全某公司偿还借款本息的诉讼请求，依法应予支持。根据合同约定，全某公司应于借款期限届满当日还清借款本金。合同约定的借款期限为10天（以实际放款日为准），实际放款日为2014年11月21日，故借款到期日应为2014年11月30日，逾期不还即构成违约。合同还约定，全某公司应向红某公司支付借款总额的2%作为借款利息，且应于合同签订当日一次性付清借款利息，但在实际履行中，全某公司并未于合同签订当日一次性付清借款利息，红某公司对此并未提出异议且仍依约放款，应视为双方以实际行为对利息的支付时间进行了变更，但变更之后并未重新明确利息的支付时间，按照《中华人民共和国合同法》第二百零五条之规定，金进重工应在返还借款时一并支付利息。但前述约定中关于以借款总额的2%作为借款利息的约定，超过了中国人民银行公布的同期同类贷款基准利率的四倍，故对超出部分不应予以支持。故红某公司请求全某公司自2014年11月21日起按银行同期同类贷款利率四倍给付利息的诉讼请求，原审法院予以支持并无不妥，金进重工关于此节的上诉理由无法律依据，不予采纳。

红某公司在原审期间撤回了对借款合同连带责任保证人洪某的起诉，因洪某作为连带责任保证人非本案必要的共同诉讼人，红某公司对其该项民事权利的自由处分，并不违背相关法律规定，全某公司对此也未提出异议，故法院不予干预。

综上，原判决认定事实基本清楚，适用法律正确，依据《中华人民共和国民事诉讼法》第一百七十条第一款第（一）项之规定，判决如下：驳回上诉，维持原判。本案二审案件受理费33550元，由全某公司（**市）有限公司承担。

全某公司不服二审判决，向某省高级人民法院申请再审，称红某公司转款的全某公司账户系红某公司实际控制，所签订的借款协议是虚假的，存在恶意串通及虚假诉讼。

某省高级人民法院于 2016 年 3 月 22 日作出（2016）*民申*号民事裁定书，裁定驳回全某公司（**市）有限公司的再审申请。

全某公司向检察机关申请监督。

本院认定的事实与法院认定的事实部分一致。经**市检察机关查明以下事实：

为了进一步查明案中涉及资金的流向，**市检察机关分别调取了红某公司、全某公司、程某等的相关账户资料及部分凭证。分别是：1. 红某公司在中国光大银行**市**银行账户（红某公司 3989 账户）；2. 全某公司在上述银行的账户（全某公司 4033 账户）；3. 第三人程某在上述银行的账户（程某 7460 账户）；4. 案外人**市亿恒农业科技有限公司在招商银行**市开发区支行的账户（亿恒农业 0802 账户）；5. 案外人吕某某在中国光大银行**市分行的账户（吕某某 2583 账户）。经查，红某公司 3989 账户于 2014 年 11 月 11 日设立，全某公司 4033 账户于 2014 年 11 月 11 日设立，程某 7460 账户于 2014 年 11 月 14 日设立。

2014 年 11 月 18 日，案外人**市亿恒农业科技有限公司通过亿恒农业 0802 账户向红某公司 3989 账户汇入 790 万元，汇款摘要为"往来"，使 3989 账户内资金额达到 790.0992 万元。当日红某公司将上述款项中的 660 万元通过 3989 账户汇入全某公司 4033 账户，汇款摘要为"往来款"；当日该笔 660 万元款项从全某公司 4033 账户被汇入程某 7460 账户，汇款摘要为"往来款"，又从程某 7460 账户通过网银转账汇入红某公司 3989 账户。上述 660 万元的款项经过三次转账，形成了一个循环，又回到红某公司账户中。之后，也在当日，红某公司又将 3989 账户中的 780 万元按照上述转账方式，汇入全某公司 4033 账户，又通过程某 7460 账户再网银转账至红某公司 3989 账户。经过两次循环后，当日红某公司将 3989 账户中的 790 万元汇入亿恒农业 0802 账户，返还给了**市亿恒农业科技有限公司。

又查，2014 年 11 月 21 日案外人吕某某通过 2583 账户向红某公司 3989 账户汇入 790 万元，汇款摘要为"往来款"，使 3989 账户内资金额达到 790.0834 万元。当日红某公司将上述款项中的 780 万元通过 3989 账户汇入全某公司 4033 账户（汇款摘要为"往来款"）；当日该笔 780 万元款项从全某公司 4033 账户汇入程某 7460 账户（电汇凭证上附加信息及用途项是"借款"，其中有"往来"字样被划掉）；又从程某 7460 账户通过网银转账汇入红某公司 3989 账户。上述 780 万元的款项经过三次转账，形成了一个循环，又回到红某公司账户中。之后，也在当日，红某公司继续通过 3989 账户，按照上述循环转账方式，先后向全某公司 4033 账户汇入 750 万元、790 万元、780 万元、790 万元、750 万元、750 万元、750 万元，均又分别经程某 7460 账户通过网银转账或系统内划款方式汇至红某公司 3989 账户。上述款项经过八次循环后，红某公司累积转款达 6140 万元。当日，红某公司将 3989 账户中的 790 万元汇入吕某某 2583 账户，返还给了吕某某。

其中，2014 年 11 月 21 日由程某 7460 账户汇入红某公司 3989 账户的最后两笔款项不是网银转账，是系统内划款。从程某 7460 账户提款的具体经办人是冉某，冉某又将该款项直接存入红某公司。另，2014 年 11 月 10 日，冉某代表红某公司从全某公司接收了公章、财务专用章、营业执照等文件。冉某也是红某公司的财务负责人及银行账户的管理人（大额汇划联系人）。

2014 年 11 月 19 日，全某公司的原法定代表人洪某与案外人翟某某、高某签订了《债权转让协议书》，约定高某受让翟某某对洪某的债权，高某对洪某享有 1.6 亿元债权，成为洪某的债权人。翟某某将东海域（**市）投资有限公司（以下简称东海域公司）95%的股权、**市浦项钢板有限公司 100%股权、普兰店市富泰采石矿的所有权过户给高某或高某指定的第三方作为担保。之后，洪某与高某签订了《股权回购确认书》，约定了洪某可于一定时间内以相应价格回购上述企业股权，以及洪某没有回购股权的法律后果。

另查，全某公司系中外合资企业，2007 年 6 月设立，注册资本 3400 万美元。原系外商独资企业，由韩国 CSM 株式会社全资设立，2012 年 10 月变更为中外合资企业，东海域公司和全进 CSM 株式会社系全某公司的企业法人股东，东海域公司占股 75%，全进 CSM 株式会社占股 25%，东海域公司投资 2550 万美元，实缴出资 850 万美元。

东海域公司系国内有限责任公司，2009 年 12 月设立，法定代表人洪某，注册资本人民币 1000 万元。洪某持股 80%，李某某持股 20%。2012 年 11 月，公司股东发生变更，洪某持股5%，高某某持股20%，邰某某持股75%。洪某变更为非控股股东，但仍系公司法定代表人。2014年11月24日，公司股东发生变更，洪某持股5%，高某某持股20%，邰某某持股5%，高某持股70%。高某通过控股东海域公司，成为全某公司的实际控制人。2014年12月10日全某公司的法定代表人由洪某变更为高某。

再查，2015年10月29日全某公司的法定代表人由高某变更为娄某。

另，王某提供两张中国农业银行的个人结算申请书，日期分别是2010年11月19日、11月23日，金额为2000万元、980万元，付款人均系苑某（系王某的会计），收款人为东海域（**市）投资有限公司，用途为往来款。还提供了在2011年6月2日、6月8日向洪某名下在中国农业银行的银行卡汇款1000万元的银行卡存款业务回单、转账汇款回单。用以证明洪某和东海域公司曾借王某巨额款项。以及程某、全某公司、王某在2014年1月18日签订的借款5000万元的协议、划款指令"全某公司（**市）公司指定程某将人民币三千五百万元整（35000000.00）汇入王某（身份证号：2102211966********）指定账户"、全某公司的董事会决议、借款补充协议、补充协议书、5000万元的专用收款收据、转款1500万元的银行回单凭证。用以证明全某公司为了还王某3500万元的借款，向程某借款5000万元，为了还程某的借款，向王某的红某公司借款7580万元。

王某提供的以上证据均系复印件，没有提供原件予以核对。

因王某称与洪某之间借款均通过苑某个人账户转账。检察机关调取了洪某在中国农业银行的个人账户，发现洪某与苑某之间在2010年至2013年有多笔大额款项往来。检察机关还调取了东海域公司的账户，发现上述涉及的农业银行2980万元款项，在转入东海域银行账户后，当天即被全部转走，其中转到**市新华房屋开发公司1300万元，转到洪某某个人账户700万元，转到**市沙河口银丰小额贷款有限公司180万元，转到**市向阳文化集团有限公司800万元。而东海域公司的账簿上没有上述款项的记载。

基于王某的辩解，检察机关要求王某限期提供书面证据，以证明确实与洪某之间存在的3500万元的债权债务关系，以及上述涉及5000万借款已经全部履行的证据。但是王某无正当理由至今没有提供。

本院认为，**市中级人民法院（2015）*民三终字第*号民事判决认为红某公司与全某公司之间的借款协议真实有效属于认定的基本事实缺乏证据证明，理由如下：

一、红某公司与全某公司之间的借款关系明显不合乎企业间借贷的正常情况。

市检察机关从中国光大银行市**支行调取的红某公司、全某公司及程某的银行对账单、贷记通知、电汇凭证、个人取款凭证、进账单等证据，证明了红某公司、全某公司和程某之间账户资金的真实流转情况，本案790万元借款的形成过程及资金流向明显不合常理。

经查，2014年11月21日，案外人吕某某向红某公司汇入790万元，红某公司于当日先将上述款项中的780万元汇入全某公司账户，该笔780万元款项当日又从全某公司账户汇入程某账户，后返回红某公司账户。此后，红某公司采取上述循环转账方式，又于当日先后向全某公司账户汇入750万元、790万元、780万元、790万元、750万元、750万元、750万元，均分别经程某账户返回红某公司账户。上述款项经过8次循环后，红某公司累计向全某公司转款达6140万元。最后，红某公司于当日将790万元汇入吕某某账户，把所借款项返还给了吕某某。从以上款项来源及流转过程看，红某公司先从第三方拆借资金790万元进入红某公司3989账户后，将该790万元款项以红某公司—全某公司—程某—红某公司的顺序，通过资金过桥的方式，分别以不同的金额在三方账户中循环转账8次，之后，红某公司又将借入的790万元返还给第三方，整个资金流转过程均于当日完成，形成了红某公司和全某公司之间包括本案790万元在内共计6140万元的转账金额。上述转账行为极其不符合常理，红某公司在没有付出任何对价的情况下，仅是利用程某的账户，将从第三方拆借的款项循环转账。虽然红某公司在诉讼过程中提供了借款合同及转款凭证等作为证据，以证明全某公司收到了借款，但其并未实际支付790万元，其汇入全某公司账户的790万元于当天返回并还给出借方，故红某公司主张的借款关系明显不合乎企业间借款的正常情况。

二、对于上述明显异常的情形，红某公司不能举证对其行为的合理性予以说明。

对于上述借款，王某主张全某公司为了还王某的3500万元借款，向程某借5000万元；而全某公司为了还程某的这些借款，才又向王某的红某公司借款。但关于全某公司向王某借款一事，经**市检察机关调查，虽然洪某与苑某（王某的会计）的银行账户之间在2010、2011年前后存在多笔大额资金往来，但无法确定洪某与王某之间的债权债务关系以及具体的数额。此外，王某向检察机关提供个人结算申请书和存款业务回单、转账业务回单等用以证明其向洪某、东海域公司汇款，但以上款项发生时，全某公司是外商独资企业，洪某、东海域公司均不是全某公司的股东，故不能认定全某公司与王某及红某公司存在借款关系。关于全某公司向程某借款一事，王某提供了5000万元的借款合同、补充协议、董事会决议等，借款合同约定：程某借给全某公司5000万元，期限为2014年1月18日至2014年6月18日。王某主张其中有3500万元款项由程某直接付给王某抵偿洪某的债务，但是，王某没有提供相关款项的支付证明。而董事会决议和补充协议的内容是：全某公司因流动资金不足借款5000万元，其并未体现是对洪某有关债务的结算确认并予以承担，也没有5000万元到账证据。全某公司是独立企业法人，在没有证据证明洪某及东海域公司所借款项用于全某公司生产经营，或经董事会决议予以承担的情况下，洪某有关债务不能由全某公司偿还。因此，王某关于全某公司为了偿还其3500万元借款而向程某借款5000万元，后其又借给全某公司7580万元用于偿还程某债权及利息的意见，没有提供充分证据加以证明。

更为重要的是，对于借款资金在当日又从程某的账户转回红某公司账户，即红某公司在没有支付任何对价的情况下，仅是利用程某的账户，将从第三方拆借的款项循环转账等情形，红某公司尚无足够证据对这一明显异常的资金流转行为的合理性予以说明。

三、参与案涉借款资金流转的红某公司、洪某、程某之间存在特殊的关联关系，红某公司可以操控案涉资金账户。

经查，案涉的红某公司、全某公司、程某三方账户都是同期设立，账户内基本仅有上述所谓借款的款项流转，以上三个账户就是为方便红某公司快速转账而设立。2014年11月11日，洪某将全某公司的企业公章、财务专用章及营业执照等文件交给了红某公司，为红某公司控制、利用全某公司的4033账户频繁过桥转账提供便利。2014年11月21日，在最后两笔款项的循环转账过程中，红某公司财务负责人冉某直接以程某代理人身份，从程某的7460账户提款并存入红某公司的账户，证明红某公司也可以实际控制、使用程某的账户。由此可见，红某公司与全某公司、程某之间必然存在某种关联关系，红某公司正是基于该特定的关联关系，为实现循环转账目的而直接控制案涉的三个账户。

四、结合"借款"期间全某公司股东的变更情况、红某公司起诉情况以及上述操控账户、循环转账等事实，可以认定本案涉嫌构成虚假诉讼。

经查：2014年11月，洪某与案外人翟某某、高某三方协商并签订了《债权转让协议书》和《股权回购确认书》，根据该协议，高某对洪某享有1.6亿元债权，高某将成为全某公司的实际控制人。而正是在此期间，发生了案涉账户设立、借款发生及操控账户、循环转账等事实，且在案涉借款到账后又通过与洪某有关联关系的红某公司操控账户立即将资金转回给出借方红某公司，而没有实际用于全某公司的生产经营。且在高某替代洪某成为全某公司实际控制人之后，参与循环转账的出借方红某公司立即向法院就案涉借款申请诉前保全并起诉全某公司。综合以上案情可以得出：洪某的目的显然是掏空全某公司的企业财产，使案外人高某用巨额债权作为对价却仅换得了担负大量债务的不良资产。洪某与红某公司是以借款合同的"合法形式"虚构债务并利用民事诉讼的方式，达到非法占有全某公司财产、侵害高某利益的目的。因此原审认定借款协议真实有效缺乏事实依据，红某公司起诉全某公司一案存在虚假诉讼的嫌疑。

综上所述，**市中级人民法院（2015）*民三终字第*号民事判决认定的基本事实缺乏证据证明，根据《中华人民共和国民事诉讼法》第二百条第（二）项，第二百零八条第一款的规定特提出抗诉，请依法再审。

此致
**省高级人民法院

2017年3月20日
（院印）

附：检察卷宗一册

** 省人民检察院
民事（行政）抗诉书

*检民（行）监〔2017〕*号

全某（**市）有限公司（以下简称全某公司）因与**市红某投资有限公司（以下简称红某公司）、程某借款合同纠纷一案，不服**市中级人民法院（2015）*民三终字第*号民事判决，向**市人民检察院申请监督，该院提请本院抗诉，本案现已审查终结。

2015年12月31日，**市红某投资有限公司起诉至**市**区人民法院，请求判令全某公司立即偿还借款750万元并给付利息（自2014年11月21日起至本息还清之日止，按同期银行贷款利率四倍计算）。

市区人民法院于2015年4月2日作出了（2015）*民初字第*号民事判决。该院一审查明：2014年11月13日，红某公司与全某公司签订借款合同，红某公司作为贷款人，全某公司作为借款人，全某公司当时的法定代表人洪某作为保证人。合同基本内容为：全某公司向红某公司借款人民币750万元，借款用途为流动资金。就借款用途及使用情况随时接受红某公司的监督。借款期限为10天，从2014年11月13日起至2014年11月22日。以实际放款日为准，全某公司应向红某公司支付借款总额的2%作为借款利息。支付方式为上达（打）息，全某公司应于本合同签订当日一次性付清借款利息。违约事项约定，任何一方未履行本合同项下的任何义务均构成违约，应向守约方支付实际借款金额20%作为违约金。洪某自愿对以上债务承担保证责任。合同签订后，红某公司于2014年11月21日向全某公司账户内打款750万元。款项于当天由全某公司账户又打入第三人程某账户内，用于全某公司偿还欠第三人程某的债务。全某公司并未按照合同约定先行给付红某公司利息。

红某公司给全某公司账户打款期间内，全某公司的公章、财务章、营业执照等文件在红某公司处。全某公司分别于2015年1月29日、2月2日在**市日报公告声明公司印章、财务印章作废，重新刻制企业印章，并于2015年1月16日企业法定代表人洪某变更为高某。

2014年12月15日,红某公司申请诉前财产保全,法院查封全某公司名下的位于**市海湾工业区土地使用权证号为普国用(2008)第*号、使用面积为491211.80平方米的国有土地。诉前保全费为5000元。

该院一审认为:红某公司与全某公司之间签订的借款合同是当事人双方真实意思表示,从红某公司营业执照看,其虽不具备金融从业资质,但通过其借款给全某公司并没有实际获益的行为,看不出红某公司是以放贷为主要利润收益来源,因此应认定借款合同有效。有效合同对当事人各方均具有约束力。红某公司以银行转账的形式将款出借给全某公司,不管全某公司对该笔款项如何使用,红某公司已经履行了合同约定的义务,全某公司即应按合同约定偿还借款。借款到期后全某公司未按合同偿还借款的行为已构成违约,应承担违约责任。鉴于双方在借款合同中约定借款利息为借款额的2%已经部分超过中国人民银行同期同类贷款利率4倍,对超出部分不应支持。红某公司要求全某公司按中国人民银行同期同类贷款利率4倍承担利息具有事实及法律依据,依法应予支持。全某公司应从借款之日起按中国人民银行同期同类贷款利率的4倍给付红某公司借款期内及逾期还款利息。全某公司辩称其没有占用此笔款项,红某公司没有实际履行借款义务,因红某公司提供光大银行电汇凭证足以证明给全某公司打款的事实,故对其辩解不予支持。借款合同第三条并非属于预扣利息的约定,全某公司亦未按照约定给付利息,故全某公司关于合同第三条为预扣利息的辩解意见亦不予采信。综上,原审依据《中华人民共和国合同法》第六条、第八条、第四十四条、第六十条、第一百零七条、第一百九十六条、《最高人民法院关于人民法院审理借贷案件的若干意见》第六条之规定,判决:全某公司偿还红某公司借款本金750万元及利息(按中国人民银行同期同类贷款利率的4倍计算,于2014年11月21日始至该款付清日止);诉讼费37150元(含案件受理费32150元、保全费5000元)由全某公司负担。

全某公司不服一审判决,向**市中级人民法院提起上诉,要求撤销原判,改判驳回红某公司的全部诉讼请求。

**市中级人民法院于2015年8月26日作出了(2015)*民三终字第*号民事判决。该院二审查明的事实与一审一致。

该院二审审理补充查明:全某公司于2014年11月11日向中国光大银行

市支行递交了"开立单位人民币银行结算账户申请书",其上"法定代表人或单位负责人"处填写为洪某,"财务负责人"处填写为苏某某,证件均为身份证,并留存二人的固定电话和手机号码,且开通短信通知,留存了支付密码器编号,并签约电话查询系统,"电话核实记录"单位核实人填写为洪某,银行电话核实经办人处签字人为苏某某。红某公司称该申请书即为全某公司案涉4033账户的开立申请书,全某公司认为该申请书上未体现出账号,但未能举证证明该公司在中国光大银行**市**支行另行开立了其他账户。

案涉750万元款项由红某公司打入全某公司上述账户后,同日,中国光大银行**市**支行按照全某公司提交的电汇凭证,与该公司相关人员核实并经同意后将款项转入程某账户。红某公司于2014年10月20日成立,其自称因其他项目而成立公司(后来项目没有拿到),自公司成立后,除了于2014年11月18日、11月21日向全某公司发放包括本案在内的共计7580万元借款外,至今没有进行其他经营,也没有财务账簿。红某公司在原审提起诉讼时,曾将洪某一并列为本案被告,并要求其对案涉借款本息承担连带保证责任,2015年1月19日在原审法院开庭审理之前,其撤回了对洪某的诉讼请求。在法院开庭审理时其明确表示撤回诉讼请求即撤回对洪某的起诉。

红某公司与全某公司在案涉借款合同第十三条约定:乙方(全某公司)自愿用位于**市海湾工业区的国有土地作为借款的抵押担保物。但双方并未到相关部门就该土地办理抵押登记。

该院二审认为:红某公司与全某公司和洪某签订的借款合同,系各方当事人的真实意思表示,合同内容不违反法律、行政法规的效力性强制性规定,除合同第十三条约定的抵押担保因未办理抵押物登记而未发生法律效力及借款利息超出法律规定部分的约定不予保护外,其他内容均合法有效,对当事人具有法律约束力,各方当事人应严格履行。红某公司虽不具备从事金融业务资质,但其除于2014年11月18日、11月21日从事案涉合计7580万元对全某公司的放贷行为之外,至今未有其他实际经营,没有财务账簿,也无据证明其自案涉的临时性资金拆借行为之外尚有其他放贷行为、以资金融通为常业、违反国家金融管制的强制性规定,故全某公司关于借款合同无效的理由,本院不予采纳。

借款合同签订后,红某公司依约履行了放款义务,而全某公司在借款到期后，没有依约偿还借款本息，系违约行为，依法应承担违约责任。全某公司称红某公司利用其占有、控制的全某公司的公章等，私自将款项存入全某公司的账户后立即转入程某的账户，红某公司实际没有向全某公司出借款项。但从本案现有证据可以看出，红某公司将合同约定出借的750万元打入全某公司开立的4033账户的同日，银行便根据全某公司提交的电汇凭证，经与该公司相关人员核实并经同意后才将款项转入程某账户。由此可见，红某公司的放款义务已履行完毕，款项进入全某公司账户后，款项如何使用不构成对红某公司义务履行的否定，而且，全某公司将其公章、财务专用章、营业执照等文件交与红某公司控制，在无明确的使用授权限制的情况下，便是对使用其公章、财务专用章及营业执照等文件法律后果的认可。故全某公司关于红某公司未向其出借款项的上诉理由，法院亦无法采纳。

另，程某在本案中已提交证据证明其与全某公司之间存在债权债务关系，如全某公司认为其对程某没有还款义务，不应将款项转入程某账户，其可另行向程某主张返还，但是该节事实无论如何不构成其抗辩偿还红某公司借款本息的法定理由。

综上，红某公司要求全某公司偿还借款本息的诉讼请求，依法应予支持。根据合同约定，全某公司应于借款期限届满当日还清借款本金。合同约定的借款期限为10天（以实际放款日为准），实际放款日为2014年11月21日，故借款到期日应为2014年11月30日，逾期不还即构成违约。合同还约定，全某公司应向红某公司支付借款总额的2%作为借款利息，且应于合同签订当日一次性付清借款利息，但在实际履行中，全某公司并未于合同签订当日一次性付清借款利息，红某公司对此并未提出异议且仍依约放款，应视为双方以实际行为对利息的支付时间进行了变更，但变更之后并未重新明确利息的支付时间，按照《中华人民共和国合同法》第二百零五条之规定，全某公司应在返还借款时一并支付利息。但前述约定中关于以借款总额的2%作为借款利息的约定，超过了中国人民银行公布的同期同类贷款基准利率的四倍，故对超出部分不应予以支持。故红某公司请求全某公司自2014年11月21日起按银行同期同类贷款利率四倍给付利息的诉讼请求，原审法院予以支持并无不妥，全某公司关于此节的上诉理由无法律依据，法院仍不予采纳。

红某公司在原审期间撤回了对借款合同连带责任保证人洪某的起诉，因洪某作为连带责任保证人非本案必要的共同诉讼人，红某公司对其该项民事权利的自由处分，并不违背相关法律规定，全某公司对此也未提出异议，故法院不予干预。综上，原判决认定事实基本清楚，适用法律正确，依据《中华人民共和国民事诉讼法》第一百七十条第一款第（一）项之规定，判决如下：驳回上诉，维持原判。

本案二审案件受理费32150元，由全某公司（**市）有限公司承担。

全某公司不服二审判决，向某省高级人民法院申请再审，称红某公司转款的全某公司账户系红某公司实际控制，所签订的借款协议是虚假的，存在恶意串通及虚假诉讼。

某省高级人民法院于2016年4月26日作出（2016）*民申*号民事裁定书，裁定驳回金进重工（**市）有限公司的再审申请。

全某公司向检察机关申请监督。

本院认定的事实与法院认定的事实部分一致。经**市检察机关查明以下事实：

为了进一步查明案中涉及资金的流向，**市检察机关分别调取了红某公司、全某公司、程某等的相关账户资料及部分凭证。分别是：1. 红某公司在中国光大银行**市**银行账户（红某公司3989账户）；2. 全某公司在上述银行的账户（全某公司4033账户）；3. 第三人程某在上述银行的账户（程某7460账户）；4. 案外人**市亿恒农业科技有限公司在招商银行**市开发区支行的账户（亿恒农业0802账户）；5. 案外人吕某某在中国光大银行**市分行的账户（吕某某2583账户）。经查，红某公司3989账户于2014年11月11日设立，全某公司4033账户于2014年11月11日设立，程某7460账户于2014年11月14日设立。

2014年11月18日，案外人**市亿恒农业科技有限公司通过亿恒农业0802账户向红某公司3989账户汇入790万元，汇款摘要为"往来"，使3989账户内资金额达到790.0992万元。当日红某公司将上述款项中的660万元通过3989账户汇入全某公司4033账户，汇款摘要为"往来款"；当日该笔660万元款项从全某公司4033账户被汇入程某7460账户，汇款摘要为"往来款"，又从程某 7460 账户通过网银转账汇入红某公司 3989 账户。上述 660 万元的款项经过三次转账，形成了一个循环，又回到红某公司账户中。之后，也在当日，红某公司又将 3989 账户中的 780 万元按照上述转账方式，汇入全某公司 4033 账户，又通过程某 7460 账户再网银转账至红某公司 3989 账户。经过两次循环后，当日红某公司将 3989 账户中的 790 万元汇入亿恒农业 0802 账户，返还给了 ** 市亿恒农业科技有限公司。

又查，2014 年 11 月 21 日案外人吕某某通过 2583 账户向红某公司 3989 账户汇入 790 万元，汇款摘要为"往来款"，使 3989 账户内资金额达到 790.0834 万元。当日红某公司将上述款项中的 780 万元通过 3989 账户汇入全某公司 4033 账户（汇款摘要为"往来款"）；当日该笔 780 万元款项从全某公司 4033 账户汇入程某 7460 账户（电汇凭证上附加信息及用途项是"借款"，其中有"往来"字样被划掉）；又从程某 7460 账户通过网银转账汇入红某公司 3989 账户。上述 780 万元的款项经过三次转账，形成了一个循环，又回到红某公司账户中。之后，也在当日，红某公司继续通过 3989 账户，按照上述循环转账方式，先后向全某公司 4033 账户汇入 750 万元、790 万元、780 万元、790 万元、750 万元、750 万元、750 万元，均又分别经程某 7460 账户通过网银转账或系统内划款方式汇至红某公司 3989 账户。上述款项经过八次循环后，红某公司累积转款达 6140 万元。当日，红某公司将 3989 账户中的 790 万元汇入吕某某 2583 账户，返还给了吕某某。

其中，2014 年 11 月 21 日由程某 7460 账户汇入红某公司 3989 账户的最后两笔款项不是网银转账，是系统内划款。从程某 7460 账户提款的具体经办人是冉某，冉某又将该款项直接存入红某公司。另，2014 年 11 月 10 日，冉某代表红某公司从全某公司接收了公章、财务专用章、营业执照等文件。冉某也是红某公司的财务负责人及银行账户的管理人（大额汇划联系人）。

2014 年 11 月 19 日，全某公司的原法定代表人洪某与案外人翟某某、高某签订了《债权转让协议书》，约定高某受让翟某某对洪某的债权，高某对洪某享有 1.6 亿元债权，成为洪某的债权人。翟某某将东海域（** 市）投资有限公司（以下简称东海域公司）95% 的股权、** 市浦项钢板有限公司 100% 股权、普兰店市富泰采石矿的所有权过户给高某或高某指定的第三方作为担保。之后，洪某与高某签订了《股权回购确认书》，约定了洪某可于一定时间内以相应价格回购上述企业股权，以及洪某没有回购股权的法律后果。

另查，全某公司系中外合资企业，2007年6月设立，注册资本3400万美元。原系外商独资企业，由韩国CSM株式会社全资设立，2012年10月变更为中外合资企业，东海域公司和全进CSM株式会社系全某公司的企业法人股东，东海域公司占股75%，全进CSM株式会社占股25%，东海域公司投资2550万美元，实缴出资850万美元。

东海域公司系国内有限责任公司，2009年12月设立，法定代表人洪某，注册资本人民币1000万元。洪某持股80%，李某某持股20%。2012年11月，公司股东发生变更，洪某持股5%，高某某持股20%，邰某某持股75%。洪某变更为非控股股东，但仍系公司法定代表人。2014年11月24日，公司股东发生变更，洪某持股5%，高某某持股20%，邰某某持股5%，高某持股70%。高某通过控股东海域公司，成为全某公司的实际控制人。2014年12月10日全某公司的法定代表人由洪某变更为高某。

再查，2015年10月29日全某公司的法定代表人由高某变更为娄某。

另，王某提供两张中国农业银行的个人结算申请书，日期分别是2010年11月19日、11月23日，金额为2000万元、980万元，付款人均系苑某（系王某的会计），收款人为东海域（**市）投资有限公司，用途为往来款。还提供了在2011年6月2日、6月8日向洪某名下在中国农业银行的银行卡汇款1000万元的银行卡存款业务回单、转账汇款回单。用以证明洪某和东海域公司曾借王某巨额款项。以及程某、全某公司、王某在2014年1月18日签订的借款5000万元的协议、划款指令"全某公司（**市）公司指定程某将人民币三千五百万元整（35000000.00）汇入王某（身份证号：2102211966********）指定账户"、全某公司的董事会决议、借款补充协议、补充协议书、5000万元的专用收款收据、转款1500万元的银行回单凭证。用以证明全某公司为了还王某3500万元的借款，向程某借款5000万元，为了还程某的借款，向王某的红某公司借款7580万元。

王某提供的以上证据均系复印件，没有提供原件予以核对。

因王某称与洪某之间借款均通过苑某个人账户转账。检察机关调取了洪某在中国农业银行的个人账户，发现洪某与苑某之间在 2010 年至 2013 年有多笔大额款项往来。检察机关还调取了东海域公司的账户，发现上述涉及的农业银行 2980 万元款项，在转入东海域银行账户后，当天即被全部转走，其中转到 **市新华房屋开发公司 1300 万元，转到洪某某个人账户 700 万元，转到 **市沙河口银丰小额贷款有限公司 180 万元，转到 **市向阳文化集团有限公司 800 万元。而东海域公司的账簿上没有上述款项的记载。

基于王某的辩解，检察机关要求王某限期提供书面证据，以证明确实与洪某之间存在的 3500 万元的债权债务关系，以及上述涉及 5000 万借款已经全部履行的证据。但是王某无正当理由至今没有提供。

本院认为，**市中级人民法院（2015）*民三终字第*号民事判决认为红某公司与全某公司之间的借款协议真实有效，属于认定的基本事实缺乏证据证明，理由如下：

一、红某公司与全某公司之间的借款关系明显不合乎企业间借贷的正常情况。

市检察机关从中国光大银行市**支行调取的红某公司、全某公司及程某的银行对账单、贷记通知、电汇凭证、个人取款凭证、进账单等证据，证明了红某公司、全某公司和程某之间账户资金的真实流转情况，本案 750 万元借款的形成过程及资金流向明显不合常理。

经查，2014 年 11 月 21 日，案外人吕某某向红某公司汇入 790 万元，红某公司于当日先将上述款项中的 780 万元汇入全某公司账户，该笔 780 万元款项当日又从全某公司账户汇入程某账户，后返回红某公司账户。此后，红某公司采取上述循环转账方式，又于当日先后向全某公司账户汇入 750 万元、790 万元、780 万元、790 万元、750 万元、750 万元、750 万元，均分别经程某账户返回红某公司账户。上述款项经过 8 次循环后，红某公司累计向全某公司转款达 6140 万元。最后，红某公司于当日将 790 万元汇入吕某某账户，把所借款项返还给了吕某某。从以上款项来源及流转过程看，红某公司先从第三方拆借资金 790 万元进入红某公司 3989 账户后，将该 790 万元款项以红某公司—全某公司—程某—红某公司的顺序，通过资金过桥的方式，分别以不同的金额在三方账户中循环转账 8 次，之后，红某公司又将借入的 790 万元返还给第三方，整个资金流转过程均于当日完成，形成了红某公司和全某公司之间包括本案 750 万元在内共计 6140 万元的转账金额。上述转账行为极其不符合常理，红某公司在没有付出任何对价的情况下，仅是利用程某的账户，将从第三方拆借的款项循环转账。虽然红某公司在诉讼过程中提供了借款合同及转款凭证等作为证据，以证明全某公司收到了借款，但其并未实际支付 750 万元，其汇入全某公司账户的 750 万元于当天返回并还给出借方，故红某公司主张的借款关系明显不合乎企业间借款的正常情况。

二、对于上述明显异常的情形，红某公司不能举证对其行为的合理性予以说明。

对于上述借款，王某主张全某公司为了还王某的 3500 万元借款，向程某借 5000 万元；而全某公司为了还程某的这些借款，才又向王某的红某公司借款。但关于全某公司向王某借款一事，经 ** 市检察机关调查，虽然洪某与苑某（王某的会计）的银行账户之间在 2010、2011 年前后存在多笔大额资金往来，但无法确定洪某与王某之间的债权债务关系以及具体的数额。此外，王某向检察机关提供个人结算申请书和存款业务回单、转账业务回单等用以证明其向洪某、东海域公司汇款，但以上款项发生时，全某公司是外商独资企业，洪某、东海域公司均不是全某公司的股东，故不能认定全某公司与王某及红某公司存在借款关系。关于全某公司向程某借款一事，王某提供了 5000 万元的借款合同、补充协议、董事会决议等，借款合同约定：程某借给全某公司 5000 万元，期限为 2014 年 1 月 18 日至 2014 年 6 月 18 日。王某主张其中有 3500 万元款项由程某直接付给王某抵偿洪某的债务，但是，王某没有提供相关款项的支付证明。而董事会决议和补充协议的内容是：全某公司因流动资金不足借款 5000 万元，其并未体现是对洪某有关债务的结算确认并予以承担，也没有 5000 万元到账证据。全某公司是独立企业法人，在没有证据证明洪某及东海域公司所借款项用于全某公司生产经营，或经董事会决议予以承担的情况下，洪某有关债务不能由全某公司偿还。因此，王某关于全某公司为了偿还其 3500 万元借款而向程某借款 5000 万元，后其又借给全某公司 7580 万元用于偿还程某债权及利息的意见，没有提供充分证据加以证明。

更为重要的是，对于借款资金在当日又从程某的账户转回红某公司账户，即红某公司在没有支付任何对价的情况下,仅是利用程某的账户,将从第三方拆借的款项循环转账等情形,红某公司尚无足够证据对这一明显异常的资金流转行为的合理性予以说明。

三、参与案涉借款资金流转的红某公司、洪某、程某之间存在特殊的关联关系,红某公司可以操控案涉资金账户。

经查,案涉的红某公司、全某公司、程某三方账户都是同期设立,账户内基本仅有上述所谓借款的款项流转,以上三个账户就是为方便红某公司快速转账而设立。2014年11月11日,洪某将全某公司的企业公章、财务专用章及营业执照等文件交给了红某公司,为红某公司控制、利用全某公司的4033账户频繁过桥转账提供便利。2014年11月21日,在最后两笔款项的循环转账过程中,红某公司财务负责人冉某直接以程某代理人身份,从程某的7460账户提款并存入红某公司的账户,证明红某公司也可以实际控制、使用程某的账户。由此可见,红某公司与全某公司、程某之间必然存在某种关联关系,红某公司正是基于该特定的关联关系,为实现循环转账目的而直接控制案涉的三个账户。

四、结合"借款"期间全某公司股东的变更情况、红某公司起诉情况以及上述操控账户、循环转账等事实,可以认定本案涉嫌构成虚假诉讼。

经查:2014年11月,洪某与案外人翟某某、高某三方协商并签订了《债权转让协议书》和《股权回购确认书》,根据该协议,高某对洪某享有1.6亿元债权,高某将成为全某公司的实际控制人。而正是在此期间,发生了案涉账户设立、借款发生及操控账户、循环转账等事实,且在案涉借款到账后又通过与洪某有关联关系的红某公司操控账户立即将资金转回给出借方红某公司,而没有实际用于全某公司的生产经营。且在高某替代洪某成为全某公司实际控制人之后,参与循环转账的出借方红某公司立即向法院就案涉借款申请诉前保全并起诉全某公司。综合以上案情可以得出:洪某的目的显然是掏空全某公司的企业财产,使案外人高某用巨额债权作为对价却仅换得了担负大量债务的不良资产。洪某与红某公司是以借款合同的"合法形式"虚构债务并利用民事诉讼的方式,达到非法占有全某公司财产、侵害高某利益的目的。因此原审认定借款协议真实有效缺乏事实依据,红某公司起诉全某公司一案存在虚假诉讼的嫌疑。

综上所述,**市中级人民法院(2015)*民三终字第*号民事判决认定的基本事实缺乏证据证明,根据《中华人民共和国民事诉讼法》第二百条第(二)项,第二百零八条第一款的规定特提出抗诉,请依法再审。

此致
**省高级人民法院

2017 年 3 月 20 日
(院印)

附:检察卷宗一册

**省人民检察院
民事(行政)抗诉书

*检民(行)监〔2017〕*号

全某(**市)有限公司(以下简称全某公司)因与**市红某投资有限公司(以下简称红某公司)、程某借款合同纠纷一案,不服**市中级人民法院(2015)*民三终字第*号民事判决,向**市人民检察院申请监督,该院提请本院抗诉,本案现已审查终结。

2014 年 12 月 31 日,**市红某投资有限公司起诉至**市**区人民法院,请求判令全某公司立即偿还借款 750 万元并给付利息(自 2014 年 11 月 21 日起至本息还清之日止,按同期银行贷款利率四倍计算)。

市区人民法院于 2015 年 4 月 2 日作出(2015)*民初字第*号民事判决,该院一审查明:2014 年 11 月 13 日,红某公司与全某公司签订借款合同,红某公司作为贷款人,全某公司作为借款人,全某公司当时的法定代表人洪某作为保证人。合同基本内容为:全某公司向红某公司借款人民币 750 万元,借款用途为流动资金。就借款用途及使用情况随时接受红某公司的监督。借款期限为 10 天,从 2014 年 11 月 13 日起至 2014 年 11 月 22 日。以实际放款日为准,全某公司应向红某公司支付借款总额的 2% 作为借款利息。支付方式为上达（打）息，全某公司应于本合同签订当日一次性付清借款利息。违约事项约定，任何一方未履行本合同项下的任何义务均构成违约，应向守约方支付实际借款金额20%作为违约金。洪某自愿对以上债务承担保证责任。合同签订后，红某公司于2014年11月21日向全某公司账户内打款750万元。款项于当天由全某公司账户又打入第三人程某账户内，用于全某公司偿还欠第三人程某的债务。全某公司并未按照合同约定先行给付红某公司利息。红某公司给全某公司账户打款期间内，全某公司的公章、财务章、营业执照等文件在红某公司处。全某公司分别于2015年1月29日、2月2日在**市日报公告声明公司印章、报公告声明公司印章、财务印章作废，重新刻制企业印章，并于2015年1月16日企业法定代表人洪某变更为高某。

2014年12月15日，红某公司申请诉前财产保全，原审法院查封全某公司名下的位于**市海湾工业区土地使用权证号为普国用（2008）第*号、使用面积为491211.80平方米的国有土地。诉前保全费为5000元。

该院一审认为：红某公司与全某公司之间签订的借款合同是当事人双方真实意思表示，从红某公司营业执照看，其虽不具备金融从业资质，但通过其借款给全某公司并没有实际获益的行为，看不出红某公司是以放贷为主要利润收益来源，因此应认定借款合同有效。有效合同对当事人各方均具有约束力。红某公司以银行转账的形式将款出借给全某公司，不管全某公司对该笔款项如何使用，红某公司已经履行了合同约定的义务，全某公司即应按合同约定偿还借款。借款到期后全某公司未按合同偿还借款的行为已构成违约，应承担违约责任。鉴于双方在借款合同中约定借款利息为借款额的2%已经部分超过中国人民银行同期同类贷款利率4倍，对超出部分不应支持。红某公司要求全某公司按中国人民银行同期同类贷款利率4倍承担利息具有事实及法律依据，依法应予支持。全某公司应从借款之日起按中国人民银行同期同类贷款利率的4倍给付红某公司借款期内及逾期还款利息。全某公司辩称其没有占用此笔款项，红某公司没有实际履行借款义务，因红某公司提供光大银行电汇凭证足以证明给全某公司打款的事实，故对其辩解不予支持。借款合同第三条并非属于预扣利息的约定，全某公司亦未按照约定给付利息，故全某公司关于合同第三条为预扣利息的辩解意见亦不予采信。综上，原审法院依据《中华人民共和国合同法》第六条、第八条、第四十四条、第六十条、第一百零七条、第一百九十六条、《最高人民法院关于人民法院审理借贷案件的若干意见》第六条之规定，判决：全某公司偿还红某公司借款本金750万元及利息（按中国人民银行同期同类贷款利率的4倍计算，于2014年11月21日始至该款付清日止）；诉讼费37150元（含案件受理费32150元、保全费5000元）由全某公司负担。

全某公司不服一审判决，向**市中级人民法院提起上诉，要求撤销原判，驳回红某公司的全部诉讼请求。

**市中级人民法院于2015年8月21日作出（2015）*民三终字第*号民事判决，该院二审查明的事实与原审一致。

且经审理补充查明：全某公司于2014年11月11日向中国光大银行**市**支行递交了"开立单位人民币银行结算账户申请书"，其上"法定代表人或单位负责人"处填写为洪某，"财务负责人"处填写为苏某某，证件均为身份证，并留存二人的固定电话和手机号码，且开通短信通知，留存了支付密码器编号，并签约电话查询系统，"电话核实记录"单位核实人填写为洪某，银行电话核实经办人处签字人为苏某某。红某公司称该申请书即为全某公司案涉4033账户的开立申请书，全某公司认为该申请书上未体现出账号，但未能举证证明该公司在中国光大银行**市**支行另行开立了其他账户。

案涉750万元款项由红某公司打入全某公司上述账户后，同日，中国光大银行**市**支行按照全某公司提交的电汇凭证，与该公司相关人员核实并经同意后将款项转入程某账户。红某公司于2014年10月20日成立，其自称因其他项目而成立公司（后来项目没有拿到），自公司成立后，除了于2014年11月18日、11月21日向全某公司发放包括本案在内的共计7580万元借款外，至今没有进行其他经营，也没有财务账簿。

红某公司在原审提起诉讼时，曾将洪某一并列为本案被告，并要求其对案涉借款本息承担连带保证责任，2015年1月19日在一审法院开庭审理之前，其撤回了对洪某的诉讼请求。在法院开庭审理时其明确表示撤回诉讼请求即撤回对洪某的起诉。

红某公司与全某公司在案涉借款合同第十三条约定：乙方（全某公司）自愿用位于**市海湾工业区的国有土地作为借款的抵押担保物。但双方并未到相关部门就该土地办理抵押登记。

该院二审认为：红某公司与金进重工和洪某签订的借款合同，系各方当事人的真实意思表示，合同内容不违反法律、行政法规的效力性强制性规定，除合同第十三条约定的抵押担保因未办理抵押物登记而未发生法律效力及借款利息超出法律规定部分的约定不予保护外，其他内容均合法有效，对当事人具有法律约束力，各方当事人应严格履行。红某公司虽不具备从事金融业务资质，但其除于2014年11月18日、11月21日从事案涉合计7580万元对全某公司的放贷行为之外至今未有其他实际经营，没有财务账簿，也无据证明其自案涉的临时性资金拆借行为之外尚有其他放贷行为或其他以资金融通为常业、违反国家金融管制强制性规定的行为，故全某公司关于借款合同无效的理由，法院不予采纳。

借款合同签订后，红某公司依约履行了放款义务，而全某公司在借款到期后，没有依约偿还借款本息，系违约行为，依法应承担违约责任。金进重工辩称红某公司利用其占有、控制的全某公司的公章等，私自将款项存入金进重工的账户后立即转入程某的账户，红某公司实际没有向金进重工出借款项。但从本案现有证据可以看出，红某公司将合同约定出借的750万元打入全某公司开立的4033账户的同日，银行便根据全某公司提交的电汇凭证，经与该公司相关人员核实并经同意后才将款项转入程某账户。由此可见，红某公司的放款义务已履行完毕，款项进入全某公司账户后，款项如何使用不构成对红某公司义务履行的否定，而且，全某公司将其公章、财务专用章、营业执照等文件交与红某公司控制，在无明确的使用授权限制的情况下，便是对使用其公章、财务专用章及营业执照等文件法律后果的认可。故金进重工关于红某公司未向其出借款项的上诉理由，法院亦无法采纳。

另，程某在本案中已提交证据证明其与全某公司之间存在债权债务关系，如全某公司认为其对程某没有还款义务，不应将款项转入程某账户，其可另行向程某主张返还，但是该节事实无论如何不构成其抗辩偿还红某公司借款本息的法定理由。

综上，红某公司要求全某公司偿还借款本息的诉讼请求，依法应予支持。根据合同约定，全某公司应于借款期限届满当日还清借款本金。合同约定的借款期限为10天（以实际放款日为准），实际放款日为2014年11月21日，故借款到期日应为 2014 年 11 月 30 日，逾期不还即构成违约。合同还约定，全某公司应向红某公司支付借款总额的 2% 作为借款利息，且应于合同签订当日一次性付清借款利息，但在实际履行中，全某公司并未于合同签订当日一次性付清借款利息，红某公司对此并未提出异议且仍依约放款，应视为双方以实际行为对利息的支付时间进行了变更，但变更之后并未重新明确利息的支付时间，按照《中华人民共和国合同法》第二百零五条之规定，全某公司应在返还借款时一并支付利息。但前述约定中关于以借款总额的 2% 作为借款利息的约定，超过了中国人民银行公布的同期同类贷款基准利率的四倍，故对超出部分不应予以支持。故红某公司请求全某公司自 2014 年 11 月 21 日起按银行同期同类贷款利率四倍给付利息的诉讼请求，原审法院不予以支持并无不妥，全某公司关于此节的上诉理由无法律依据，不予采纳。

红某公司在原审期间撤回了对借款合同连带责任保证人洪某的起诉，因洪某作为连带责任保证人非本案必要的共同诉讼人，红某公司对其该项民事权利的自由处分，并不违背相关法律规定，全某公司对此也未提出异议，故法院不予干预。综上，原判决认定事实基本清楚，适用法律正确，依据《中华人民共和国民事诉讼法》第一百七十条第一款第（一）项之规定，判决如下：驳回上诉，维持原判。

全某公司不服二审判决，向某省高级人民法院申请再审，称红某公司转款的全某公司账户系红某公司实际控制，所签订的借款协议是虚假的，存在恶意串通及虚假诉讼。

某省高级人民法院于 2016 年 3 月 21 日作出（2016）＊审四民申＊号民事裁定书，裁定驳回全某公司（＊＊市）有限公司的再审申请。

全某公司向检察机关申请监督。

本院认定的事实与法院认定的事实部分一致。经＊＊市检察机关查明以下事实：

为了进一步查明案中涉及资金的流向，＊＊市检察机关分别调取了红某公司、全某公司、程某等的相关账户资料及部分凭证。分别是：1. 红某公司在中国光大银行＊＊市＊＊银行账户（红某公司 3989 账户）；2. 全某公司在上述银行的账户（全某公司 4033 账户）；3. 第三人程某在上述银行的账户（程某

7460 账户）；4. 案外人**市亿恒农业科技有限公司在招商银行**市开发区支行的账户（亿恒农业 0802 账户）；5. 案外人吕某某在中国光大银行**市分行的账户（吕某某 2583 账户）。经查，红某公司 3989 账户于 2014 年 11 月 11 日设立，全某公司 4033 账户于 2014 年 11 月 11 日设立，程某 7460 账户于 2014 年 11 月 14 日设立。

2014 年 11 月 18 日，案外人**市亿恒农业科技有限公司通过亿恒农业 0802 账户向红某公司 3989 账户汇入 790 万元，汇款摘要为"往来"，使 3989 账户内资金额达到 790.0992 万元。当日红某公司将上述款项中的 660 万元通过 3989 账户汇入全某公司 4033 账户，汇款摘要为"往来款"；当日该笔 660 万元款项从全某公司 4033 账户被汇入程某 7460 账户，汇款摘要为"往来款"，又从程某 7460 账户通过网银转账汇入红某公司 3989 账户。上述 660 万元的款项经过三次转账，形成了一个循环，又回到红某公司账户中。之后，也在当日，红某公司又将 3989 账户中的 780 万元按照上述转账方式，汇入全某公司 4033 账户，又通过程某 7460 账户再网银转账至红某公司 3989 账户。经过两次循环后，当日红某公司将 3989 账户中的 790 万元汇入亿恒农业 0802 账户，返还给了**市亿恒农业科技有限公司。

又查，2014 年 11 月 21 日案外人吕某某通过 2583 账户向红某公司 3989 账户汇入 790 万元，汇款摘要为"往来款"，使 3989 账户内资金额达到 790.0834 万元。当日红某公司将上述款项中的 780 万元通过 3989 账户汇入全某公司 4033 账户（汇款摘要为"往来款"）；当日该笔 780 万元款项从全某公司 4033 账户汇入程某 7460 账户（电汇凭证上附加信息及用途项是"借款"，其中有"往来"字样被划掉）；又从程某 7460 账户通过网银转账汇入红某公司 3989 账户。上述 780 万元的款项经过三次转账，形成了一个循环，又回到红某公司账户中。之后，也在当日，红某公司继续通过 3989 账户，按照上述循环转账方式，先后向全某公司 4033 账户汇入 750 万元、790 万元、780 万元、790 万元、750 万元、750 万元、750 万元，均又分别经程某 7460 账户通过网银转账或系统内划款方式汇至红某公司 3989 账户。上述款项经过八次循环后，红某公司累积转款达 6140 万元。当日，红某公司将 3989 账户中的 790 万元汇入吕某某 2583 账户，返还给了吕某某。

其中，2014 年 11 月 21 日由程某 7460 账户汇入红某公司 3989 账户的最后两笔款项不是网银转账，是系统内划款。从程某 7460 账户提款的具体经办人是冉某，冉某又将该款项直接存入红某公司。另，2014 年 11 月 10 日，冉某代表红某公司从全某公司接收了公章、财务专用章、营业执照等文件。冉某也是红某公司的财务负责人及银行账户的管理人（大额汇划联系人）。

2014 年 11 月 19 日，全某公司的原法定代表人洪某与案外人翟某某、高某签订了《债权转让协议书》，约定高某受让翟某某对洪某的债权，高某对洪某享有 1.6 亿元债权，成为洪某的债权人。翟某某将东海域（** 市）投资有限公司（以下简称东海域公司）95% 的股权、** 市浦项钢板有限公司 100% 股权、普兰店市富泰采石矿的所有权过户给高某或高某指定的第三方作为担保。之后，洪某与高某签订了《股权回购确认书》，约定了洪某可于一定时间内以相应价格回购上述企业股权，以及洪某没有回购股权的法律后果。

另查，全某公司系中外合资企业，2007 年 6 月设立，注册资本 3400 万美元。原系外商独资企业，由韩国 CSM 株式会社全资设立，2012 年 10 月变更为中外合资企业，东海域公司和全进 CSM 株式会社系全某公司的企业法人股东，东海域公司占股 75%，全进 CSM 株式会社占股 25%，东海域公司投资 2550 万美元，实缴出资 850 万美元。

东海域公司系国内有限责任公司，2009 年 12 月设立，法定代表人洪某，注册资本人民币 1000 万元。洪某持股 80%，李某某持股 20%。2012 年 11 月，公司股东发生变更，洪某持股 5%，高某某持股 20%，邰某某持股 75%。洪某变更为非控股股东，但仍系公司法定代表人。2014 年 11 月 24 日，公司股东发生变更，洪某持股 5%，高某某持股 20%，邰某某持股 5%，高某持股 70%。高某通过控股东海域公司，成为全某公司的实际控制人。2014 年 12 月 10 日全某公司的法定代表人由洪某变更为高某。

再查，2015 年 10 月 29 日全某公司的法定代表人由高某变更为娄某。

另，王某提供两张中国农业银行的个人结算申请书，日期分别是 2010 年 11 月 19 日、11 月 23 日，金额为 2000 万元、980 万元，付款人均系苑某（系王某的会计），收款人为东海域（** 市）投资有限公司，用途为往来款。还提供了在 2011 年 6 月 2 日、6 月 8 日向洪某名下在中国农业银行的银行卡汇款 1000 万元的银行卡存款业务回单、转账汇款回单。用以证明洪某和东海域公司曾借王某巨额款项。以及程某、全某公司、王某在2014年1月18日签订的借款5000万元的协议、划款指令"全某公司（**市）公司指定程某将人民币三千五百万元整（35000000.00）汇入王某（身份证号：2102211966********）指定账户"、全某公司的董事会决议、借款补充协议、补充协议书、5000万元的专用收款收据、转款1500万元的银行回单凭证。用以证明全某公司为了还王某3500万元的借款，向程某借款5000万元，为了还程某的借款，向王某的红某公司借款7580万元。

王某提供的以上证据均系复印件，没有提供原件予以核对。

因王某称与洪某之间借款均通过苑某个人账户转账。检察机关调取了洪某在中国农业银行的个人账户，发现洪某与苑某之间在2010年至2013年有多笔大额款项往来。检察机关还调取了东海域公司的账户，发现上述涉及的农业银行2980万元款项，在转入东海域银行账户后，当天即被全部转走，其中转到**市新华房屋开发公司1300万元，转到洪某某个人账户700万元，转到**市沙河口银丰小额贷款有限公司180万元，转到**市向阳文化集团有限公司800万元。而东海域公司的账簿上没有上述款项的记载。

基于王某的辩解，检察机关要求王某限期提供书面证据，以证明确实与洪某之间存在的3500万元的债权债务关系，以及上述涉及5000万借款已经全部履行的证据。但是王某无正当理由至今没有提供。

本院认为，**市中级人民法院（2015）*民三终字第*号民事判决认为红某公司与全某公司之间的借款协议真实有效，属于认定的基本事实缺乏证据证明，理由如下：

一、红某公司与全某公司之间的借款关系明显不合乎企业间借贷的正常情况。

市检察机关从中国光大银行市**支行调取的红某公司、全某公司及程某的银行对账单、贷记通知、电汇凭证、个人取款凭证、进账单等证据，证明了红某公司、全某公司和程某之间账户资金的真实流转情况，本案750万元借款的形成过程及资金流向明显不合常理。

经查，2014年11月21日，案外人吕某某向红某公司汇入790万元，红某公司于当日先将上述款项中的780万元汇入全某公司账户，该笔780万元款项当日又从全某公司账户汇入程某账户，后返回红某公司账户。此后，红某公司采取上述循环转账方式，又于当日先后向全某公司账户汇入750万元、790万元、780万元、790万元、750万元、750万元、750万元，均分别经程某账户返回红某公司账户。上述款项经过8次循环后，红某公司累计向全某公司转款达6140万元。最后，红某公司于当日将790万元汇入吕某某账户，把所借款项返还给了吕某某。从以上款项来源及流转过程看，红某公司先从第三方拆借资金790万元进入红某公司3989账户后，将该790万元款项以红某公司—全某公司—程某—红某公司的顺序，通过资金过桥的方式，分别以不同的金额在三方账户中循环转账8次，之后，红某公司又将借入的790万元返还给第三方，整个资金流转过程均于当日完成，形成了红某公司和全某公司之间包括本案750万元在内共计6140万元的转账金额。上述转账行为极其不符合常理，红某公司在没有付出任何对价的情况下，仅是利用程某的账户，将从第三方拆借的款项循环转账。虽然红某公司在诉讼过程中提供了借款合同及转款凭证等作为证据，以证明全某公司收到了借款，但其并未实际支付750万元，其汇入全某公司账户的750万元于当天返回并还给出借方，故红某公司主张的借款关系明显不合乎企业间借款的正常情况。

二、对于上述明显异常的情形，红某公司不能举证对其行为的合理性予以说明。

对于上述借款，王某主张全某公司为了还王某的3500万元借款，向程某借5000万元；而全某公司为了还程某的这些借款，才又向王某的红某公司借款。但关于全某公司向王某借款一事，经**市检察机关调查，虽然洪某与苑某（王某的会计）的银行账户之间在2010、2011年前后存在多笔大额资金往来，但无法确定洪某与王某之间的债权债务关系以及具体的数额。此外，王某向检察机关提供个人结算申请书和存款业务回单、转账业务回单等用以证明其向洪某、东海域公司汇款，但以上款项发生时，全某公司是外商独资企业，洪某、东海域公司均不是全某公司的股东，故不能认定全某公司与王某及红某公司存在借款关系。关于全某公司向程某借款一事，王某提供了5000万元的借款合同、补充协议、董事会决议等，借款合同约定：程某借给全某公司5000

万元，期限为 2014 年 1 月 18 日至 2014 年 6 月 18 日。王某主张其中有 3500 万元款项由程某直接付给王某抵偿洪某的债务，但是，王某没有提供相关款项的支付证明。而董事会决议和补充协议的内容是：全某公司因流动资金不足借款 5000 万元，其并未体现是对洪某有关债务的结算确认并予以承担，也没有 5000 万元到账证据。全某公司是独立企业法人，在没有证据证明洪某及东海域公司所借款项用于全某公司生产经营，或经董事会决议予以承担的情况下，洪某有关债务不能由全某公司偿还。因此，王某关于全某公司为了偿还其 3500 万元借款而向程某借款 5000 万元，后其又借给全某公司 7580 万元用于偿还程某债权及利息的意见，没有提供充分证据加以证明。

更为重要的是，对于借款资金在当日又从程某的账户转回红某公司账户，即红某公司在没有支付任何对价的情况下，仅是利用程某的账户，将从第三方拆借的款项循环转账等情形，红某公司尚无足够证据对这一明显异常的资金流转行为的合理性予以说明。

三、参与案涉借款资金流转的红某公司、洪某、程某之间存在特殊的关联关系，红某公司可以操控案涉资金账户。

经查，案涉的红某公司、全某公司、程某三方账户都是同期设立，账户内基本仅有上述所谓借款的款项流转，以上三个账户就是为方便红某公司快速转账而设立。2014 年 11 月 11 日，洪某将全某公司的企业公章、财务专用章及营业执照等文件交给了红某公司，为红某公司控制、利用全某公司的 4033 账户频繁过桥转账提供便利。2014 年 11 月 21 日，在最后两笔款项的循环转账过程中，红某公司财务负责人冉某直接以程某代理人身份，从程某的 7460 账户提款并存入红某公司的账户，证明红某公司也可以实际控制、使用程某的账户。由此可见，红某公司与全某公司、程某之间必然存在某种关联关系，红某公司正是基于该特定的关联关系，为实现循环转账目的而直接控制案涉的三个账户。

四、结合"借款"期间全某公司股东的变更情况、红某公司起诉情况以及上述操控账户、循环转账等事实，可以认定本案涉嫌构成虚假诉讼。

经查：2014 年 11 月，洪某与案外人翟某某、高某三方协商并签订了《债权转让协议书》和《股权回购确认书》，根据该协议，高某对洪某享有 1.6 亿元债权，高某将成为全某公司的实际控制人。而正是在此期间，发生了案涉账户设立、借款发生及操控账户、循环转账等事实，且在案涉借款到账后又通过与洪某有关联关系的红某公司操控账户立即将资金转回给出借方红某公司，而没有实际用于全某公司的生产经营。且在高某替代洪某成为全某公司实际控制人之后，参与循环转账的出借方红某公司立即向法院就案涉借款申请诉前保全并起诉全某公司。综合以上案情可以得出：洪某的目的显然是掏空全某公司的企业财产，使案外人高某用巨额债权作为对价却仅换得了担负大量债务的不良资产。洪某与红某公司是以借款合同的"合法形式"虚构债务并利用民事诉讼的方式，达到非法占有全某公司财产、侵害高某利益的目的。因此原审认定借款协议真实有效缺乏事实依据，红某公司起诉全某公司一案存在虚假诉讼的嫌疑。

综上所述，**市中级人民法院（2015）*民三终字第*号民事判决认定的基本事实缺乏证据证明，根据《中华人民共和国民事诉讼法》第二百条第（二）项，第二百零八条第一款的规定特提出抗诉，请依法再审。

此致
**省高级人民法院

2017 年 3 月 20 日
（院印）

附：检察卷宗一册

**省人民检察院
民事（行政）抗诉书

*检民（行）监〔2017〕*号

全某（**市）有限公司（以下简称全某公司）因与**市红某投资有限公司（以下简称红某公司）、程某借款合同纠纷一案，不服**市中级人民法院（2015）*民三终字第*号民事判决，向**市人民检察院申请监督，该院提请本院抗诉，本案现已审查终结。

2014年12月31日，**市红某投资有限公司起诉至**市**区人民法院，请求判令全某公司立即偿还借款780万元并给付利息（自2014年11月21日起至本息还清之日止，按同期银行贷款利率四倍计算）。

市区人民法院于2015年4月2日作出（2015）*民初字第*号民事判决，该院一审查明：2014年11月13日，红某公司与全某公司签订《借款合同》，红某公司作为贷款人，全某公司作为借款人，全某公司当时的法定代表人洪某作为保证人。合同基本内容为："全某公司向红某公司借款人民币780万元，借款用途为流动资金。就借款用途及使用情况随时接受甲方（红某公司）的监督。借款期限为10天，从2014年11月13日起至2014年11月22日。以实际放款日为准，乙方（全某公司）应向甲方支付借款总额的2%作为借款利息。支付方式为上达（打）息，乙方应于本合同签订当日一次性付清借款利息。违约事项约定，任何一方未履行本合同项下的任何义务均构成违约，应向守约方支付实际借款金额20%作为违约金。洪某自愿对以上债务承担保证责任。"合同签订后，红某公司于2014年11月18日向全某公司账户内打款780万元。款项于当天由全某公司账户又打入第三人程某账户内，用于全某公司偿还欠第三人程某的债务。全某公司并未按照合同约定先行给付红某公司利息。

另查，红某公司给全某公司账户打款期间内，全某公司的公章、财务章、营业执照等文件在红某公司处。全某公司分别于2015年1月29日、2月2日在**市日报公告声明公司印章、财务印章作废，重新刻制企业印章，并于2015年1月16日企业法定代表人洪某变更为高某。

该院一审认为：红某公司与全某公司之间签订的借款合同是当事人双方真实意思表示，从红某公司营业执照看，其虽不具备金融从业资质，但通过其借款给全某公司并没有实际获益的行为，看不出红某公司是以放贷为主要利润收益来源，因此应认定借款合同有效。有效合同对当事人各方均具有约束力。红某公司以银行转账的形式将款出借给全某公司，不管全某公司对该笔款项如何使用，红某公司已经履行了合同约定的义务，全某公司即应按合同约定偿还借款。借款到期后全某公司未按合同偿还借款的行为已构成违约，应承担违约责任。鉴于双方在借款合同中约定借款利息为借款额的2%已经部分超过中国人民银行同期同类贷款利率 4 倍，对超出部分不应支持。红某公司要求全某公司按中国人民银行同期同类贷款利率 4 倍承担利息具有事实及法律依据，依法应予支持。全某公司应从借款之日起按中国人民银行同期同类贷款利率的 4 倍给付红某公司借款期内及逾期还款利息。全某公司辩称其没有占用此笔款项，红某公司没有实际履行借款义务，因红某公司提供光大银行电汇凭证足以证明给全某公司打款的事实，故对其辩解不予支持。借款合同第三条并非属于预扣利息的约定，全某公司亦未按照约定给付利息，故全某公司关于合同第三条为预扣利息的辩解意见亦不予采信。综上，依据《中华人民共和国合同法》第六条、第八条、第四十四条、第六十条、第一百零七条、第一百九十六条、《最高人民法院关于人民法院审理借贷案件的若干意见》第六条之规定，判决：全某公司偿还红某公司借款本金 780 万元及利息（按中国人民银行同期同类贷款利率的 4 倍计算，于 2014 年 11 月 18 日始至该款付清日止）；诉讼费 33200 元，由全某公司负担。

全某公司不服一审判决，向 ** 市中级人民法院提起上诉，请求撤销原判，驳回红某公司的全部诉讼请求。

** 市中级人民法院于 2015 年 8 月 26 日作出（2015）* 民三终字第 * 号民事判决。该院二审查明的基本事实与一审一致。并经审理补充查明：全某公司于 2014 年 11 月 11 日向中国光大银行 ** 市 ** 支行递交了"开立单位人民币银行结算账户申请书"，其上"法定代表人或单位负责人"处填写为洪某，"财务负责人"处填写为苏某某，证件均为身份证，并留存二人的固定电话和手机号码，且开通短信通知，留存了支付密码器编号，并签约电话查询系统，"电话核实记录"单位核实人填写为洪某，银行电话核实经办人处签字人为苏某某。红某公司称该申请书即为全某公司案涉 4033 账户的开立申请书，全某公司认为该申请书上未体现出账号，但未能举证证明该公司在中国光大银行 ** 市 ** 支行另行开立了其他账户。案涉 780 万元款项由红某公司打入全某公司上述账户后，同日，中国光大银行 ** 市 ** 支行按照全某公司提交的电汇凭证，与该公司相关人员核实并经同意后将款项转入程某账户。

红某公司于 2014 年 10 月 20 日成立，其自称因其他项目而成立公司（后来项目没有拿到），自公司成立后，除了于 2014 年 11 月 18 日、11 月 21 日向全某公司发放包括本案在内的共计 7580 万元借款外，至今没有进行其他经营，也没有财务账簿。

红某公司在原审提起诉讼时，曾将洪某一并列为本案被告，并要求其对案涉借款本息承担连带保证责任，2015 年 1 月 19 日在原审法院开庭审理之前，其撤回了对洪某的诉讼请求。在法院开庭审理时其明确表示撤回诉讼请求，即撤回对洪某的起诉。

红某公司与全某公司在案涉借款合同第十三条约定：乙方（全某公司）自愿用位于 ** 市海湾工业区的国有土地作为借款的抵押担保物。但双方并未到相关部门就该土地办理抵押登记。

该院二审认为：红某公司与全某公司和洪某签订的借款合同，系各方当事人的真实意思表示，合同内容不违反法律、行政法规的效力性强制性规定，除合同第十三条约定的抵押担保因未办理抵押物登记而未发生法律效力及借款利息超出法律规定部分的约定不予保护外，其他内容均合法有效，对当事人具有法律约束力，各方当事人应严格履行。红某公司虽不具备从事金融业务资质，但其除于 2014 年 11 月 18 日、11 月 21 日从事案涉合计 7580 万元对全某公司的放贷行为之外，至今未有其他实际经营，没有财务账簿，也无据证明其自案涉的临时性资金拆借行为之外尚有其他放贷行为、以资金融通为常业、违反国家金融管制的强制性规定，故全某公司关于借款合同无效的理由，法院不予采纳。

借款合同签订后，红某公司依约履行了放款义务，而全某公司在借款到期后，没有依约偿还借款本息，系违约行为，依法应承担违约责任。全某公司称红某公司利用其占有、控制的全某公司的公章等，私自将款项存入全某公司的账户后立即转入程某的账户，红某公司实际没有向全某公司出借款项。但从本案现有证据可以看出，红某公司将合同约定出借的 780 万元打入全某公司开立的 4033 账户的同日，银行便根据全某公司提交的电汇凭证，经与该公司相关人员核实并经同意后才将款项转入程某账户。由此可见，红某公司的放款义务已履行完毕，款项进入全某公司账户后，款项如何使用不构成对红某公司义务履行的否定，而且，全某公司将其公章、财务专用章、营业执照等文件交与红某公司控制，在无明确的使用授权限制的情况下，便是对使用其公章、财务专用章及营业执照等文件法律后果的认可。故全某公司关于红某公司未向其出借款项的上诉理由，法院亦无法采纳。另，程某在本案中已提交证据证明其与全某公司之间存在债权债务关系，如全某公司认为其对程某没有还款义务，不应将款项转入程某账户，其可另行向程某主张返还，但是该节事实无论如何不构成其抗辩偿还红某公司借款本息的法定理由。

综上，红某公司要求全某公司偿还借款本息的诉讼请求，依法应予支持。根据合同约定，全某公司应于借款期限届满当日还清借款本金。合同约定的借款期限为10天（以实际放款日为准），实际放款日为2014年11月18日，故借款到期日应为2014年11月27日，逾期不还即构成违约。合同还约定，全某公司应向红某公司支付借款总额的2%作为借款利息，且应于合同签订当日一次性付清借款利息，但在实际履行中，全某公司并未于合同签订当日一次性付清借款利息，红某公司对此并未提出异议且仍依约放款，应视为双方以实际行为对利息的支付时间进行了变更，但变更之后并未重新明确利息的支付时间，按照《中华人民共和国合同法》第二百零五条之规定，全某公司应在返还借款时一并支付利息。但前述约定中关于以借款总额的2%作为借款利息的约定，超过了中国人民银行公布的同期同类贷款基准利率的四倍，故对超出部分不应予以支持。故红某公司请求全某公司自2014年11月18日起按银行同期词类贷款利率四倍给付利息的诉讼请求，原审法院予以支持并无不妥，全某公司关于此节的上诉理由无法律依据，法院仍不予采纳。红某公司在原审期间撤回了对借款合同连带责任保证人洪某的起诉，因洪某作为连带责任保证人非本案必要的共同诉讼人，红某公司对其该项民事权利的自由处分，并不违背相关法律规定，全某公司对此也未提出异议，故法院不予干预。

综上，原判决认定事实基本清楚，适用法律正确，依据《中华人民共和国民事诉讼法》第一百七十条第一款第（一）项之规定，判决驳回上诉，维持原判。

全某公司不服二审判决，向某省高级人民法院申请再审，称红某公司转款的全某公司账户系红某公司实际控制，所签订的借款协议是虚假的，存在恶意串通及虚假诉讼。

某省高级人民法院于2016年4月27日作出（2016）*民申*号民事裁定

书，裁定驳回全某公司（**市）有限公司的再审申请。

全某公司向检察机关申请监督。

本院认定的事实与法院认定的事实部分一致。经**市检察机关查明以下事实：

为了进一步查明案中涉及资金的流向，**市检察机关分别调取了红某公司、全某公司、程某等的相关账户资料及部分凭证。分别是：1. 红某公司在中国光大银行**市**银行账户（红某公司3989账户）；2. 全某公司在上述银行的账户（全某公司4033账户）；3. 第三人程某在上述银行的账户（程某7460账户）；4. 案外人**市亿恒农业科技有限公司在招商银行**市开发区支行的账户（亿恒农业0802账户）；5. 案外人吕某某在中国光大银行**市分行的账户（吕某某2583账户）。经查，红某公司3989账户于2014年11月11日设立，全某公司4033账户于2014年11月11日设立，程某7460账户于2014年11月14日设立。

2014年11月18日，案外人**市亿恒农业科技有限公司通过亿恒农业0802账户向红某公司3989账户汇入790万元，汇款摘要为"往来"，使3989账户内资金额达到790.0992万元。当日红某公司将上述款项中的660万元通过3989账户汇入全某公司4033账户，汇款摘要为"往来款"；当日该笔660万元款项从全某公司4033账户被汇入程某7460账户，汇款摘要为"往来款"，又从程某7460账户通过网银转账汇入红某公司3989账户。上述660万元的款项经过三次转账，形成了一个循环，又回到红某公司账户中。之后，也在当日，红某公司又将3989账户中的780万元按照上述转账方式，汇入全某公司4033账户，又通过程某7460账户再网银转账至红某公司3989账户。经过两次循环后，当日红某公司将3989账户中的790万元汇入亿恒农业0802账户，返还给了**市亿恒农业科技有限公司。

又查，2014年11月21日案外人吕某某通过2583账户向红某公司3989账户汇入790万元，汇款摘要为"往来款"，使3989账户内资金额达到790.0834万元。当日红某公司将上述款项中的780万元通过3989账户汇入全某公司4033账户（汇款摘要为"往来款"）；当日该笔780万元款项从全某公司4033账户汇入程某7460账户（电汇凭证上附加信息及用途项是"借款"，其中有"往来"字样被划掉）；又从程某 7460 账户通过网银转账汇入红某公司 3989 账户。上述 780 万元的款项经过三次转账，形成了一个循环，又回到红某公司账户中。之后，也在当日，红某公司继续通过 3989 账户，按照上述循环转账方式，先后向全某公司 4033 账户汇入 750 万元、790 万元、780 万元、790 万元、750 万元、750 万元、750 万元，均又分别经程某 7460 账户通过网银转账或系统内划款方式汇至红某公司 3989 账户。上述款项经过八次循环后，红某公司累积转款达 6140 万元。当日，红某公司将 3989 账户中的 790 万元汇入吕某某 2583 账户，返还给了吕某某。

其中，2014 年 11 月 21 日由程某 7460 账户汇入红某公司 3989 账户的最后两笔款项不是网银转账，是系统内划款。从程某 7460 账户提款的具体经办人是冉某，冉某又将该款项直接存入红某公司。另，2014 年 11 月 10 日，冉某代表红某公司从全某公司接收了公章、财务专用章、营业执照等文件。冉某也是红某公司的财务负责人及银行账户的管理人（大额汇划联系人）。

2014 年 11 月 19 日，全某公司的原法定代表人洪某与案外人翟某某、高某签订了《债权转让协议书》，约定高某受让翟某某对洪某的债权，高某对洪某享有 1.6 亿元债权，成为洪某的债权人。翟某某将东海域（**市）投资有限公司（以下简称东海域公司）95% 的股权、**市浦项钢板有限公司 100% 股权、普兰店市富泰采石矿的所有权过户给高某或高某指定的第三方作为担保。之后，洪某与高某签订了《股权回购确认书》，约定了洪某可于一定时间内以相应价格回购上述企业股权，以及洪某没有回购股权的法律后果。

另查，全某公司系中外合资企业，2007 年 6 月设立，注册资本 3400 万美元。原系外商独资企业，由韩国 CSM 株式会社全资设立，2012 年 10 月变更为中外合资企业，东海域公司和全进 CSM 株式会社系全某公司的企业法人股东，东海域公司占股 75%，全进 CSM 株式会社占股 25%，东海域公司投资 2550 万美元，实缴出资 850 万美元。

东海域公司系国内有限责任公司，2009 年 12 月设立，法定代表人洪某，注册资本人民币 1000 万元。洪某持股 80%，李某某持股 20%。2012 年 11 月，公司股东发生变更，洪某持股 5%，高某某持股 20%，邰某某持股 75%。洪某变更为非控股股东，但仍系公司法定代表人。2014 年 11 月 24 日，公司股东发生变更，洪某持股5%，高某某持股20%，邰某某持股5%，高某持股70%。高某通过控股东海域公司，成为全某公司的实际控制人。2014年12月10日全某公司的法定代表人由洪某变更为高某。

再查，2015年10月29日全某公司的法定代表人由高某变更为娄某。

另，王某提供两张中国农业银行的个人结算申请书，日期分别是2010年11月19日、11月23日，金额为2000万元、980万元，付款人均系苑某（系王某的会计），收款人为东海域（**市）投资有限公司，用途为往来款。还提供了在2011年6月2日、6月8日向洪某名下在中国农业银行的银行卡汇款1000万元的银行卡存款业务回单、转账汇款回单。用以证明洪某和东海域公司曾借王某巨额款项。以及程某、全某公司、王某在2014年1月18日签订的借款5000万元的协议、划款指令"全某公司（**市）公司指定程某将人民币三千五百万元整（35000000.00）汇入王某（身份证号：2102211966********）指定账户"、全某公司的董事会决议、借款补充协议、补充协议书、5000万元的专用收款收据、转款1500万元的银行回单凭证。用以证明全某公司为了还王某3500万元的借款，向程某借款5000万元，为了还程某的借款，向王某的红某公司借款7580万元。

王某提供的以上证据均系复印件，没有提供原件予以核对。

因王某称与洪某之间借款均通过苑某个人账户转账。检察机关调取了洪某在中国农业银行的个人账户，发现洪某与苑某之间在2010年至2013年有多笔大额款项往来。检察机关还调取了东海域公司的账户，发现上述涉及的农业银行2980万元款项，在转入东海域银行账户后，当天即被全部转走，其中转到**市新华房屋开发公司1300万元，转到洪某某个人账户700万元，转到**市沙河口银丰小额贷款有限公司180万元，转到**市向阳文化集团有限公司800万元。而东海域公司的账簿上没有上述款项的记载。

基于王某的辩解，检察机关要求王某限期提供书面证据，以证明确实与洪某之间存在的3500万元的债权债务关系，以及上述涉及5000万借款已经全部履行的证据。但是王某无正当理由至今没有提供。

本院认为，**市中级人民法院（2015）*民三终字第*号民事判决认为红某公司与全某公司之间的借款协议真实有效，属于认定的基本事实缺乏证据证明，理由如下：

一、红某公司与全某公司之间的借款关系明显不合乎企业间借贷的正常情况。

市检察机关从中国光大银行市**支行调取的红某公司、全某公司及程某的银行对账单、贷记通知、电汇凭证、个人取款凭证、进账单等证据，证明了红某公司、全某公司和程某之间账户资金的真实流转情况，本案780万元借款的形成过程及资金流向明显不合常理。

经查，2014年11月21日，案外人吕某某向红某公司汇入790万元，红某公司于当日先将上述款项中的780万元汇入全某公司账户，该笔780万元款项当日又从全某公司账户汇入程某账户，后返回红某公司账户。此后，红某公司采取上述循环转账方式，于当日又先后向全某公司账户汇入750万元、790万元、780万元、790万元、750万元、750万元、750万元，均分别经程某账户返回红某公司账户。上述款项经过8次循环后，红某公司累计向全某公司转款达6140万元。最后，红某公司于当日将790万元汇入吕某某账户，把所借款项返还给了吕某某。从以上款项来源及流转过程看，红某公司先从第三方拆借资金790万元进入红某公司3989账户后，将该790万元款项以红某公司—全某公司—程某—红某公司的顺序，通过资金过桥的方式，分别以不同的金额在三方账户中循环转账8次，之后，红某公司又将借入的790万元返还给第三方，整个资金流转过程均于当日完成，形成了红某公司和全某公司之间包括本案780万元在内共计6140万元的转账金额。上述转账行为极其不符合常理，红某公司在没有付出任何对价的情况下，仅是利用程某的账户，将从第三方拆借的款项循环转账。虽然红某公司在诉讼过程中提供了借款合同及转款凭证等作为证据，以证明全某公司收到了借款，但其并未实际支付780万元，其汇入全某公司账户的780万元于当天返回并还给出借方，故红某公司主张的借款关系明显不合乎企业间借款的正常情况。

二、对于上述明显异常的情形，红某公司不能举证对其行为的合理性予以说明。

对于上述借款，王某主张全某公司为了还王某的3500万元借款，向程某借5000万元；而全某公司为了还程某的这些借款，才又向王某的红某公司借款。但关于全某公司向王某借款一事，经**市检察机关调查，虽然洪某与苑某（王某的会计）的银行账户之间在 2010、2011 年前后存在多笔大额资金往来，但无法确定洪某与王某之间的债权债务关系以及具体的数额。此外，王某向检察机关提供个人结算申请书和存款业务回单、转账业务回单等用以证明其向洪某、东海域公司汇款，但以上款项发生时，全某公司是外商独资企业，洪某、东海域公司均不是全某公司的股东，故不能认定全某公司与王某及红某公司存在借款关系。关于全某公司向程某借款一事，王某提供了 5000 万元的借款合同、补充协议、董事会决议等，借款合同约定：程某借给全某公司 5000 万元，期限为 2014 年 1 月 18 日至 2014 年 6 月 18 日。王某主张其中有 3500 万元款项由程某直接付给王某抵偿洪某的债务，但是，王某没有提供相关款项的支付证明。而董事会决议和补充协议的内容是：全某公司因流动资金不足借款 5000 万元，其并未体现是对洪某有关债务的结算确认并予以承担，也没有 5000 万元到账证据。全某公司是独立企业法人，在没有证据证明洪某及东海域公司所借款项用于全某公司生产经营，或经董事会决议予以承担的情况下，洪某有关债务不能由全某公司偿还。因此，王某关于全某公司为了偿还其 3500 万元借款而向程某借款 5000 万元，后其又借给全某公司 7580 万元用于偿还程某债权及利息的意见，没有提供充分证据加以证明。

更为重要的是，对于借款资金在当日又从程某的账户转回红某公司账户，即红某公司在没有支付任何对价的情况下，仅是利用程某的账户，将从第三方拆借的款项循环转账等情形，红某公司尚无足够证据对这一明显异常的资金流转行为的合理性予以说明。

三、参与案涉借款资金流转的红某公司、洪某、程某之间存在特殊的关联关系，红某公司可以操控案涉资金账户。

经查，案涉的红某公司、全某公司、程某三方账户都是同期设立，账户内基本仅有上述所谓借款的款项流转，以上三个账户就是为方便红某公司快速转账而设立。2014 年 11 月 11 日，洪某将全某公司的企业公章、财务专用章及营业执照等文件交给了红某公司，为红某公司控制、利用全某公司的 4033 账户频繁过桥转账提供便利。2014 年 11 月 21 日，在最后两笔款项的循环转账过程中，红某公司财务负责人冉某直接以程某代理人身份，从程某的 7460 账户提款并存入红某公司的账户,证明红某公司也可以实际控制、使用程某的账户。由此可见,红某公司与全某公司、程某之间必然存在某种关联关系,红某公司正是基于该特定的关联关系,为实现循环转账目的而直接控制案涉的三个账户。

四、结合"借款"期间全某公司股东的变更情况、红某公司起诉情况以及上述操控账户、循环转账等事实,可以认定本案涉嫌构成虚假诉讼。

经查:2014年11月,洪某与案外人翟某某、高某三方协商并签订了《债权转让协议书》和《股权回购确认书》,根据该协议,高某对洪某享有1.6亿元债权,高某将成为全某公司的实际控制人。而正是在此期间,发生了案涉账户设立、借款发生及操控账户、循环转账等事实,且在案涉借款到账后又通过与洪某有关联关系的红某公司操控账户立即将资金转回给出借方红某公司,而没有实际用于全某公司的生产经营。且在高某替代洪某成为全某公司实际控制人之后,参与循环转账的出借方红某公司立即向法院就案涉借款申请诉前保全并起诉全某公司。综合以上案情可以得出:洪某的目的显然是掏空全某公司的企业财产,使案外人高某用巨额债权作为对价却仅换得了担负大量债务的不良资产。洪某与红某公司是以借款合同的"合法形式"虚构债务并利用民事诉讼的方式,达到非法占有全某公司财产、侵害高某利益的目的。因此原审判决认定借款协议真实有效缺乏事实依据,红某公司起诉全某公司一案存在虚假诉讼的嫌疑。

综上所述,**市中级人民法院(2015)*民三终字第*号民事判决认定的基本事实缺乏证据证明,根据《中华人民共和国民事诉讼法》第二百条第(二)项、第二百零八条第一款的规定特提出抗诉,请依法再审。

此致
**省高级人民法院

2017年3月20日
(院印)

附:检察卷宗一册

** 省人民检察院
民事（行政）抗诉书

*检民（行）监〔2017〕*号

全某（**市）有限公司（以下简称全某公司）因与**市红某投资有限公司（以下简称红某公司）、程某借款合同纠纷一案，不服**市中级人民法院（2015）*民三终字第*号民事判决，向**市人民检察院申请监督，该院提请本院抗诉，本案现已审查终结。

2014年12月31日，**市红某投资有限公司起诉至**市**区人民法院，请求判令全某公司立即偿还借款750万元并给付利息（自2014年11月21日起至本息还清之日止，按同期银行贷款利率四倍计算）。

市区人民法院于2015年4月2日作出（2015）*民初字第*号民事判决。该院一审查明：2014年11月13日，红某公司与全某公司签订《借款合同》，红某公司作为贷款人，全某公司作为借款人，全某公司当时的法定代表人洪某作为保证人。合同基本内容为："全某公司向红某公司借款人民币750万元，借款用途为流动资金。就借款用途及使用情况随时接受甲方（红某公司）的监督。借款期限为10天，从2014年11月13日起至2014年11月22日。以实际放款日为准，乙方（全某公司）应向甲方支付借款总额的2%作为借款利息。支付方式为上达（打）息，乙方应于本合同签订当日一次性付清借款利息。违约事项约定，任何一方未履行本合同项下的任何义务均构成违约，应向守约方支付实际借款金额20%作为违约金。洪某自愿对以上债务承担保证责任。"合同签订后，红某公司于2014年11月21日向全某公司账户内打款750万元。款项于当天由全某公司账户又打入第三人程某账户内，用于全某公司偿还欠第三人程某的债务。全某公司并未按照合同约定先行给付红某公司利息。另查，红某公司给全某公司账户打款期间内，全某公司的公章、财务章、营业执照等文件在红某公司处。全某公司分别于2015年1月29日、2月2日在**市日报公告声明公司印章、财务印章作废，重新刻制企业印章，并于 2015 年 1 月 16 日企业法定代表人洪某变更为高某。

2014 年 12 月 15 日，红某公司申请诉前财产保全，法院查封全某公司名下的位于**市海湾工业区土地使用权证号为普国用（2008）第*号、使用面积为 491211.80 平方米的国有土地。诉前保全费为 5000 元。

该院一审认为：红某公司与全某公司之间签订的借款合同是当事人双方真实意思表示，从红某公司营业执照看，该公司虽然不具备金融从业资质，但通过本案其借款给全某公司并没有实际获益的行为，看不出红某公司是以放贷为主要利润收益来源，因此应该认定借款合同有效。有效合同对当事人各方均具有约束力。红某公司以银行转账的形式将款出借给全某公司，不管全某公司对该笔款项如何使用，红某公司已经履行了合同约定的义务，全某公司即应按合同约定偿还借款。借款到期后全某公司未按合同约定偿还借款的行为已构成违约，应承担违约责任。鉴于双方在合同中约定借款利息为借款额 2% 已经部分超过中国人民银行同期同类贷款利率四倍，对超出部分不予支持。红某公司要求全某公司按中国人民银行同期同类贷款利率四倍承担利息具有事实及法律依据，予以支持。全某公司应该从借款之日始按中国人民银行同期同类贷款利率的四倍给付红某公司借款期内及逾期还款利息。关于全某公司辩称其实际上并没有占用此笔款项，红某公司没有实际履行借款的义务，因此全某公司也就不存在向红某公司返还借款、违约金、利息等一系列责任的辩解意见，因红某公司提供光大银行电汇凭证，该证据足以证明给全某公司账户打款的事实，因此对全某公司的辩解意见，不予支持。关于全某公司辩称假设案涉借款合同有效，红某公司也无权主张四倍利息的辩解意见，因借款合同第三条约定全某公司应该向红某公司支付借款总额 2% 作为借款利息，支付方式为上达（打）息，全某公司应于本合同签订当日一次性付清借款利息，此条款并非属于预扣利息的约定，全某公司亦未按照约定履行给付利息，因此，对全某公司的这一辩解意见，亦不予采信。一审法院依照《中华人民共和国合同法》第六条、第八条、第四十四条、第六十条、第一百零七条、第一百九十六条，《最高人民法院关于人民法院审理借贷案件的若干意见》第六条之规定，作出如下判决：全某公司（**市）有限公司于本判决生效后十日内偿还**市红某投资有限公司借款本金 750 万元及利息（利息计算方法：按中国人民银行同期同类贷款利率的四倍计算，于 2014 年 11 月 21 日始至该款付清之日止）。如果未按本判决指定的期间履行给付金钱义务，应当依照《中华人民共和国民事诉讼法》第二百五十三条之规定，加倍支付迟延履行期间的债务利息。诉讼费 32150 元由全某公司（**市）有限公司负担。

全某公司不服一审判决，向**市中级人民法院提起上诉，请求撤销原判，驳回红某公司的全部诉讼请求。

**市中级人民法院于 2015 年 8 月 12 日作出（2015）*民三终字第*号民事判决。该院二审查明的基本事实与一审一致。

并经审理补充查明：全某公司于 2014 年 11 月 11 日向中国光大银行**市**支行递交了"开立单位人民币银行结算账户申请书"，其上"法定代表人或单位负责人"，处填写为洪某，"财务负责人"处填写为苏某某，证件均为身份证，并留存二人的固定电话和手机号码，且开通短信通知，留存了支付密码器编号，并签约电话查询系统，"电话核实记录"单位核实人填写为洪某，银行电话核实经办人处签字人为苏某某。红某公司称该申请书即为全某公司案涉 4033 账户的开立申请书，全某公司认为该申请书上未体现出账号，但未能举证证明该公司在中国光大银行**市**支行另行开立了其他账户。

案涉 750 万元款项由红某公司账户汇入全某公司上述账户后，同日，中国光大银行**市**支行按照全某公司提交的电汇凭证，经与该公司相关人员核实并经同意后将款项转入程某账户。

红某公司成立于 2014 年 10 月 20 日，其自称因其他项目而成立公司（后来项目没有拿到），自公司成立后，除了于 2014 年 11 月 18 日、11 月 21 日向全某公司发放包括本案在内的共计 7580 万元借款外，至今没有进行其他经营，也没有财务账簿。红某公司在一审提起诉讼时，曾将洪某一并列为本案被告，要求洪某对案涉借款本息承担连带保证责任。后在一审法院开庭之前，撤回了对洪某的诉讼请求。在开庭审理时，红某公司明确表示撤回诉讼请求即撤回对洪某的起诉。

该院二审认为：红某公司与全某公司、洪某签订的《借款合同》，系各方当事人的真实意思表示，合同内容不违反法律、行政法规的效力性强制性规定，除合同第三条约定的借款利息（借款总额的 2%）超出法律规定部分不予保护外，其他内容均合法有效，对当事人具有法律约束力，各方当事人应严格履行。红某公司虽不具备从事金融业务资质，但其除于 2014 年 11 月 18 日、11 月 21 日从事包括案涉款项在内的合计 7580 万元对全某公司的放贷行为之外，至今未有其他实际经营，没有财务账簿，也无证据证明其自案涉的临时性资金拆借行为之外尚有其他放贷行为、以资金融通为常业、违反国家金融管制的强制性规定，故全某公司关于借款合同无效的上诉理由，不予采纳。

借款合同签订后，红某公司依约履行了放款义务，全某公司在借款到期后，没有按约定偿还借款本息，系违约行为，依法应承担违约责任。全某公司上诉称红某公司利用其占有、控制全某公司印鉴之机，私自将款项存入全某公司的账户后立即转入程某账户，红某公司实际没有向全某公司出借款项。但从本案现有证据看，红某公司将合同约定出借的 750 万元打入全某公司开立的 4033 账户的同日，银行便根据全某公司提交的电汇凭证，经与该公司相关人员核实并经同意后才将款项转入程某账户。由此可见，红某公司的放款义务已履行完毕，款项进入全某公司账户后，款项的流向不能否定红某公司已履行放款义务的事实。而且，全某公司将其公章、财务专用章、营业执照等证照交与红某公司控制，在无明确的使用授权限制的情况下，便是对使用其相关证照法律后果的认可。故全某公司关于红某公司未向其出借款项的上诉理由，亦无法采纳。另，程某在本案中已提交证据证明其与金进重工之间存在债权债务关系，如全某公司认为其对程某没有还款义务，不应将款项转入程某账户，可另行向程某主张返还，但不能以此作为对红某公司的抗辩理由。

综上，红某公司要求全某公司偿还借款本息的诉讼请求，依法应予支持。根据合同约定，全某公司应于借款期限届满当日还清借款本金。合同约定的借款期限为 10 天（以实际放款日为准），实际放款日为 2014 年 11 月 21 日，故借款到期日应为 2014 年 11 月 30 日，逾期不还即构成违约。合同还约定，全某公司应向红某公司支付借款总额的 2% 作为借款利息，且应于合同签订当日一次性付清借款利息，但在实际履行中，全某公司并未于合同签订当日一次性付清借款利息，红某公司对此并无异议且仍依约放款，应视为双方以实际行为对利息的支付时间进行了变更，但变更之后并未重新明确利息的支付时间，按照《中华人民共和国合同法》第二百零五条之规定，全某公司应在返还借款时一并支付利息。但前述约定中关于以借款总额的2%作为借款利息的约定，超过了中国人民银行公布的同期同类贷款基准利率的四倍，故对超出部分不应予以支持。因此，红某公司请求全某公司自2014年11月21日起按银行同期同类贷款利率四倍给付利息的诉讼请求，一审法院予以支持并无不妥，全某公司关于此节的上诉理由无法律依据，不予采纳。

红某公司在一审期间撤回了对借款合同连带责任保证人洪某的起诉，属于对其民事权利的处分，并不违背法律规定，全某公司亦未提出异议，不予干涉。

综上所述，原判决认定事实基本清楚，适用法律正确，依照《中华人民共和国民事诉讼法》第一百七十条第一款第（一）项之规定，判决如下：驳回上诉，维持原判。

全某公司不服二审判决，向某省高级人民法院申请再审，称红某公司转款的全某公司账户系红某公司实际控制，所签订的借款协议是虚假的，存在恶意串通及虚假诉讼。

某省高级人民法院于2016年4月25日作出（2016）*民申*号民事裁定书，裁定驳回全某公司（**市）有限公司的再审申请。

全某公司向检察机关申请监督。

本院认定的事实与法院认定的事实部分一致。经**市检察机关查明以下事实：

为了进一步查明案中涉及资金的流向，**市检察机关分别调取了红某公司、全某公司、程某等的相关账户资料及部分凭证。分别是：1. 红某公司在中国光大银行**市**银行账户（红某公司3989账户）；2. 全某公司在上述银行的账户（全某公司4033账户）；3. 第三人程某在上述银行的账户（程某7460账户）；4. 案外人**市亿恒农业科技有限公司在招商银行**市开发区支行的账户（亿恒农业0802账户）；5. 案外人吕某某在中国光大银行**市分行的账户（吕某某2583账户）。经查，红某公司3989账户于2014年11月11日设立，全某公司4033账户于2014年11月11日设立，程某7460账户于2014年11月14日设立。

2014年11月18日，案外人**市亿恒农业科技有限公司通过亿恒农业

0802 账户向红某公司 3989 账户汇入 790 万元，汇款摘要为"往来"，使 3989 账户内资金额达到 790.0992 万元。当日红某公司将上述款项中的 660 万元通过 3989 账户汇入全某公司 4033 账户，汇款摘要为"往来款"；当日该笔 660 万元款项从全某公司 4033 账户被汇入程某 7460 账户，汇款摘要为"往来款"，又从程某 7460 账户通过网银转账汇入红某公司 3989 账户。上述 660 万元的款项经过三次转账，形成了一个循环，又回到红某公司账户中。之后，也在当日，红某公司又将 3989 账户中的 780 万元按照上述转账方式，汇入全某公司 4033 账户，又通过程某 7460 账户再网银转账至红某公司 3989 账户。经过两次循环后，当日红某公司将 3989 账户中的 790 万元汇入亿恒农业 0802 账户，返还给了 ** 市亿恒农业科技有限公司。

又查，2014 年 11 月 21 日案外人吕某某通过 2583 账户向红某公司 3989 账户汇入 790 万元，汇款摘要为"往来款"，使 3989 账户内资金额达到 790.0834 万元。当日红某公司将上述款项中的 780 万元通过 3989 账户汇入全某公司 4033 账户（汇款摘要为"往来款"）；当日该笔 780 万元款项从全某公司 4033 账户汇入程某 7460 账户（电汇凭证上附加信息及用途项是"借款"，其中有"往来"字样被划掉）；又从程某 7460 账户通过网银转账汇入红某公司 3989 账户。上述 780 万元的款项经过三次转账，形成了一个循环，又回到红某公司账户中。之后，也在当日，红某公司继续通过 3989 账户，按照上述循环转账方式，先后向全某公司 4033 账户汇入 750 万元、790 万元、780 万元、790 万元、750 万元、750 万元、750 万元，均又分别经程某 7460 账户通过网银转账或系统内划款方式汇至红某公司 3989 账户。上述款项经过八次循环后，红某公司累积转款达 6140 万元。当日，红某公司将 3989 账户中的 790 万元汇入吕某某 2583 账户，返还给了吕某某。

其中，2014 年 11 月 21 日由程某 7460 账户汇入红某公司 3989 账户的最后两笔款项不是网银转账，是系统内划款。从程某 7460 账户提款的具体经办人是冉某，冉某又将该款项直接存入红某公司。另，2014 年 11 月 10 日，冉某代表红某公司从全某公司接收了公章、财务专用章、营业执照等文件。冉某也是红某公司的财务负责人及银行账户的管理人（大额汇划联系人）。

2014 年 11 月 19 日，全某公司的原法定代表人洪某与案外人翟某某、高某签订了《债权转让协议书》，约定高某受让翟某某对洪某的债权，高某对洪某享有1.6亿元债权，成为洪某的债权人。翟某某将东海域（**市）投资有限公司（以下简称东海域公司）95%的股权、**市浦项钢板有限公司100%股权、普兰店市富泰采石矿的所有权过户给高某或高某指定的第三方作为担保。之后，洪某与高某签订了《股权回购确认书》，约定了洪某可于一定时间内以相应价格回购上述企业股权，以及洪某没有回购股权的法律后果。

另查，全某公司系中外合资企业，2007年6月设立，注册资本3400万美元。原系外商独资企业，由韩国CSM株式会社全资设立，2012年10月变更为中外合资企业，东海域公司和全进CSM株式会社系全某公司的企业法人股东，东海域公司占股75%，全进CSM株式会社占股25%，东海域公司投资2550万美元，实缴出资850万美元。

东海域公司系国内有限责任公司，2009年12月设立，法定代表人洪某，注册资本人民币1000万元。洪某持股80%，李某某持股20%。2012年11月，公司股东发生变更，洪某持股5%，高某某持股20%，邰某某持股75%。洪某变更为非控股股东，但仍系公司法定代表人。2014年11月24日，公司股东发生变更，洪某持股5%，高某某持股20%，邰某某持股5%，高某持股70%。高某通过控股东海域公司，成为全某公司的实际控制人。2014年12月10日全某公司的法定代表人由洪某变更为高某。

再查，2015年10月29日全某公司的法定代表人由高某变更为娄某。

另，王某提供两张中国农业银行的个人结算申请书，日期分别是2010年11月19日、11月23日，金额为2000万元、980万元，付款人均系苑某（系王某的会计），收款人为东海域（**市）投资有限公司，用途为往来款。还提供了在2011年6月2日、6月8日向洪某名下在中国农业银行的银行卡汇款1000万元的银行卡存款业务回单、转账汇款回单。用以证明洪某和东海域公司曾借王某巨额款项。以及程某、全某公司、王某在2014年1月18日签订的借款5000万元的协议、划款指令"全某公司（**市）公司指定程某将人民币三千五百万元整（35000000.00）汇入王某（身份证号：2102211966********）指定账户"、全某公司的董事会决议、借款补充协议、补充协议书、5000万元的专用收款收据、转款1500万元的银行回单凭证。用以证明全某公司为了还王某

3500万元的借款，向程某借款5000万元，为了还程某的借款，向王某的红某公司借款7580万元。

王某提供的以上证据均系复印件，没有提供原件予以核对。

因王某称与洪某之间借款均通过苑某个人账户转账。检察机关调取了洪某在中国农业银行的个人账户，发现洪某与苑某之间在2010年至2013年有多笔大额款项往来。检察机关还调取了东海域公司的账户，发现上述涉及的农业银行2980万元款项，在转入东海域银行账户后，当天即被全部转走，其中转到**市新华房屋开发公司1300万元，转到洪某某个人账户700万元，转到**市沙河口银丰小额贷款有限公司180万元，转到**市向阳文化集团有限公司800万元。而东海域公司的账簿上没有上述款项的记载。

基于王某的辩解，检察机关要求王某限期提供书面证据，以证明确实与洪某之间存在的3500万元的债权债务关系，以及上述涉及5000万借款已经全部履行的证据。但是王某无正当理由至今没有提供。

本院认为，**市中级人民法院（2015）*民三终字第*号民事判决认为红某公司与全某公司之间的借款协议真实有效，属于认定的基本事实缺乏证据证明，理由如下：

一、红某公司与全某公司之间的借款关系明显不合乎企业间借贷的正常情况。

市检察机关从中国光大银行市**支行调取的红某公司、全某公司及程某的银行对账单、贷记通知、电汇凭证、个人取款凭证、进账单等证据，证明了红某公司、全某公司和程某之间账户资金的真实流转情况，本案750万元借款的形成过程及资金流向明显不合常理。

经查，2014年11月21日，案外人吕某某向红某公司汇入790万元，红某公司于当日将上述款项中的780万元汇入全某公司账户，该笔780万元款项当日又从全某公司账户汇入程某账户，后返回红某公司账户。红某公司采取上述循环转账方式，于当日又先后向全某公司账户汇入750万元、790万元、780万元、790万元、750万元、750万元、750万元，均分别经程某账户返回红某公司账户。上述款项经过8次循环后，红某公司累计向全某公司转款达6140万元。最后，红某公司于当日将790万元汇入吕某某账户，把所借款项返还给了吕某某。从以上款项来源及流转过程看，红某公司先从第三方拆借资金790万元进入红某公司3989账户后，将该790万元款项以红某公司—全某公司—程某—红某公司的顺序，通过资金过桥的方式，分别以不同的金额在三方账户中循环转账8次，之后，红某公司又将借入的790万元返还给第三方，整个资金流转过程均于当日完成，形成了红某公司和全某公司之间包括本案750万元在内共计6140万元的转账金额。上述转账行为极其不符合常理，红某公司在没有付出任何对价的情况下，仅是利用程某的账户，将从第三方拆借的款项循环转账。虽然红某公司在诉讼过程中提供了借款合同及转款凭证等作为证据，以证明全某公司收到了借款，但其并未实际支付750万元，其汇入全某公司账户的750万元于当天返回并还给出借方，故红某公司主张的借款关系明显不合乎企业间借款的正常情况。

二、对于上述明显异常的情形，红某公司不能举证对其行为的合理性予以说明。

对于上述借款，王某主张全某公司为了还王某的3500万元借款，向程某借5000万元；而全某公司为了还程某的这些借款，才又向王某的红某公司借款。但关于全某公司向王某借款一事，经**市检察机关调查，虽然洪某与苑某（王某的会计）的银行账户之间在2010、2011年前后存在多笔大额资金往来，但无法确定洪某与王某之间的债权债务关系以及具体的数额。此外，王某向检察机关提供个人结算申请书和存款业务回单、转账业务回单等用以证明其向洪某、东海域公司汇款，但以上款项发生时，全某公司是外商独资企业，洪某、东海域公司均不是全某公司的股东，故不能认定全某公司与王某及红某公司存在借款关系。关于全某公司向程某借款一事，王某提供了5000万元的借款合同、补充协议、董事会决议等，借款合同约定：程某借给全某公司5000万元，期限为2014年1月18日至2014年6月18日。王某主张其中有3500万元款项由程某直接付给王某抵偿洪某的债务，但是，王某没有提供相关款项的支付证明。而董事会决议和补充协议的内容是：全某公司因流动资金不足借款5000万元，其并未体现是对洪某有关债务的结算确认并予以承担，也没有5000万元到账证据。全某公司是独立企业法人，在没有证据证明洪某及东海域公司所借款项用于全某公司生产经营，或经董事会决议予以承担的情况下，洪某有关债务不能由全某公司偿还。因此，王某关于全某公司为了偿还其3500万元借款而向程某借款5000万元，后其又借给全某公司7580万元用于偿还程某债权及利息的意见，没有提供充分证据加以证明。

更为重要的是，对于借款资金在当日又从程某的账户转回红某公司账户，即红某公司在没有支付任何对价的情况下，仅是利用程某的账户，将从第三方拆借的款项循环转账等情形，红某公司尚无足够证据对这一明显异常的资金流转行为的合理性予以说明。

三、参与案涉借款资金流转的红某公司、洪某、程某之间存在特殊的关联关系，红某公司可以操控案涉资金账户。

经查，案涉的红某公司、全某公司、程某三方账户都是同期设立，账户内基本仅有上述所谓借款的款项流转，以上三个账户就是为方便红某公司快速转账而设立。2014年11月11日，洪某将全某公司的企业公章、财务专用章及营业执照等文件交给了红某公司，为红某公司控制、利用全某公司的4033账户频繁过桥转账提供便利。2014年11月21日，在最后两笔款项的循环转账过程中，红某公司财务负责人冉某直接以程某代理人身份，从程某的7460账户提款并存入红某公司的账户，证明红某公司也可以实际控制、使用程某的账户。由此可见，红某公司与全某公司、程某之间必然存在某种关联关系，红某公司正是基于该特定的关联关系，为实现循环转账目的而直接控制案涉的三个账户。

四、结合"借款"期间全某公司股东的变更情况、红某公司起诉情况以及上述操控账户、循环转账等事实，可以认定本案涉嫌构成虚假诉讼。

经查：2014年11月，洪某与案外人翟某某、高某三方协商并签订了《债权转让协议书》和《股权回购确认书》，根据该协议，高某对洪某享有1.6亿元债权，高某将成为全某公司的实际控制人。而正是在此期间，发生了案涉账户设立、借款发生及操控账户、循环转账等事实，且在案涉借款到账后又通过与洪某有关联关系的红某公司操控账户立即将资金转回给出借方红某公司，而没有实际用于全某公司的生产经营。且在高某替代洪某成为全某公司实际控制人之后，参与循环转账的出借方红某公司立即向法院就案涉借款申请诉前保全并起诉全某公司。综合以上案情可以得出：洪某的目的显然是掏空全某公司的企业财产，使案外人高某用巨额债权作为对价却仅换得了担负大量债务的不良资产。

洪某与红某公司是以借款合同的"合法形式"虚构债务并利用民事诉讼的方式，达到非法占有全某公司财产、侵害高某利益的目的。因此原审认定借款协议真实有效缺乏事实依据，红某公司起诉全某公司一案存在虚假诉讼的嫌疑。

综上所述，**市中级人民法院（2015）*民三终字第*号民事判决认定的基本事实缺乏证据证明，根据《中华人民共和国民事诉讼法》第二百条第（二）项，第二百零八条第一款的规定特提出抗诉，请依法再审。

此致
**省高级人民法院

2017年3月20日
（院印）

附：检察卷宗一册

📝 评委点评

如何认定民间借贷的虚假性，是检法办理该类虚假诉讼监督案件共同面临的难题。省、市两级检察机关通力协作，积极开展调查、认真研判案情，首先按照民事证据的高度盖然性标准，在本案的调查取证过程中，检察机关对证据"有序化"收集，实行递进式的证据收集模式。通过调查发现，本案存在短时间内大额循环转账的异常情况，这与民间借贷法律关系的一般经验法则明显相悖，符合了高度盖然性的证明要求，之后，进一步排除案件的重要疑点，部分适用排除合理怀疑标准，对原审当事人的抗辩的合理性进行审查，排除了合法借贷的可能性。对检察机关调查的事实及对案情的分析，法院高度认可，并最终促成了该十件案件的全案改判，也达成了对民间借贷虚假诉讼相关问题的比较一致的看法，同时促进了检法关系，达到了通过个案纠正类案的审判监督效果，在本省检法系统内起到了良好的示范作用。

六份民事抗诉书开展了层次化的说理，构建的证据链条完整，适用法律准确，兼顾高度盖然性和重大合理怀疑排除的层次化证明。本案彰显了检察机关的诉讼监督职能，体现了检察机关在个案办理中的司法引领作用。

丁某等人与某宾馆有限责任公司劳务合同纠纷虚假诉讼案再审检察建议书*

——依法适用再审检察建议，严厉打击虚假诉讼

基本案情

2011年，某宾馆有限责任公司（以下简称某宾馆）将水源热泵打井工程发包给刘某，刘某又将部分打井工程分包给姜某华的女婿王某，后王某雇佣农民工（没有丁某）进行施工。工程完毕后，某宾馆支付全部工程款。2015年王某因工程款数额与刘某发生争议，王某为向刘某索要工程费，找到律师孙某，并在其指使下利用姜某华的身份信息作为被告，利用丁某的身份信息作为原告，伪造欠条，虚构及虚增农民工欠款，提起虚假诉讼，企图通过连带责任向某宾馆索要工程款。但经检察机关查明，涉案9名农民工共计19.8万元人工费均为虚构或虚增，起诉状及授权委托书中丁某等人的签名和手印都是律师孙某代为操作，涉案欠条系孙某为诉讼而伪造。

诉讼过程

2015年6月4日，丁某等人分别起诉至**市人民法院，请求姜某华给付人工费22050元，刘某、某宾馆承担连带责任。**市人民法院经审理后，认为欠条及双方当事人陈述足以证明丁某等9人的诉讼请求，故判决姜某华给付

---

* 本文书荣获辽宁省检察机关优秀法律文书评选活动一等奖。

丁某劳动报酬，并由刘某、某宾馆承担连带责任。某宾馆不服一审判决，向＊＊市中级人民法院提起上诉，认为涉案欠条真实性存疑且适用法律错误。＊＊市中级人民法院经审理后认为某宾馆的上诉主张无证据证明，故判决驳回上诉，维持原判。某宾馆针对丁某等四个案件向＊＊省高级人民法院申请再审，该院驳回某宾馆再审申请。某宾馆不服法院判决，向＊＊市人民检察院申请监督。

检察机关在审查过程中认为丁某等4人的判决属于虚假诉讼案件，符合监督条件，并经调查核实后发现王某等5人的判决也属于虚假诉讼案件，符合依职权监督条件，故向＊＊市中级人民法院发出再审检察建议，并将涉案犯罪线索移送公安机关。＊＊市中级人民法院采纳检察机关的监督意见，认定该系列案均为虚假诉讼案件并判决撤销原判决，驳回9名农民工的诉讼请求。律师孙某因虚假诉讼罪被判处有期徒刑一年并处罚金人民币一万元。王某因虚假诉讼罪被判处有期徒刑一年二个月，缓刑二年，并处罚金人民币一万元。

典型意义

（一）细致筛查发现疑点，突破"发现难"瓶颈

分析研究虚假诉讼的典型特征及特点，根据不合常理之处反查虚假诉讼。通过仔细研判卷宗材料发现本案疑点重重。9名农民工大部分居住在县城，不就近找当地律师反而到60多公里外的市内聘请律师。欠条落款日期相差几个月甚至半年，并且由两个人分别书写，但格式、书写习惯却几乎一样，连打条用的纸都一模一样，明显不符合常理。原告之一曾某在法院二审过程中做过两次询问笔录但前后陈述不一致，原告之一王某在法院执行过程中，对判决情况、欠款情况等不是很清楚。承办人通过梳理疑点，认为该案涉嫌虚假诉讼。

（二）积极运用调查核实权夯实监督基础

民事检察部门充分运用民事检察监督的调查核实权，调取法院审判、执行卷宗，公安机关调查笔录，向审判法官、执行法官、办案民警了解案件情况，询问相关涉案双方当事人、律师制作询问笔录。通过相关证据基本确定本案存在虚假诉讼的事实，为后续的刑事犯罪线索移送、刑检部门立案监督和民事虚假诉讼监督均奠定了坚实的基础。

（三）"刑民共进"机制从刑事、民事两方面打击虚假诉讼

民事检察部门根据"刑民并进"办案机制，对构成犯罪的及时移送，并利用对民事诉讼程序的谙熟，分析虚假诉讼的可能性及调查方向，积极协助公安机关调查取证，优势互补，形成合力，最终从刑事、民事两方面合力打击虚假诉讼。本案中对涉案律师孙某指导案件当事人进行虚假诉讼、逃避法律责任的行为予以刑事处罚，系省内首个因虚假诉讼罪被定罪处罚的执业律师。

（四）多元化监督、多手段宣传彰显检察机关职能

就本案反映出来的问题，积极与司法局、律师协会沟通，通过自查自纠、检察机关授课等方式开展规范律师行为系列活动，从源头预防专业人员参与虚假诉讼的行为。通过以案释法宣传检察机关虚假诉讼监督职能，讲述办案过程的信息被《检察日报》《辽宁法制报》《方圆杂志》等刊载。以此案为契机，主动联合市中级人民法院，市公安局、市司法局会签《关于防范和查办虚假诉讼的若干意见（试行）》，形成联合打击虚假诉讼行为的合力。

法律文书

＊＊市人民检察院
再审检察建议书

＊检民（行）监〔2018〕＊号

某宾馆有限责任公司因与丁某、姜某华、刘某劳务合同纠纷一案，不服＊＊市中级人民法院（2016）辽＊民终＊号民事判决，向本院申请监督。本案现已审查终结。

2015年6月4日，丁某起诉至＊＊市人民法院，请求：姜某华给付人工费22050元，刘某、某宾馆有限责任公司（以下简称某宾馆）承担连带责任。

＊＊市人民法院于2015年10月30日作出（2015）＊民初字第＊号民事判决。该院一审查明，2011年，某宾馆将水源热泵打井工程承包给刘某，双方

签订打井施工合同，约定按每延长米 350 元计算工程款。刘某又将部分打井工程分包给姜某华，姜某华雇佣丁某等人施工。刘某与姜某华对每延长米工程款如何计算仅有口头约定。姜某华在庭审时称约定每延长米工程款为 400 元，刘某称每延长米工程款为 200 元，已向姜某华付清全部工程款。工程完工后，经某宾馆核定工程量为井深 1019.1 延长米，工程款为 356685 元。某宾馆自 2011 年 5 月 29 日至 2012 年 4 月 16 日间分六次共给付刘某工程款 365000 元。丁某与姜某华经结算，姜某华欠丁某打井人工费 22050 元，姜某华于 2012 年 12 月 21 日为丁某出具欠条一张。丁某为索要拖欠的人工费向 ** 市劳动人事争议仲裁委员会申请仲裁。2015 年 5 月 26 日，** 市劳动人事争议仲裁委员会作出 * 劳人仲字（2015）* 号仲裁决定书，裁决决定对丁某的仲裁请求不予受理。丁某不服诉至该院。该院一审认为，本案所涉及的水源热泵打井工程施工合同均属违法发包和转包。某宾馆将打井工程发包给不具有相应资质条件的刘某，刘某又将工程转包给不具有相应资质条件的姜某华，姜某华雇佣丁某进行施工，欠付丁某人工费并出具欠条，姜某华与丁某之间形成劳务关系，姜某华对所欠劳动报酬理应承担给付责任。但某宾馆、刘某之间在发包、转包过程中，将施工工程发包和转包给不具备用工主体资格和施工资质的自然人，且疏于管理，故该发包和转包行为均属无效，各方均有过错，即企业应将工资直接发放给劳动者本人，而不应发放给"包工头"或其他不具备用工主体资格的组织和个人。故对姜某华所欠付丁某劳动报酬 22050 元，某宾馆、刘某应当承担连带给付责任。某宾馆在承担连带责任后有权向姜某华追偿。综上，根据《中华人民共和国合同法》第六十条、《中华人民共和国建筑法》第二十六条、《最高人民法院关于审理建设工程施工合同纠纷案件适用法律问题的解释》第一条、《中华人民共和国民事诉讼法》第六十四条等法律规定，判决：一、姜某华于判决生效后 10 日内给付丁某劳动报酬 22050 元；二、刘某对以上款项承担连带责任；三、某宾馆对以上款项承担连带责任，其在承担连带责任后有权向姜某华追偿。

某宾馆不服一审判决，向 ** 市中级人民法院提起上诉，对姜某华出具的欠条真实性持有异议，且适用法律错误，请求撤销原判。

** 市中级人民法院于 2016 年 9 月 6 日作出（2016）辽 * 民终 * 号民事判

决。该院二审查明的事实与一审法院查明的事实相同。该院二审认为，关于某宾馆是否应对丁某主张的劳务费承担连带给付责任的问题。《中华人民共和国建筑法》第二十二条规定"建筑工程实行招标发包的，发包单位应当将建筑工程发包给依法中标的承包单位。建筑工程实行直接发包的，发包单位应当将建筑工程发包给具有资质条件的承包单位"。本案中，某宾馆将涉案工程发包给不具有施工资质的刘某，已违反上述法律规定。另参照劳动和社会保障部、建设部联合下发的《建设领域农民工工资支付管理暂行办法》第十二条"工程总承包企业不得将工程违反规定发包、分包给不具备用工主体资格的组织和个人，否则应承担清偿拖欠工资连带责任"的规定，某宾馆将涉案工程违法分包给个人，加大了农民工劳务报酬的给付风险，故某宾馆应对丁某主张的劳务费承担连带给付责任。对某宾馆提出的对丁某主张的劳务费不应承担连带给付责任的上诉主张，该院不予支持。关于丁某主张的欠付劳务费真实性的问题。根据《最高人民法院关于适用〈中华人民共和国民事诉讼法〉的解释》第九十条"当事人对自己提出的诉讼请求所依据的事实或者反驳对方诉讼请求所依据的事实，应当提供证据加以证明，但法律另有规定的除外"的规定，本案中，涉案欠条由姜某华出具，且刘某亦认可将涉案工程分包给姜某华的事实。虽某宾馆对该欠条的真实性持有异议，但未提供证据予以证明，且未提出足以推翻该欠条内容的相反证据，故依法应承担举证不能的不利后果。对某宾馆提出的丁某主张欠付劳务费不真实的上诉主张，该院不予支持。判决：驳回上诉，维持原判。

某宾馆不服二审判决，向**省高级人民法院申请再审，认为本案系虚假诉讼案件且适用法律错误，请求驳回丁某的诉讼请求。

**省高级人民法院于2016年12月29日作出（2016）*民申*号民事裁定驳回再审申请。某宾馆向检察机关申请监督。

本院经审查查明，2011年某宾馆将水源热泵打井工程发包给刘某，刘某又将部分打井工程分包给姜某华的女婿王某，后王某雇佣农民工进行施工，但并未雇佣过丁某进行施工。2015年，王某为索要欠付工程款找到律师孙某并在其指使下利用其岳母姜某华的身份信息作为被告、利用丁某的身份信息作为原告进行诉讼。同时，王某委托律师孙某作为丁某的委托代理人代为诉讼并于同年6月4日起诉至**市人民法院，请求判令姜某华偿还欠付人工费22050元，由刘某及某宾馆承担连带责任。起诉状及授权委托书中丁某的签名和手印均由律师孙某所写、所摁，涉案欠条系律师孙某所写。诉讼中，姜某华的女儿姜某作为委托代理人对丁某的全部诉讼主张予以认可。丁某本人并未见过该欠条，也不知诉讼的具体情况。现孙某因涉嫌虚假诉讼罪被批准逮捕、王某因涉嫌虚假诉讼罪被取保候审。

以上事实有丁某的讯问笔录、姜某华、姜某的询问笔录、王某的讯问笔录、孙某的询问、讯问笔录；法院卷宗中起诉状、授权委托书、欠据及庭审笔录予以证实。

本院认为，现有新证据足以证明**市中级人民法院（2016）*民终*号民事判决存在虚假诉讼情形，且该案适用法律错误，理由如下：

（一）有新证据证明本案存在虚假诉讼情形。

第一，丁某与姜某华之间不存在真实的劳务关系。根据律师孙某在公安机关所作的询问、讯问笔录，王某在公安机关所作的讯问笔录，姜某华、姜某在公安机关所作的询问笔录可以证实，姜某华并未承包过某宾馆打井工程，丁某也并未干过该工程，双方之间不存在真实的劳务关系。是王某为索要工程欠款，利用丁某的身份信息作为原告捏造事实进行诉讼，利用其岳母姜某华的身份作为被告进行诉讼从而逃避相应法律责任。因此，原判决认定的劳务关系存在虚假。第二，原判决认定事实的主要证据"欠条"系伪造。原判决依据姜某华出具给丁某欠条上载明"欠丁某、某宾馆打井人工费22050元"的内容，认定欠付人工费金额为22050元。但根据律师孙某在公安机关所作的询问、讯问笔录，王某在公安机关所作的讯问笔录，姜某华、姜某在公安机关所作的询问笔录可以证实，欠条并非工程结算时所写，也并非姜某华所书写，而是律师孙某所写。丁某在公安机关所作的询问笔录可以证实，丁某并未见过该欠条，也并未向法院提供过该欠条。因此，可以证实原判决认定事实的主要证据"欠条"并非真实客观事实的体现，是为进行诉讼而伪造的。第三，欠付人工费数额是捏造的。根据丁某在公安机关所作的询问笔录、王某在公安机关所作的讯问笔录可以证实，丁某并未受雇过某宾馆打井工程。因此原判决依据虚假的欠条及姜某华虚假陈述认定的欠付人工费金额是捏造的。第四，王某存在恶意通过诉讼程序侵害他人利益、妨害司法秩序的行为。王某在公安机关所作的讯问笔录可以证实，其为向刘某索要欠付工程款，利用丁某的身份信息，捏造案件事实启动民事诉讼程序。为使某宾馆承担连带责任的同时逃避其应负的法律责任，利用其岳母姜某华的身份作为被告进行诉讼。在诉讼过程中，又授意丁某陈述虚假的事实，王某的行为存在恶意。

综上，本案中，王某存在恶意虚构欠付人工费事实，利用民事诉讼程序，侵害国家、社会公共利益和他人合法权益，妨害司法秩序的行为。根据《最高人民法院关于防范和制裁虚假诉讼的指导意见》：1. 虚假诉讼一般包含以下要素：（1）以规避法律、法规或国家政策谋取非法利益为目的；（2）双方当事人存在恶意串通；（3）虚构事实；（4）借用合法的民事程序；（5）侵害国家利益、社会公共利益或案外人的合法权益。因此，本案应认定为虚假诉讼案件。

（二）原判决判令某宾馆对丁某主张的欠付人工费承担连带责任，系适用法律错误。

根据某宾馆与刘某签订的《打井施工合同》可以证实，某宾馆作为工程发包方，将某宾馆水源热泵打井工程委托刘某施工。某宾馆根据施工合同及实际打井深度计算工程总价款为356685元，该事实刘某予以认可。并有刘某签字确认的收据可以证明，某宾馆于2011年5月至2012年4月分六次共给付刘某工程款365000元。因此，某宾馆作为发包方已全部付清涉案工程款，不存在欠付工程款的事实。

依据《最高人民法院关于审理建设工程施工合同纠纷适用法律问题的解释》第二十六条规定，"实际施工人以发包人为被告主张权利的，人民法院可以追加转包人或者违法分包人为本案当事人。发包人只在欠付工程价款范围内对实际施工人承担责任"。某宾馆作为工程发包方，只在欠付工程价款范围内对实际施工人承担责任。原建设部与劳动和社会保障部制定《建设领域农民工工资支付管理暂行办法》第十二条规定，"工程总承包企业不得将工程违反规定发包、分包给不具备用工主体资格的组织或个人，否则应承担清偿拖欠工资的连带责任"，该规定的主体责任为工程总承包企业，且为部门规章。因此原判决在司法解释有明确规定情况下，援引部分规章判决某宾馆就欠付劳动报酬承担连带责任适用法律错误。

综上所述，现有新证据足以证明**市中级人民法院（2016）*民终*号民事判决存在虚假诉讼，且适用法律错误。经本院检察委员会讨论决定，根据《中华人民共和国民事诉讼法》第二百条第一项、第六项、第二百零八条第二款的规定，特提出再审检察建议，请在收到后三个月内将审查结果书面回复本院。

此致
**市中级人民法院

2018年12月19日

附：检察卷宗一册

评委点评

1. 再审检察建议书认定事实准确，释法说理透彻。本案涉及虚假诉讼，故事实认定方面需要根据证据情况重新认定。检察机关根据虚假诉讼的构成，结合证据情况，在再审检察建议书中准确认定虚假诉讼的时间、起因、虚假诉讼行为、结果等情况，并从主观、客观两方面详细论述本案构成虚假诉讼案件的理由，说理内容与案件事实充分结合，逻辑清楚，条理分明。同时针对法律适用方面的问题进行详细论述，法律适用较为准确。

2. 调查核实权运用得当，"刑民并进"破解查办难题。承办人通过交叉对比的方式发现案件诸多疑点，结合虚假诉讼的典型特征，充分运用调查核实权，逐步"还原"虚假诉讼过程。调查核实权的综合运用为后续移送、刑事立案、民事虚假诉讼监督均奠定了坚实的基础。同时突破固定思维，在办案实践中探索"刑民并进"方式，移送后积极协助公安机关调查取证，优势互补，形成民事、刑事两方面共同打击虚假诉讼的合力。这不仅为检察机关办理虚假诉讼监督案件提供了有力的借鉴，更取得了良好的办案效果。

3. 深入开展工作，注意扩大案件效果。本案检察机关并未就案办案，而是注意发现案件背后反映出来的问题。积极与相关部门沟通联系，开展教育宣传活动，有利于从源头预防专业人员参与虚假诉讼的行为。通过已成功办理的案件释法的方式宣传检察机关虚假诉讼监督职能，更生动详实。以办案为契机，主动联合其他有关部门针对虚假诉讼案件办理过程中的问题进行沟通、协商并形成机制文件，有利于打击虚假诉讼工作的制度化、常态化。

某县农业农村局怠于履行中华蜜蜂品种资源保护职责案检察建议书*

——依法履行公益监督职责，保护本地区生物多样性

🏠 基本案情

中华蜜蜂，属中国独有的蜜蜂品种，胡蜂、意大利蜂等为其天敌，2006年中华蜜蜂被农业部列为国家级畜禽遗传资源保护品种。为了保护好中华蜜蜂品种资源，＊＊县人民代表大会常务委员会制定了《＊＊县长白山型中华蜜蜂品种资源保护条例》。＊＊县人民检察院在履职中发现，大量外来蜜蜂饲养者进入中华蜜蜂品种资源保护区内饲养意大利蜂。中华蜜蜂品种资源受到严重威胁。＊＊县农业农村局存在怠于履行中华蜜蜂品种资源保护职责情形。

🏛 检察机关监督过程

＊＊县人民检察院针对发现的问题，向地方党委请示后及时向＊＊县农业农村局发出诉前检察建议，要求其依法全面履行职责，督促其加强宣传工作，对在保护区内饲养意大利蜂的情况及时作出处理，采取有效措施保护中华蜜蜂品种资源。该局在收到检察建议后，迅速行动，对保护区内加大了宣传和巡查执法力度，驱离外来意大利蜂养殖户。全面履行了中华蜜蜂品种资源保护的监管职责，有效地保护了保护区内中华蜜蜂的品种资源。

＊ 本文书荣获辽宁省检察机关优秀法律文书评选活动一等奖。

典型意义

在办案过程中，**县人民检察院就发现的中华蜜蜂品种资源保护方面的问题，多次与县农业农村局进行交流、沟通，积极推进保护工作顺利有效开展。同时着眼于长效机制建立，与县农业农村局协调促进《〈**县长白山型中华蜜蜂品种资源保护条例〉实施办法》及《**县长白山型中华蜜蜂品种资源保护和产业发展规划》的制定及出台，使长白山型中华蜜蜂品种资源保护行为法治化、规范化。

生物多样性是自然界长期演化的结果，是人类赖以生存的最基本条件，它关系到环境的稳定和人类的生存与发展。对国家遗传资源品种进行保护，减少外来品种的入侵干扰，维持地区生物多样性，进而保持生态平衡。本案中，检察机关通过发挥公益诉讼监督职能，督促负有监督管理职责的行政机关依法履职，有效地保护了国家遗传品种资源，有利于防止品种的濒危灭绝，对维护地区生态平衡和物种资源保护方面，具有非常重要的意义。

由中国政法大学检察公益诉讼研究基地和法治政府研究院承办的2019年度全国检察公益诉讼案例评选活动中，该案入选十大公益诉讼典型案例。

 法律文书

**县人民检察院

检察建议书

*检行公〔2019〕*号

**县农业农村局：

本院在履行职责中发现，**县长白山型中华蜜蜂品种资源保护区内存在西蜂饲养者放蜂的行为，干扰保护区内蜂业生产秩序，可能致使国家和社会公共利益受到侵害。本院依法进行了调查，现查明：

根据《**县长白山型中华蜜蜂品种资源保护条例》第四条第一款"自治

县人民政府农业农村主管部门负责养蜂活动的监督管理工作"之规定，你单位对辖区内养蜂活动具有监督管理职责。**县人民政府根据行政区域内各乡镇蜜蜂品种、蜜粉源植物分布、地理位置等因素，设立**县长白山型中华蜜蜂品种资源保护区，范围包括**镇、**镇、**镇、**镇、**镇、**镇、**乡、**镇、**镇、**镇、**镇、**镇、**镇。2019年5月以来，**镇、**镇保护区内有西蜂饲养者放蜂，影响并干扰了保护区内蜂业生产秩序，可能破坏长白山型中华蜜蜂品种资源，侵害国家和社会公共利益。上述事实有物证、书证、证人证言等证据予以证实。

本院认为，根据《**县长白山型中华蜜蜂品种资源保护条例》第十一条第一款"保护区内禁止引进非长白山型中华蜜蜂，任何组织或个人不得影响和干扰保护区内蜂业生产秩序。原保护区内西蜂饲养者限期改养长白山型中华蜜蜂或迁出保护区"，及第十七条（一）项"违反本条例第九条规定，外来放蜂者未按要求到自治县人民政府农业农村主管部门联系放蜂场地擅自放蜂的，由自治县人民政府农业农村主管部门责令改正，并处每箱蜂100元罚款"之规定，你单位作为本地区养蜂活动监管责任主体，对在保护区内饲养西蜂的行为未及时作出处理，未完全履行相应的监管职责。现根据《中华人民共和国行政诉讼法》第二十五条第四款和《最高人民法院、最高人民检察院关于检察公益诉讼案件适用法律若干问题的解释》第二十一条的规定，向你单位提出如下检察建议：

建议你单位依法全面履行法定职责，加强宣传工作，对在保护区内饲养西蜂的情况及时作出处理，采取有效措施保护长白山型中华蜜蜂品种资源。

请于收到本检察建议书后十五日内依法履行职责，并书面回复本院。

2019年6月24日

 **评委点评**

生态环境是我们国家检察公益诉讼的主要领域，环境公益诉讼更是主要集中在环境污染、环境破坏等需要整治的领域，但对于保护生物多样性等这样立

足长远的公益保护案件相对较少。在本案当中，检察机关能够把握机遇、主动作为，为维护生物多样性等立足长远的公益目的，在全省乃至全国范围内发挥了积极的示范效应。

《**县长白山型中华蜜蜂品种资源保护条例》实施在 2019 年 5 月 10 日，而检察建议发出的时间是在 6 月 24 日，在短短的一个多月的时间，检察机关就行动起来，说明检察机关对公益诉讼具有较好的法律意识。正是因为有了公益诉讼这项制度和检察机关的迅速反应，问题能够迅速得到解决，也取得了非常好的效果。同时此案也给我们一定启示，即公益诉讼诉前检察建议书的发出，对行政机关依法履职多了一个新的保障机制。如果说没有这样一个检察建议书的督促，一些地方政府主管部门职能配置内的一些问题，特别是涉及公益侵害的现象，未必会得到及时有效地遏制和制止。这个案件虽然说不复杂，但是它在整个基层司法机关、在执行预防性的环境公益诉讼领域都具有典型意义。

林某某与某矿业有限公司劳动报酬纠纷虚假诉讼案执行检察建议书*

——创新办案模式，实现"五位一体"监督

基本案情

本案是涉及林某某等22个农民工与**市某矿业有限公司（以下简称某矿业）劳动报酬纠纷执行程序中的虚假诉讼串案。某矿业经理高某某，为赎回自己与朋友在银行抵押贷款的两套房产，与会计于某伟合谋，找一些亲友和农民工，先到劳动仲裁部门取得裁决结果，后到法院申请执行，以偿还工人工资的方式，将被法院查封的煤炭产能置换金391万余元套出一部分用于赎回抵押的房产。林某某是高某某的三妹夫，是高某某找到他帮其从法院套钱的。

诉讼过程

2017年6月，林某某以*劳人仲字〔2017〕*号仲裁调解书，向**市法院申请强制执行某矿业欠其工资11.48万元。**市人民法院以（2017）*执*号立案并发出执行通知书。某矿业煤炭产能置换金2018年底到账后即被法院查封。2019年初，林某某以"仲裁失误，我不在某矿业工作"为由，向法院提交撤回执行申请书，表示"我放弃此案执行权，将工资额退还给某矿业"。**市法院未作出裁决。2019年9月23日，**市检察院向**市法院发出*检民（行）执监〔2019〕*号检察建议书。建议其撤销该案执行通知书，重新作出不予执行的裁定。2019年11月14日，**市法院回函，表示经研究

---

* 本文书荣获辽宁省检察机关优秀法律文书评选活动一等奖。

采纳了检察机关的建议。

典型意义

本案的成功办理，无论在办案规模、法律效果和社会效果方面，都开创了全省检察机关办理执行程序中虚假诉讼监督案件的先河，为下一步全省检察机关监督执行程序中虚假诉讼案件提供了宝贵经验。

办案中，一是采取上下联动、内部协同、凝聚优势兵力的做法，增强办案力量。上下两级院专门为此案成立了一体化的虚假诉讼办案组，统一调配全院力量，抽调有自侦经验的业务骨干充实到办案组。上级院及时到下级院指导办案，并随时抽调**地区的办案力量，支援办案组。二是采取协调配合、引导取证、与公安机关分工合作的方式，借助外力提高调查核实力度。办理虚假诉讼案件，借助公安机关的刑事侦查权来行使调查核实权，大大增加了检察机关的调查力度。三是通过全面调查、深挖线索、扩大了办案效果，实现"五位一体"监督。通过对本案的全面梳理、调查，深入挖掘案件背后的真相，发现了除虚假执行外其他大量的案件线索。最后这一串案共向法院发出执行程序中虚假诉讼监督检察建议书22份，提请上级院抗诉并获支持虚假调解案5件，发现并纠正人民法院执行程序中违法行为34件，向劳动仲裁委发出检察建议22份，公安机关对3名虚假诉讼犯罪嫌疑人进行立案侦查。

法律文书

**市人民检察院
检察建议书

*检民（行）执监〔2019〕*号

本院依法对**市人民法院执行林某某与**市某矿业有限公司劳动报酬纠纷（2017）*执*号一案的执行活动进行了审查。本案现已审查终结。

现查明，2017年4月初，林某某以**市某矿业有限公司（以下简称某矿业）拖欠工资为由，委托于某军、于某伟（现已去世）作为代理人，后于某军、于某伟又委托**市法律援助中心律师花某某作为代理人，向**市劳动人事争议仲裁委员会提起劳动报酬争议仲裁，**市劳动人事争议仲裁委员会于2017年5月4日开庭调解，经开庭查明，林某某等56人于2014年3月起到某矿业从事井下采煤、装卸工、后勤、抽水等工作，工作至2016年12月。某矿业拖欠林某某等人工资合计3453513元（其中欠林某某工资114800元）。2017年5月8日，**市劳动人事争议仲裁委员会作出*劳人仲字〔2017〕*号仲裁调解书，调解协议如下：一、某矿业拖欠于某军、于某伟等56人工资3453513元事实存在，某矿业愿意用煤矿关停补偿款及风险抵押金予以优先抵偿，不足部分按照法律程序办理；二、2017年5月4日双方当事人劳动关系终止，某矿业履行给付义务后，各种权利义务终止。此调解书自送达签收之日起即具有法律效力，双方当事人再无权反悔，无权起诉。一方当事人不履行，另一方当事人可申请**市人民法院强制执行（附：申请人名单及工资表）。

2017年6月6日，林某某向**市人民法院提交申请执行书，请求**市人民法院依据**市劳动人事争议仲裁委员会于2017年5月8日作出的*劳人仲字〔2017〕*号仲裁调解书，强制执行某矿业所欠林某某工资款计114800元。**市人民法院于2017年8月16日以（2017）*执*号立案，于2017年10月10日向某矿业发出执行通知书，2017年12月1日，林某某的委托代理人于某军、于某伟以"该笔钱款现未到账"为由，向**市人民法院递交申请书，请求"先行终（中）止执行，待该笔资金到位后恢复申请"，**市人民法院遂于2017年12月11日以某矿业无可供执行财产为由，下达终结本次执行程序的执行裁定书。2019年1月15日，林某某以"仲裁出现失误，我本人不在某矿业工作，工资数额不准"为由，向**市人民法院提交《撤回执行申请书》，表示："我放弃此案执行权，将仲裁书上的工资额退还给某矿业，请批准为盼。此申请书系我真实意思表示。"

本院依职权查明，某矿业经理高某某，为赎回自己与案外人吴某某在银行抵押贷款200余万元的两套房子，便与某矿业的会计于某伟商量，找一些工人和自己信得过的亲戚朋友，先到劳动仲裁委员会取得仲裁结果，后到法院申请执行，以偿还工人工资款的方式，将被法院查封的产能置换金391万余元套出一部分，用于赎回自己和吴某某抵押的房产。林某某是高某某的三妹夫，是高某某找到他帮其从法院套钱的。

另查明，林某某系中国石油天然气股份有限公司××经营部（以下简称中石油××经营部）的合同制加油员，2001年从部队转业后分配到**市石油公司，2003年3月改制下岗，2005年5月返聘在中石油××经营部至今。高某某既是某矿业的法定代表人，也是**市某矿业有限公司（以下简称某矿业）的法定代表人。林某某下岗期间从2003年3月起到某矿业干活，2005年5月返聘后也利用倒班休息时间去某矿业干活，一直干到2011年。期间虽然临时性在某矿业干过四五十天的活，但某矿业不欠林某某工资，林某某工资114800元是某矿业欠的，该工资至今未予偿还。

上述事实有高某某、林某某在公安机关所做的笔录及相关书证予以证明。

本院就*劳人仲字〔2017〕*号仲裁调解书中存在的问题，已向**市劳动人事争议仲裁委员会发出检察建议书。

本院认为，现有证据足以证明**市人民法院（2017）*执*号执行一案，其执行依据的仲裁调解书是基于伪造的事实骗取的，损害了某矿业其他债权人的合法权益，其申请执行的行为已经构成虚假诉讼，应撤销本案的执行通知书、裁定不予执行。

本案中，林某某在高某某的指使下，委托于某军、于某伟作为诉讼代理人（后于某军、于某伟又委托司法援助律师花某某作为诉讼代理人），由某矿业出具伪造的工资证明，用虚构的某矿业欠林某某2014年3月至2016年12月工资114800元的事实，骗取**市劳动人事争议仲裁庭的信任，仲裁庭基于伪造的事实作出仲裁调解书，林某某又持该调解书到**市人民法院申请执行，**市人民法院受理后进行了执行立案，并采取了相关执行措施。本案中当事人所实施行为完全符合民事虚假诉讼的构成，因此，本案应属于虚假诉讼案件。尽管林某某辩解所有法律文书均是高某某授意或蒙骗其签署的，但作为完全民事行为能力人，林某某应当对其签署各种法律文书的后果负责。

综上所述，**市人民法院（2017）*执*号一案属于虚假诉讼案件，这种虚假诉讼的行为损害了某矿业其他债权人的合法利益，严重影响司法公正和司法效率，损害了社会公共利益，经本院检察长批准，根据《中华人民共和国民事诉讼法》第二百三十五条、第二百三十七条、《最高人民法院关于防范和制裁虚假诉讼的指导意见》第 8 条之规定，特提出如下检察建议：

建议撤销（2017）＊执＊号执行通知书，重新作出对本案不予执行的裁定。

请在收到检察建议后三个月内将处理结果书面回复本院。

此致
＊＊市人民法院

2019 年 9 月 18 日

附：检察卷宗一册

评委点评

针对该系列案＊＊市检察共向法院发出非诉执行程序中虚假诉讼监督检察建议书 22 份，该文书层次清晰，叙事清楚，简明扼要，论证充分，说理正确，引用法条恰当、准确，人民法院全部采纳检察机关的监督意见，对该系列案件终结执行。同时对执行程序中违法行为发出检察建议 34 件，向劳动仲裁委发出检察建议 22 份，涉案 3 人因虚假诉讼罪正在法院审理中。通过创新办案模式，形成了裁判结果监督、执行监督、纠正违法、对中介机构（劳动仲裁）监督、犯罪线索移送"五位一体"的监督模式。

李某某、徐某某民间借贷纠纷虚假诉讼案民事抗诉书*

——依法调查核实证据,打击虚假诉讼

🏠 基本案情

2017年3月6日,李某某以民间借贷纠纷为由向**人民法院起诉徐某某,称徐某某自2011年起陆续向其借款并出具借条,尚欠借款400万元及利息至今未还。李某某遂提起诉讼,诉请判令徐某某偿还借款400万元及利息。**人民法院受理后,以调解方式结案,作出(2014)*民初字第*号民事调解书,确认徐某某向李某某偿还400万元及利息。李某某随即向该法院申请执行,查封徐某某名下土地及房产并进入评估拍卖程序。后经案外人举报,检察机关经审查,发现李某某与徐某某之间不存在借款400万元的事实。

🏛 诉讼过程

2018年,**市人民检察院接到案外人相关举报,经对上述案件进行审查,初步梳理出如下案件线索:一是证据异常。双方只签订有一份400万元借条,无任何银行转账记录等能证明借款事实的证据。二是适用简易程序由一名审判人员审结,从受理到审理、制发调解书在短期内全部完成。三是庭审无对抗性,徐某某代理人对李某某代理人主张的事实、证据及诉讼请求全部认可,双方当事人及代理人在整个诉讼过程中陈述高度一致。四是快速进入执行程

---

* 本文书荣获辽宁省检察机关优秀法律文书评选活动二等奖。

序，对查封的资产进行评估拍卖。

针对初步梳理的案件线索，办案人员随即开展调查核实。第一步，通过银行查询徐某某、李某某账户资金往来情况。查明徐某某、李某某并无资金往来，而李某某之父李某向徐某某账户汇入大额资金。第二步，通过查询工商信息，发现李某系某公司法定代表人。第三步，通过裁判文书网查询到李某担任法人的某公司为被告的案件349件，且某公司已经资不抵债。第四步，查明某公司与徐某某2011年曾签订协议，约定徐某某将自己名下的1.2万平方米土地以600万元转让给李某和某公司。检察人员据此判断该起案件是李某和某公司为逃避债务，转移财产提起的虚假诉讼。第五步，在掌握上述证据后，经过努力联系到李某某、徐某某二人，果断传唤其到检察机关接受询问，在证据面前，李徐二人都最终承认借款关系是伪造的，目的是将土地转移至李某某名下。原来李某本人和某公司因经营不善，产生巨额债务，为了将一部分财产转移到其女儿名下，逃避债务，遂指使李某某、徐某某，伪造了以上400万元借条，以借条为证据到法院起诉，并调解结案，企图达到通过合法诉讼方式转移财产、逃避债务的非法目的。

市人民检察院对该民事调解书向市中级人民法院提出抗诉，认为该调解书认定的事实与案件真实情况明显不符，民事诉讼均系双方当事人恶意串通，为逃避债务提起的虚假诉讼，应当依法纠正。首先，案涉借款金额400万元，金额巨大，案中证明借贷法律关系成立的证据仅有一张借条和双方当事人的自认，没有相关银行账户流水及收付款凭证予以证明，不符合常理。原审法院并没有严格审查借贷发生的原因、时间、地点、款项来源、交付方式、款项流向以及借贷双方的关系、经济状况等事实。经检察机关调查核实，徐某某承认没有向李某某借款400万元，系应李某某父亲李某的请求，制作了本案的借条，进行民事诉讼，目的是把徐某某名下土地转移到李某某名下，上述土地在2011年已经被徐某某转让给某公司。李某某亦承认没有出借款项给徐某某，系按照其父亲李某的安排进行诉讼，目的是把上述土地转移到李某某名下。根据上述事实和证据，足以证明本案双方当事人之间不存在真实的借款关系，案件涉嫌虚假诉讼，以合法形式掩盖非法目的，目的是通过法院生效文书的形式非法转移案外人李某名下的财产，以逃避李某及某公司债务，主观恶意明显。依据《民事诉讼法》第 112 条之规定，法院应依法驳回李某某的诉讼请求。

同时办案人依法将该案中相关人员涉嫌刑事犯罪的线索移送公安机关。2018 年，**市中级人民法院对该案作出民事裁定，指令**人民法院再审。2019 年 5 月 23 日，**人民法院作出再审判决：撤销法院*民事调解书；驳回李某某的诉讼请求。2019 年，**人民法院作出刑事判决，徐某某犯帮助伪造证据罪，判处有期徒刑八个月，缓刑一年，李某犯妨害作证罪，判处有期徒刑一年。

典型意义

（一）对于以虚假诉讼方式作出的民事调解书，检察机关应当依法监督

虚假诉讼的民事调解有其特殊性，从外表看是当事人在处分自己的民事权利义务，与他人无关。但其实质是当事人利用调解书形式达到了某种非法目的，获得了某种非法利益，或者损害了他人的合法权益。当事人利用了人民法院的司法审判权，从实质上突破了调解各方私益的范畴，所处分和损害的利益已不仅仅是当事人的私益，还妨碍司法秩序，损害司法权威，侵害国家和社会公共利益，应当依法监督。对于此类虚假民事调解，检察机关可以依照民事诉讼法的相关规定提出抗诉。

（二）要注重对案件中异常现象的调查核实，查明虚假诉讼的真相

检察机关对办案中发现的异于常理的现象要进行调查，这些异常既包括交易的异常，也包括诉讼的异常。例如，出借大额款项无银行流水记录明显不符合交易惯例和常识，可能存在通谋的；案件的立、审、执较之同地区同类型案件异常迅速的；庭审过程明显缺乏对抗性，双方当事人在诉讼过程对主张的案件事实和证据高度一致等。检察机关要敏锐捕捉异常现象，有针对性运用调查核实措施，还案件事实以本来面目。

（三）探索两级检察院一体化办案机制

该案的成功办理也是一次对两级检察院民事检察一体化办案的尝试，从市院受理民事案件开始,市院和基层院互相配合,市院在业务上指导基层院按照调查方向,调取相关书证,固定证据。并且在移送案件刑事犯罪线索后,市院指导基层院主动跟踪公安机关对刑事案件的办案情况,积极主动与刑事检察部门联系,沟通案件情况,研讨涉嫌的相关罪名。在对被告人提起公诉后,密切关注法院审理情况,及时沟通,最终法院对相关人员作出了有罪判决。这也是该地区首起当事人因民事虚假诉讼被法院判决构成犯罪的案件。

法律文书

＊＊市人民检察院
民事抗诉书

＊检民(行)监〔20＊＊〕＊号

李某某与徐某某民间借贷纠纷一案,＊＊人民法院作出(2014)＊民初字第＊号民事调解书。＊＊人民检察院提请本院抗诉。本案现已审查终结。

2014年3月6日,李某某起诉至＊＊人民法院,请求判令徐某某偿还借款人民币400万元。

＊＊人民法院于2014年4月3日作出(2014)＊民初字第＊号民事调解书。该院一审查明,自2011年起,徐某某为经营某汽修厂需要,陆续向李某某借款,由于经营状况不好,尚欠借款400万元及利息至今未还。经该院主持调解,双方当事人自愿达成如下协议:徐某某欠李某某借款400万元及利息,于2014年4月18日前一次性付清,利息自2014年3月6日起至付清之日止,按中国人民银行同期同类贷款基准利率计算利息。后该调解书发生法律效力。

经检察机关调查,2018年5月28日徐某某向检察机关出具证言,承认不存在向李某某借款400万元的事实,是配合李某某的父亲李某打的400万元的假借条，目的是把位于某工业区产业区8#路西11#路南面积12823平方米土地转移到李某某名下。2018年5月31日李某某向检察机关出具证言，承认其与徐某某不存在借款400万元的事实，是按照其父亲李某的指示提起诉讼。

另查，李某系某房地产开发有限公司法定代表人，徐某某系某汽修厂的负责人。2010年10月23日，某汽修厂与李某及某房地产开发有限公司签订协议书，某汽修厂将位于某工业区产业区8#路西11#路面积12823平方米土地以600万元的价格转让给某房地产开发有限公司。2010年10月至2013年1月，李某以及某房地产开发有限公司向某汽修厂陆续支付了600万元转让款。案涉某汽修厂所使用的土地已被李某某申请法院查封。

本院认为，**人民法院（2014）*民初字第*号民事调解书认定事实的主要证据是伪造的，该案涉嫌虚假诉讼。理由如下：

经审查，案涉借款金额400万元，金额巨大，案中证明借贷法律关系成立的证据仅有一张借条和双方当事人的自认，没有相关银行账户流水及收付款凭证予以证明，不符合常理。原审法院并没有严格审查借贷发生的原因、时间、地点、款项来源、交付方式、款项流向以及借贷双方的关系、经济状况等事实。经检察机关调查核实，徐某某承认没有向李某某借款400万元，系应李某某父亲李某的请求，制作了本案的借条，进行民事诉讼，目的是把徐某某名下的某汽修厂所用土地转移到李某某名下，上述土地在2010年已经被徐某某转让给某房地产开发有限公司。李某某亦承认没有出借款项给徐某某，系按照其父亲李某的安排进行诉讼，目的是把上述土地转移到李某某名下。根据上述事实和证据，足以证明本案双方当事人之间不存在真实的借款关系，案件涉嫌虚假诉讼，以合法形式掩盖非法目的，目的是通过法院生效文书的形式非法转移财产，以逃避李某及某房地产开发有限公司债务，主观恶意明显。依据《中华人民共和国民事诉讼法》第一百一十二条之规定，法院应依法驳回李某某的诉讼请求。

综上所述，**人民法院（2014）*民初字第*号民事调解书认定事实的主要证据是伪造的，案件涉嫌虚假诉讼。根据《中华人民共和国民事诉讼法》

第二百条第三项、第二百零八条第一款的规定向你院提出抗诉,请依法再审。

此致

省市中级人民法院

年月**日

（院印）

附：检察卷宗壹册

 评委点评

近年来,民事虚假诉讼案件一直是社会关注的重点,而民间借贷领域是民事虚假诉讼的重灾区。案件当事人为了获取非法利益,通过恶意串通、捏造事实、伪造编造证据、虚构借贷法律关系提起民事诉讼,意图使人民法院作出裁判或者调解书,以合法形式掩盖非法目的,侵害第三人、集体或者国家利益。该案正是此类比较典型的民间借贷虚假诉讼案件,由债务人（该案的案外人）策划、指使双方当事人虚构借贷法律关系,通过法院调解方式,达到转移财产、逃避债务的目的。涉及的调解案件本身也明显不正常,案中只有一份400万元的借条证据,没有任何银行转账记录等能证明借款发生的证据。通过对抗诉事实和理由分析,可以看出检察机关的调查核实工作非常重要,通过调查核实相关证据,查明案件事实,有力地证明当事人之间虚构民间借贷法律关系的事实。通过检察机关的监督,该案得到纠正,第三人的合法权益得到保护,维护了司法公正。该虚假诉讼监督案件尤其成功之处在于对参与制造虚假诉讼的人员进行刑事处罚,而不是仅限于民事调解案件的撤销,具有积极的法律效果和社会效果。

李某某与徐某某民间借贷纠纷一案的民事抗诉书,认定事实清楚,适用法律准确,文书格式规范,法律用语准确,释法说理充分,对民事检察监督工作实践具有较强的指导和借鉴意义,是一份优秀的法律文书。

某资产管理股份有限公司某省分公司申请执行监督案检察建议书*

——依法运用调查核实权，督促法院执行陈年旧案

🏠 基本案情

申请人中国某资产管理股份有限公司某省分公司与被执行人某宾馆、被执行人某建设总公司拍卖合同纠纷一案，中国某资产管理股份有限公司某省分公司于2005年7月11日依**市中级人民法院作出的生效判决向**市中级人民法院申请强制执行。**市中级人民法院于2006年7月3日以被执行人无可供执行财产为由裁定中止执行。至申请人申请执行监督时止十余年间，**市中级人民法院仅采取了续查封本案被执行人被诉讼保全房产的执行行为。**市检察院经审查，发现**市中级人民法院存在中止执行违法、未及时对查封房产进行有效处置，久执未结违法、执行手段缺失，查封财产被出租收益不予执行等执行违法情形，依法向**市中级人民法院发出执行检察建议。**市中级人民法院对检察建议予以采纳。

🏛 诉讼过程

2004年12月13日，**市中级人民法院就原告中国某资产管理公司某办事处与被告某建设总公司、被告某宾馆拍卖合同纠纷一案进行公开审理并作出一审判决。2005年4月13日，某建设总公司和某宾馆向**省高级人民法院

---

* 本文书荣获辽宁省检察机关优秀法律文书评选活动二等奖。

上诉,但在规定的缓交诉讼费期间内未将应缴纳的诉讼费交齐,**省高级人民法院作出〔2005〕*民二终字第*号裁定,裁定本案按某建设总公司和某宾馆自动撤诉处理,三方当事人均按照原审判决执行。中国某资产管理股份有限公司某省分公司于2005年7月11日向**市中级人民法院申请强制执行。**市中级人民法院于2006年7月3日裁定本案中止执行。

 典型意义

本案是一起典型的怠于执行案件,自申请人向法院申请强制执行,长达14年未能执行完结。本案的特殊之处又在于,除被执行人被依法保全、续查封的房产外,被执行人仍存在其他可供执行财产,但该可供执行财产是被执行人被保全房产的租金收益,被执行人擅自将被保全房产出租而并未将租金收益报告执行法院。**市人民检察院受理该案后,经查证确认了被执行人此项收益的存在。

随着民事检察工作的不断深入开展,调查核实工作在民事检察部门的办案工作中扮演着日益重要的角色。民事检察部门应当积极运用好法律赋予的神圣权力,将调查核实工作与书面审查工作相结合,以查明案件事实,保证监督效果。**市人民检察院在受理该案后,通过调查核实,了解到**市中级人民法院未能执行完结的原因除了未对被保全房产进行处置外,也有未积极查找被执行人其他财产线索的情况。办案人通过询问申请人、查询中国裁判文书网等方式,确认被执行人某宾馆将查封财产出租给某酒店管理有限公司,同时将查封财产出租给某汽车销售公司,某宾馆获得租金收益。且被查封的被执行人房产现整体处于租赁经营状态,有餐饮、汽车销售等四个商户在此经营使用。法院对被执行人某宾馆的财产未穷尽调查措施,对某宾馆被查封期间因出租所得租金收益没有采取任何强制措施,使查封的财产处于失控的状态,致使申请人的合法权益受损。在调查核实到被执行人其他财产线索的情况下,有的放矢精准监督,使依法发出的检察建议更具说服力,取得较好的监督效果。

法律文书

＊＊市人民检察院
检察建议书

＊检民（行）执监〔2019〕＊号

中国某资产管理股份有限公司＊＊省分公司认为＊＊市中级人民法院执行中国某资产管理股份有限公司＊＊省分公司与某建设总公司、某宾馆拍卖合同纠纷（2005）＊法执字第＊号执行一案存在违法情形，向本院申请监督，本院于2017年11月20日决定受理。本案现已审查终结。

现查明：2004年12月13日，＊＊市中级人民法院就原告中国某资产管理公司某办事处与被告某建设总公司、被告某宾馆拍卖合同纠纷一案进行公开审理。法院经审理确认：原被告间达成的拍卖合同有效。原、被告双方在2004年6月22日签订的资产抵押协议合法有效，某建设总公司未在协议约定的期限内支付价款，构成违约。被告某宾馆以其房产签订的抵押协议合法有效，应以其抵押的房产对原告中国某资产管理公司某办事处承担担保责任。基于查明的事实一审法院作出（2004）＊中民（3）合初字第＊号民事判决，判决：一、被告某建设总公司于本判决生效10日内给付原告中国某资产管理公司某办事处债权拍卖款500万元，并按同期银行贷款利率支付从2004年9月20日起至本判决确定的给付之日止的利息，逾期则按照《中华人民共和国民事诉讼法》第二百三十二条执行；二、上述款项到期不付，原告中国某资产管理公司某办事处可以被告某宾馆抵押的某宾馆第一层至第八层的a2至e2轴的房产折价或者以拍卖、变卖该房产的价款受偿，如因第三人的原因不能以上述房产实现担保债权，则被告某宾馆在抵押的房产的价值范围内对原告中国某资产管理公司某办事处不能得到清偿部分的拍卖款承担赔偿责任。2005年4月13日，一审被告某建设总公司和某宾馆向＊＊省高级人民法院上诉，但某建设总公司、某宾馆在规定的缓交诉讼费期间内未将应缴纳的诉讼费交齐，＊＊省高级人民法院作出（2005）＊民二终字第＊号裁定，裁定：本案按某建设总公司和某宾馆自动撤诉处理，三方当事人均按照原审判决执行。

2005年7月11日＊＊市中级人民法院经中国某资产管理公司某办事处申请立案执行，并在2005年8月15日和8月22日分别向某宾馆和某建设总公司送达执行通知书。另，中国某资产管理公司某办事处在一审开庭前2004年11月18日向＊＊市中级人民法院提出保全申请，＊＊市中级人民法院在2004年11月18日作出（2004）＊中民（3）初字第＊号裁定书，裁定冻结被告某建设总公司、某宾馆银行账户500万元，或查封相应的财产。＊＊市中级人民法院在2004年11月22日向＊＊市产权登记发证中心送达过协助执行通知书，将某宾馆所有的坐落于＊＊区某大路45号的地上房产第二、三层予以查封。2007年＊＊市中级人民法院作出（2005）＊法执字第＊号协助执行通知书，通知：＊＊市房产局继续查封某宾馆在某大路45号房产第二层、第三层。2009年11月5日，＊＊市中级人民法院作出（2006）＊法执字第＊号协助执行通知书，通知＊＊市房产局续查封某宾馆所有的位于＊＊区某大路45号房产第二层、第三层。卷号：6-2-0139454。2013年10月1日，＊＊市中级人民法院作出（2005）＊法执字第＊号，裁定：续查封某宾馆位于＊＊市＊＊区某大路45号房产第二、三层房产。查封期限：2013年10月31日—2014年10月30日。2015年3月2日，＊＊市中级人民法院作出（2005）＊法执字第＊号协助执行通知书，通知：续查封某宾馆位于＊＊市＊＊区某大路45号房产第二、三层房产。卷号：6-2-0139454，地号：011446313-1。查封期限：2015年10月29日—2018年10月28日。2016年3月1日，＊＊市中级人民法院向＊＊市＊＊区土地管理所下发（2005）＊法执字第＊号协助执行通知书，续查封某宾馆使用的位于＊＊市＊＊区某大路45号土地上建筑第二、三层房产应分摊的面积。卷号：6-2-0139454，地号：011446313-1。查封期限：自2016年3月1日至2019年2月28日。2006年7月3日，＊＊市中级人民法院认为在执行的过程中，查明被执行人暂无可供执行的财产，遂作出（2005）＊法执字第＊号民事执行裁定书，裁定：（2004）＊中民（3）合初字第＊号民事判决书中止执行。中国某资产管理公司某办事处于2006年3月22日向＊＊市中级人民法院递交拍卖查封资产申请书，要求法院对某宾馆第二、三层进行拍卖，＊＊市中级人民法院未予回应。2006年10月27日，中国某资产管理公司某办事处向**市中级人民法院提出恢复执行申请，申请法院恢复对（2004）*中民（3）合初字第*号民事判决书和**省高级人民法院（2005）*民二终字第*号民事裁定书的执行，**市中级人民法院未予答复。2011年6月29日，某宾馆与某酒店管理股份有限公司签订某宾馆项目租赁合同，将一层大堂、五至九层部分等出租给某酒店，获取租金。2014年11月19日，某宾馆与某汽车销售公司签订房屋租赁合同，将某宾馆1—3层出租给某汽车销售公司，获得租金收益。且至今被查封的被执行人房产现整体处于租赁经营状态，有餐饮、汽车销售等四个商户在此经营使用。

中国某资产管理公司某办事处认为**市中级人民法院在执行过程中存在久执不结、被执行人有租金收益不予扣划、对被执行人抵押物不予处置的违法情形，向检察机关申请执行监督。

本院认为，**市中级人民法院在（2005）*法执字第*号执行案件活动中存在违法情形，应予纠正。理由如下：

（一）中止执行违法

2006年7月3日，**市中级人民法院认为被执行人暂无可供执行的财产，作出（2005）*法执字第*号民事执行裁定书，裁定中止执行。经查阅卷宗，发现法院在执行案件结案审批表中的执行情况一栏载明："被执行人暂无可供执行财产，申请人同意中止执行"，结案方式一栏载明："中止。"法院执行中止结案不符合事实和法律规定。经查，被执行人有可供执行财产，且**市中级人民法院已查封续封至今，故本案并不符合法定中止执行的情形。同时，2006年10月27日申请执行人中国某资产管理公司某办事处向法院提出恢复执行申请，至今法院未予回复亦属不当。

（二）未及时对查封房产进行有效处置，久执未结违法

市中级人民法院对某宾馆名下的房产查封后，中国某资产管理公司某办事处在2006年3月22日向其提交拍卖查封申请书，但市中级人民法院至今未采取相关的评估、拍卖等处置措施。根据《最高人民法院关于人民法院执行中拍卖、变卖财产的规定》第一条规定："在执行程序中，被执行人的财产被查封、扣押、冻结后，人民法院应当及时进行拍卖、变卖或者进行其他的执行措施。"本案被查封的被执行人房产迟迟没有进入拍卖程序，卷宗中没

有相关法律文书内容能够证明**市中级人民法院实施了合法有效的执行行为。从立案执行至今十二年时间，明显存在怠于执行、消极执行的行为。

（三）执行手段缺失，查封财产被出租收益不予执行，损害申请执行人合法权益

根据《最高人民法院关于执行案件立案、结案若干问题的意见》第十六条规定："人民法院穷尽财产调查措施"是指至少完成下列调查事项：被执行人是法人或其他组织的，应当向银行业或金融机构查询银行存款，向有关房地产管理部门查询房地产登记，向法人登记机关查询股权，向有关车管部门查询车辆等情况。经审查，**市中级人民法院至今未在中国某资产管理公司某办事处申请恢复执行后采取上述财产调查措施，属于"未穷尽财产调查措施"。本案执行过程中，在被执行人房产被查封期间，某宾馆将查封财产出租给某酒店管理有限公司，同时将查封财产出租给某汽车销售公司，某宾馆获得租金收益。且被查封的被执行人房产现整体处于租赁经营状态，有餐饮、汽车销售等四个商户在此经营使用。法院对某宾馆的财产未穷尽调查措施，对某宾馆被查封期间因出租所得租金收益没有采取任何强制措施，使查封的财产处于失控的状态，致使申请人的合法权益受损。

综上所述，**市中级人民法院在（2005）*法执字第*号执行案件活动中，存在怠于履职、拖延执行，在被申请执行人有可供执行的查封财产时中止执行，未及时对查封的财产采取拍卖的执行措施等违法情形。根据《中华人民共和国民事诉讼法》第二百三十五条、《最高人民法院、最高人民检察院关于民事执行活动法律监督若干问题的规定》第四条第二款、第十二条、第十三条的规定，建议立即采取财产调查措施，查询被申请执行人名下可供执行的财产并立即处置，保障申请执行人实现合法权益。

请在收到检察建议后三个月将处理结果书面回复本院。

此致

**市中级人民法院

2019年10月31日

附：检察卷宗一册

评委点评

　　本案是检察机关对法院执行活动进行监督，取得良好法律效果的典型案例。申请人向法院申请强制执行长达 14 年未执行完结，合法权益得不到真正的保护，不能体现法律的公平正义。检察机关受理案件后，首先查明人民法院未能执行完结的原因，除了未对被保全房产进行处置外，也有未积极查找被执行人其他财产线索的情况。随后充分运用法律赋予的调查核实权，通过认真细致的工作，针对法院对被执行人某宾馆的财产未穷尽调查措施，对某宾馆被查封期间因出租所得租金收益没有采取任何强制措施，使查封的财产处于失控的状态，依法发出检察建议，得到了法院的采纳，取得了较好的监督效果。检察建议文书表述规范，论述有理有据，是一篇优秀的法律文书。

位某某与某矿业有限公司、刘某某追索劳动报酬纠纷虚假诉讼案民事抗诉书*

——查明虚假诉讼事实,依法提出抗诉

基本案情

**县某矿业有限公司(以下简称某矿业)于2017年因国家政策被关闭,获得产能置换金400余万元。刘某某作为实际老板外债很多,想通过法院诉讼程序,利用农民工工资优先支付的法律规定优先执行获得的产能置换金。位某某系刘某某外甥女婿,从未在某矿业工作过。刘某某、位某某商议后,由刘某富(刘某某亲兄弟)伪造工资单,由位某某等61人以索要劳动报酬的方式起诉某矿业、刘某某,最终在法院调解下达成61份调解协议。检察机关经过调查核实,认定系虚假诉讼,依法提出抗诉。

诉讼过程

2017年4月,位某某起诉至**县法院,要求某矿业、刘某某给付拖欠工资52000元。**县法院作出(2017)民初*号民事调解书,某矿业、刘某某欠位某某52000元,限期给付。**县检察院认为,**县法院民事调解书中存在双方当事人恶意串通,虚构民事诉讼主体、虚构案件事实,妨害了司法秩序,系虚假诉讼案件,共计61件,提请**市检察院提出抗诉。**市检察院经审查后,向**市中级人民法院提出抗诉61件。最终**市中级人民法院撤

---

* 本文书荣获辽宁省检察机关优秀法律文书评选活动二等奖。

销**县法院（2017）民初*号等61份民事调解书，驳回位某某等61人的诉讼请求。

典型意义

本案系**市检察院办理的第一批虚假诉讼案件，2018年**县检察院在走访银行时，发现当地煤企拖欠银行贷款不还，通过前期工作，发现某矿业在法院有很多以调解结案的追索劳动报酬纠纷案件，且数额巨大。通过与公安机关刑民一体化联合办案以及上下两级院一体化办案机制，最终查明本案虚假诉讼的事实。**市院派人常驻**县院，全程指导侦查，帮助取证，搜集证据，制作法律文书，短时间内就成功抗诉61件案件，法院最终均认定为虚假诉讼，撤销原调解书。通过民事监督案件的办理，反过来支持了刑事诉讼案件的审查，刘某某等3名犯罪嫌疑人也因构成虚假诉讼罪被定罪处罚。经查，该地区共计关停煤矿42家，涉及产能置换金2亿多元，该案的成功办理严厉打击了利用虚假诉讼套取产能置换金的非法行为，也为检察机关下一步侦查煤矿企业涉嫌虚假诉讼案件提供了办案思路，即全方位多手段履行监督职能，重视与公安机关和人民法院的沟通，最终达到在办案中监督、在监督中办案，取得政治效果、法律效果和社会效果的有机统一。

法律文书

**市人民检察院
民事抗诉书

*检民（行）监〔2019〕*号

位某某与**县某矿业有限公司、刘某某追索劳动报酬纠纷一案，**县人民法院作出（2017）民初*号民事调解书。**县人民检察院提请本院抗诉。本案现已审查终结。

2017年4月14日，位某某起诉至**县人民法院，要求**县某矿业有限公司（以下简称某矿业）、刘某某给付拖欠工资52000元。

**县人民法院于2017年4月14日作出（2017）民初*号民事调解书。该院一审查明，某矿业系刘某某个人独资企业。2009年至2013年9月，某矿业雇佣位某某劳务，结束劳务时欠位某某工资款52000元拖欠至今未给付。位某某诉讼来院，要求某矿业、刘某某给付工资款。该案在审理过程中，经人民法院主持调解，双方当事人自愿达成如下协议：某矿业、刘某某欠位某某52000元，于2017年4月25日前给付。

本院经审查查明，某矿业于2013年8月30日经工商登记注册成立，企业类型为有限责任公司（自然人独资），法定代表人系刘某强，某矿业实际投资经营者为刘某某，刘某富系刘某某亲兄弟，负责某矿业日常管理。某矿业于2017年因国家政策被关闭，国家给付关闭煤矿补偿款400余万元。2017年4月14日，位某某起诉至**县人民法院，请求判令某矿业、刘某某给付拖欠工资52000元。同日，**县人民法院开庭审理，并作出（2017）民初*号民事调解书，该民事调解书由刘某富签收。

另查明，刘某某、刘某富因涉嫌虚假诉讼罪已被**县人民检察院批准逮捕。经调取公安机关刑事卷宗，查明事实如下：位某某系刘某某外甥女婿，从未在某矿业工作过。刘某某、刘某富为偿还刘某文的借款，找到位某某，让其以拖欠工资的名义通过诉讼要回工资款52000元，刘某富伪造了工资单。在**县法院**法庭，位某某在写好的起诉状和委托书上签字，后刘某富作为诉讼代理人参加诉讼，刘某某在庭审中予以配合，完全认可拖欠劳动报酬的事实，最终在法院调解下达成调解协议。

上述事实，有**县公安局对刘某某、刘某富、位某某所作的讯问询问笔录以及刘某富伪造的工资单为证。

本院认为，现有新证据足以证明**县人民法院（2017）民初*号民事调解书中双方当事人恶意串通，虚构民事诉讼主体，虚构案件事实，妨害司法秩序，侵害国家和社会公共利益，该案系虚假诉讼案件。理由如下：

本案中，位某某并非某矿业工人，刘某某为了偿还刘某文的借款，与位某某商议后，决定由位某某以某矿业矿工追索劳动报酬为由向法院起诉某矿业和刘某某。刘某富伪造了工资单并作为诉讼代理人参加诉讼，最终在法院调解下达成调解协议。上述事实足以证明，在双方当事人恶意串通下，以捏造的事实提起民事诉讼，骗取人民法院法律文书，妨害司法秩序，进而达到侵占国家给付的部分煤矿补偿款的目的，严重侵害了国家和社会公共利益。

综上所述，根据《最高人民法院关于防范和制裁虚假诉讼的指导意见》规定，虚假诉讼的构成要素一般为：（1）以规避法律、法规或国家政策谋取非法利益为目的；（2）双方当事人存在串通；（3）虚构事实；（4）借用合法的民事程序；（5）侵害国家利益、社会公共利益或者案外人的合法权益。现有证据足以证明**县人民法院（2017）民初*号民事调解书认定事实的主要证据是伪造的，该案系虚假诉讼案件。根据《中华人民共和国民事诉讼法》第二百条第一项、第三项、第二百零八条第一款之规定，特提出抗诉，请依法再审。

此致
**市中级人民法院

2019 年 1 月 22 日

附：检察卷宗一册

📝 评委点评

本案系某市两级检察机关合力办理的首例虚假诉讼抗诉系列案件，其从发现案件来源、刑民部门相互配合及上下两级院一体化办案机制等方面都具有重大指导意义。

1. 主动出击、提高虚假诉讼监督敏感性。本案系**县检察院在职能宣传过程中发现的，经案情分析认为可能涉嫌虚假诉讼，调取法院卷宗 80 余册，进行筛查后发现该案线索。

2. 充分利用调查核实权，上下联动一体化办案。经两级院综合研判，利用一体化办案机制提前介入案件，共同研究制定调查预案、调查方向和侦查提纲，为后续虚假民事调解书的监督、刑事线索移送及刑事案件的办理奠定扎实的基础。

3. 公检法三方联动，保证监督实效。积极与公安机关沟通调查取证情况，指导侦查，确保刑事案件顺利推进。积极与法院沟通联系，强化文书释法说理，民事抗诉书利用证据详细阐述案件当事人之间的关系，事件的起因、经过、结果等要素。根据虚假诉讼案件的构成要素结合证据情况，从主客观两方面详细论述构成虚假诉讼案件的理由，说理与案件事实充分结合，逻辑清楚，条理分明，法律适用精准。检察长还亲自列席审委会阐述检察机关的意见，最终法院全部采纳改判。

4. 以点带面，揭露虚假诉讼，彰显检察监督的作用。市检察院在办理本案中发现涉及煤炭产能置换金的虚假诉讼案件在其他地区也存在，故以此为契机在该地区对关闭煤矿开展了产能置换金发放情况专项监督活动，有力地震慑了该领域的虚假诉讼行为，体现了政治效果、法律效果和社会效果的有机统一。

某市市场监督管理局与交通运输公司企业注销登记行政行为案行政抗诉书*

——依法抗诉纠正错案，督促行政机关依法行政

基本案情

市交通运输公司系集体所有制企业，市交通局系该公司的主管部门。交通运输公司根据**市人民政府产权制度改革实施方案，召开了全体职工大会，通过了产改意见，选举产生了产改领导小组成员，**市企业改革工作指导委员会作出了同意交通运输公司产改工作的决定及改革实施方案的批复，经过一年的工作，交通局和交通运输公司出具了债权债务清算报告。2004年2月27日，交通局向原**市工商行政管理局申请注销运输公司，产改小组组长吕某某在申请注销企业法定代表人处签字，后履行了相关手续，于同年3月4日准予注销。运输公司对该注销登记行为不服，诉至法院。

诉讼过程

2009年1月6日，交通运输公司诉至法院，要求撤销注销登记行为，法院以主体不适格为由，裁定驳回起诉。交通运输公司上诉后，二审驳回上诉，维持原裁定。交通运输公司向省高法申请再审，省高法于2015年4月16日作出裁定，指令市中级法院再审，市中级法院将一、二审裁定撤销，发回**市法院重审。一审法院审理后，撤销市场监管局注销企业登记行政行为。上诉

---

* 本文书荣获辽宁省检察机关优秀法律文书评选活动二等奖。

后,因市场监管局未出庭应诉,法院裁定按撤回上诉处理,市场监管局申请再审被驳回,向**市人民检察院申请监督,该院向法院发出再审检察建议未被采纳,向市院提请抗诉,市院认为法院认定事实的主要证据不足,适用法律错误,于2019年11月21日向**市中级人民法院提出抗诉。再审后,**市中级人民法院将该案撤销原判,发回重审。

 典型意义

本案是一起集体所有制企业改制过程中发生的工商部门对企业注销登记行政行为是否合法的行政诉讼,该案历时时间较长,经过的程序较多,从开始起诉到市检察院受理案件,已经过十年,期间经历一审、二审、再审、重审,且备受**市政府和交通运输公司原职工关注,多年来,围绕着交通运输公司改制前和改制后诉讼的案件数量多,种类杂,以原法定代表人为首的原单位职工从2005年开始一直在上访,本案一审判决生效后,陆续有职工开始起诉市场监管局,要求因错误注销企业赔偿其基本生活费、养老保险金、医疗费等费用,因此市检察院在办理该案时非常慎重,查阅了大量法律、法规以及国务院、国家工商管理局关于企业改制、注销下发的各种条例、细则、办法等,重点审查了企业改制是否合规合法,集体企业合法权益是否受到侵犯,工商部门注销登记是否合法、是否符合法定程序,法院认定事实、适用法律是否合法,经过梳理,认为一审判决以工商部门注销时交通运输公司法定代表人未在申请上签字以及未经公告程序为由,判决撤销注销行为属缺乏事实和法律依据,围绕上述两点,承办人详细阐述事实和法律依据,该案抗诉到市中级法院后,中级法院将该案撤销原判,发回重审。

本案主要涉及主要证据不足判断标准,行政诉讼中法院在裁决是否撤销行政行为时适用法律依据频率最高的便是主要证据不足,但各法院在适用该依据时掌握的裁判标准不尽相同,直接影响最终的裁判结果。实践中如何确认行政诉讼中的主要证据是一个非常复杂的问题,本案就涉及交通运输公司法定代表人未在申请人处签字属不属于主要证据不足,法院认为属于主要证据不足,因此裁判撤销了工商部门注销交通运输公司登记行政行为,检察机关在审查全案证据后认为，交通运输公司法定代表人形式上虽未在申请人处签字，但在一年的产改过程中，其作为交通运输公司产改领导小组组长，在上级主管部门的领导下，全程亲自参与改制，期间召开了全体职工大会，按照法定程序完成了产改各项工作，企业在办理注销登记时，提供的材料和文件足以证明企业债权债务已清理完结，上级主管部门和交通运输公司同意注销该企业，工商部门依法注销并无不当，因此，本案交通运输公司法定代表人未签字不属于主要证据，也并不是注销登记的主要要件。该类企业当年改制时具有特殊的时代背景，涉及人员广、社会影响大、政策性强，故在判断某一证据是不是主要证据时，不仅要审查形式要件，还要注重审查实质要件，探寻其真实意思，尤其要考查该证据是否是行政行为缺一不可的证据。如果是，则该证据为主要证据，不能当然认为所有的证据都是主要证据。

法律文书

＊＊市人民检察院
行政抗诉书

＊检民（行）监〔2019〕＊号

＊＊市市场监督管理局因与＊＊市交通运输公司企业注销登记行政行为一案，不服＊＊市人民法院（2015）＊行初字第＊号行政判决，向＊＊市人民检察院申请监督，该院提请本院抗诉，本案现已审查终结。

＊＊市交通运输公司不服原＊＊市工商行政管理局2004年3月4日对该公司企业注销登记行政行为，于2009年1月6日向＊＊市人民法院提起行政诉讼，要求撤销该注销登记行政行为。＊＊市人民法院受理后，于2009年6月4日作出（2009）＊行初字第＊号行政裁定，以起诉人＊＊市交通运输公司已经丧失原告主体资格为由，裁定驳回起诉。＊＊市交通运输公司不服上诉，＊＊市中级人民法院于2009年10月13日作出（2009）＊行终字第＊号行政裁定，

驳回上诉，维持原裁定。**市交通运输公司向**省高级人民法院申请再审，**省高级人民法院于2015年4月16日作出（2015）*行监字第*号行政裁定，指令**市中级人民法院再审。**市中级人民法院于2015年7月14日作出（2015）*行终再字第*号行政裁定，裁定撤销**市中级人民法院（2009）*行终字第*号行政裁定及**市人民法院（2009）*行初字第*号行政裁定，发回**市人民法院重审。

市人民法院于2016年3月4日作出（2015）*行初字第*号行政判决，该院一审查明，市交通运输公司系1997年1月21日成立的集体所有制企业，**市交通局系该公司的主管部门。**市交通运输公司注销前企业法人营业执照记载法定代表人丛某某，该企业组织机构2003年4月16日有年检记录。2002年5月31日，**市人民政府发文公布《关于**市市直企业产权制度改革实施方案》。2002年10月29日**市交通运输公司召开全体职工大会，讨论通过了《关于市交通运输公司产改的意见》并选举产生产改领导小组成员。同日，**市企业改革工作指导委员会、**市交通局联合发文，作出《关于**市交通运输公司产改后由公司产改小组实施产改工作的决定》。2002年10月31日，**市企业改革工作指导委员会向**市交通局发文，作出《关于**市交通运输公司产权制度改革实施方案的批复》。2003年12月26日，**市交通局和**市交通运输公司出具债权债务清算报告。2003年12月23日，**市企业改革工作指导委员会、**市交通局联合发文《关于撤销交通运输公司产改领导小组的决定》。2004年2月27日，**市交通局向原**市工商行政管理局申请办理**市交通运输公司企业注销登记，申请表上企业法定代表人签字一栏，系**市交通局产改小组组长吕某某。2004年3月1日，**市交通局作出关于撤销**市交通运输公司的决定。同日，**市交通运输公司营业执照正副本登报公告作废。2004年3月3日，**市交通局上缴**市交通运输公司财务专用章，并提交上述申请企业注销登记的文件资料。2004年3月4日，原**市工商行政管理局准予注销**市交通运输公司的企业登记。**市交通运输公司对该注销登记行为不服，故形成本诉。

该院一审认为，**市交通运输公司主体资格问题，**市中级人民法院（2015）*行终再字第*号行政裁定已有定论，其原告主体适格。**市市场监督管理局认为**市交通运输公司起诉超过法定期限，但没有有证据证明，根据《最高人民法院关于执行〈中华人民共和国行政诉讼法〉若干问题的解释》第四十一条之规定，**市交通运输公司起诉符合期限规定。因原**市工商行政管理局撤销后，其职责和义务由**市市场监督管理局承担，故**市市场监督管理局是本案适格被告。

市交通运输公司系集体所有制企业，根据《中华人民共和国城镇集体所有制企业条例》第二十条规定："集体企业终止，必须依照《中华人民共和国企业法人登记管理条例》的规定办理注销登记并公告。"《中华人民共和国企业法人登记管理条例》第二十一条规定："企业法人办理注销登记，应当提交法定代表人签署的申请注销登记报告、主管部门或者审批机关的批准文件、清理债务完结的证明或者清算组织负责清理债权债务的文件。"这是注销企业法人资格的必要条件。本案，市交通局产改小组提交的企业注销登记申请报告，不是**市交通运输公司法定代表人签署的，违反了上述法律规定，原**市工商行政管理局据此作出注销登记行为属于主要证据不足，同时，原**市工商行政管理局办理**市交通运输公司企业注销未按照《中华人民共和国企业法人登记管理条例》第二十三条的规定发布企业法人登记公告，亦属程序违法。判决撤销原**市工商行政管理局于2004年3月4日作出的注销**市交通运输公司企业登记行政行为。

市市场监督管理局不服一审行政判决，向市中级人民法院提出上诉，但在审理过程中，经传票传唤，**市市场监督管理局的负责人未出庭，亦未委托相应的工作人员出庭应诉，**市中级人民法院2016年9月26日作出（2016）*行终*号行政裁定，本案按撤回上诉处理。**市市场监督管理局向**市中级人民法院申请再审，2017年3月14日**市中级人民法院作出（2017）*行申*号行政裁定，裁定本案提审，**市中级人民法院2017年9月14日作出（2017）*行再*号行政裁定，裁定驳回再审申请人**市市场监督管理局的再审申请。

市市场监督管理局不服，向市人民检察院申请监督。

本院审查认定的事实与**市人民法院认定的事实一致。

本院认为，**市人民法院（2015）*行初字第*号行政判决认定事实的主要证据不足,适用法律确有错误。

首先,终审法院认定原**市工商行政管理局注销**市交通运输公司登记行政行为主要依据不足,缺乏事实及法律依据。

《中华人民共和国企业法人登记管理条例》第二十一条规定:"企业法人办理注销登记,应当提交法定代表人签署的申请注销登记报告、主管部门或者审批机关的批准文件、清理债务完结的证明或者清算组织负责清理债权债务的文件",据此规定,企业法人在办理注销登记时,需提交上述材料和文件,用以证明企业债权债务已清理完结,上级主管部门和企业同意注销该企业,本案中,根据**市人民法院查明的事实,**市交通运输公司根据**市人民政府产权制度改革实施方案,召开了全体职工大会,通过了产改意见,选举产生了产改领导小组成员,**市企业改革工作指导委员会作出了同意**市交通运输公司实施产改工作的决定及改革实施方案的批复,经过一年的工作,**市交通局和**市交通运输公司出具了债权债务清算报告,**市企业改革工作指导委员会和**市交通局发文撤销了产改领导小组,**市交通局作出了撤销**市交通运输公司的决定,**市交通运输公司营业执照正副本登报公告作废,**市交通局上缴了**市交通运输公司的财务专用章,**市交通局产改小组组长吕某某在申请注销企业法定代表人处签字,根据法院查明的上述事实,可以认定**市交通运输公司根据市政府及上级主管部门的安排部署,产改工作已经完成,债权债务已经清算,上级主管部门已经作出撤销**市交通运输公司的决定,原**市工商行政管理局根据上述文件、决定依法注销**市交通运输公司并无不当。

本案中,**市人民法院撤销原**市工商行政管理局注销**市交通运输公司登记行政行为的理由之一,为因**市交通运输公司法定代表人未在申请人处签字,故原**市工商行政管理局注销**市交通运输公司登记行政行为的主要证据不足,就本案来说,法定代表人的签字并不是注销登记行政行为的主要依据和证据,**市交通运输公司根据市政府有关产权改制的文件规定,在主管部门**市交通局的具体指导下进行了改制,**市交通运输公司召开了全体职工大会,时任法定代表人被选为产改领导小组组长,产改小组经过一年时间,按照法定程序完成了产改的各项工作,**市交通运输公司经过市政府和上级主管部门批准也已经依法撤销，在此情况下，原**市工商行政管理局对**市交通运输公司进行了注销登记，**市交通运输公司法定代表人虽未在申请上签字，但其并不是注销登记的主要要件，故法院以法定代表人未签字为由，认定注销登记行政行为的主要证据不足，显属认定事实、适用法律错误。

其次，终审法院认定原**市工商行政管理局未经公告程序违法，缺乏法律依据。

根据《中华人民共和国企业法人登记管理条例》及其实施细则规定，注销公告既不是注销登记的前置程序，也不是注销登记的生效要件和必要条件，公告与否不影响注销登记的效力，因此法院以注销登记未经公告作为撤销注销登记行政行为理由之一，显然适用法律错误。

综合上述两点，原**市工商行政管理局注销**市交通运输公司登记行政行为不存在《中华人民共和国行政诉讼法》第七十条规定的撤销或者部分撤销情形，且2004年该企业产改已结束，职工一次性安置费除5人未领取外都已发放，企业产权部分已转让，**市交通局已经作出决定撤销**市交通运输公司，故法院对12年前的注销登记行政行为予以撤销已无任何意义和必要。

综上所述，**市人民法院（2015）*行初字第*号行政判决认定事实的证据不足，适用法律确有错误。依据《中华人民共和国行政诉讼法》第九十一条（三）、（四）项、第九十三条第一款之规定，特提出抗诉，请依法再审。

此致
**市中级人民法院

2019年11月21日
（院印）

评委点评

该行政抗诉书格式规范，要素齐备，文书脉络清晰，抗诉理由把握比较准，在阐述抗诉理由时，紧扣法院裁判认定的事实和理由展开论证，两点抗诉理由都是先归纳法院在认定事实和适用法律方面存在哪些错误，然后展开论证。论证时逻辑清晰，先明确适用的规范，再通过对事实的分析论证，阐述行政机关的行政行为并无不当，针对法院的裁判理由论证法院裁判的错误之处，针对抗诉理由从认定事实到适用法律都进行了有力的论证和充分的说理，还结合本案时间久远的特点，从现实必要性方面进行了说理，从行政机关行政行为到法院裁判都予以论证，观点明确，有理有据，层次递进，重点突出，法言法语规范，引用法律、法规全面、准确、具体，繁简得当，依据充分，表述完整，是一篇优秀的抗诉书。

甲银行与乙银行等借款合同纠纷案执行检察建议书*
——参考指导性案例，提升监督质效

🏠 基本案情

**市中级人民法院（以下简称"执行法院"）在审理原告乙银行诉被告丙公司等借款合同纠纷一案中，作出冻结丙公司等银行存款3000万元诉前保全民事裁定。

2015年6月30日，执行法院办案人员向甲银行送达协助冻结存款通知书，要求冻结丙公司0427账户内存款3000万元，甲银行认为执行法院在工作时间外送达司法文书，未履行协助义务。因甲银行此前为丙公司发放了5360万元贷款，该行扣划该账户存款300万元清偿了其债权。

2016年4月12日，执行法院向甲银行作出责令追回被转移款项300万元通知书。2016年5月9日，执行法院向该行作出罚款30万元决定书。2016年7月26日，执行法院裁定甲银行在未追回的款项范围内以自己的财产向乙银行承担300万元赔偿责任。

甲银行认为其对案涉账户资金享有质押担保优先权，有权扣收账户内保证金，不存在不协助执行的情形，向执行法院提出执行异议。

---

* 本文书荣获辽宁省检察机关优秀法律文书评选活动二等奖。

诉讼过程

市中级人民法院认为：甲银行所提异议均发生在诉讼阶段，且系对执行依据提出的异议；关于其提出该款项为贷款保证金，其有优先受偿权的异议，应为案外人提出，但甲银行已是本案的被执行人，其所提该项异议不符合法律规定，裁定驳回异议申请。甲银行向人民法院提出复议申请。

甲银行主张法院超期未予答复其复议请求存在程序违法，向**检察院申请监督。**检察院认为，执行法院裁定赔偿300万元缺乏事实基础及法律依据。首先，甲银行无论作为利害关系人提出执行行为异议还是作为案外人提出执行异议均在法定期限内，执行法院未依法审查甲银行的异议请求违反法律规定。其次，丙公司与甲银行签订《人民币流动资金贷款合同》《保证金账户质押合同》，丙公司在甲银行开设0427账户，并用该账户中的360万元为贷款主债权5360万元提供质押担保。根据相关法律及司法解释，参照最高人民法院54号指导案例，甲银行对0427账户中的资金具有质权。甲银行对0427账户资金优先受偿未侵害乙银行实体权益，不应承担赔偿责任。针对上述违法情形，**检察院向**人民法院发出执行检察建议。

人民法院采纳检察院检察建议，撤销了**市中级人民法院的民事执行裁定。

典型意义

该案的成功办理，促成了法、检两家对民事执行检察监督工作进一步达成共识，为推动法、检两家建立执行监督纠错机制奠定了良好基础，打开了全省民事执行监督工作的新局面。

（一）善用指导性案例，保障法律正确实施

近年来，银行为解决中小企业融资难的问题，开展了一些金钱质押业务。为了准确认定金钱质押生效的条件，统一此类案件裁判尺度，最高人民法院于2015年11月19日发布了54号指导案例。本案中，0427账户资金符合金钱作为质押物的特定化和移交占有的要求，参照最高法指导性案例，甲银行对0427账户资金具有优先受偿的质权，其自行扣划该账户300万元清偿担保债权并未损害乙银行实体权益,故执行法院于 2016 年 7 月 26 日裁定该银行承担 300 万元赔偿责任存在适用法律错误,有违指导性案例精神,执行检察建议按照《案例指导工作的规定》引述指导性案例进行释法说理,充分落实了精准监督工作要求。

(二) 规范法院依法适用司法赔偿权力

法律规定银行接到人民法院协助执行通知书后,拒不协助冻结财产的,法院可以根据情节轻重予以处罚,但是法院不能任意裁定银行在转移的款项范围内承担赔偿责任。本案甲银行未予冻结案涉资金 300 余万元,存在妨害司法秩序情形,但是并未对债权人实体权益造成损害。执行法院裁定甲银行承担赔偿责任存在滥用司法赔偿权力情形,**检察院成功监督该案,对于纠偏错误司法理念具有引领作用,发挥了典型性案例成一件影响一片的监督效果。

法律文书

**人民检察院
检察建议书

*检民(行)执监〔2018〕*号

甲银行认为**市中级人民法院执行(2015)*立一保字第*号原告乙银行诉被告丁公司、丙公司等借款合同纠纷诉前保全裁定一案存在违法情形,向本院申请监督。现已审查终结。

现查明:

(一)**市中级人民法院执行活动

**市中级人民法院(以下简称"执行法院")在审理原告乙银行诉被告丁公司、丙公司等借款合同纠纷一案中,依据原告乙银行申请,作出(2015)*立一保字第*号民事裁定书,裁定冻结被告丁公司、丙公司等银行存款 3000 万元或查封等值财产。

2015年6月30日，执行法院办案人员向甲银行送达协助冻结存款通知书，要求冻结丁公司9805账户存款3000万元，甲银行当日出具协助冻结存款通知书（回执），冻结了该账户存款58886.24元。2015年7月1日，执行法院办案人员再次向甲银行送达协助冻结存款通知书，要求冻结丙公司0561账户、丁公司0866账户存款3000万元，甲银行当日出具了关于丙公司、丁公司协助冻结存款通知书（回执）。关于执行法院是否于2015年6月30日向甲银行依法送达了冻结丙公司0427账户内存款协助执行通知书，甲银行与执行法院存在争议。

2016年4月12日，执行法院作出（2015）*立一保字第*号责令追回被转移款项通知书：本院在审理原告乙银行诉被告丁公司、丙公司等借款合同纠纷一案中，已于2015年6月30日依法向你单位发出冻结被告丙公司在你单位0427账户内存款300万元的（2015）*立一保字第*号民事裁定书和（2015）*立一保字第*号协助冻结存款通知书，而你单位对本院冻结被告账户存款的执行工作拒不配合，故意拖延时间，违法将当时在被告丙公司在你单位0427账户内存款300万元转移至其他账户，严重妨害本案诉讼的正常进行。依照《最高人民法院关于人民法院执行工作若干问题的规定（试行）》第33条的规定，责令你单位自本通知书送达之日起3日内如数追回已被转移的款项300万元。逾期未能追回，本院将依法裁定你单位以自己的财产向本案原告承担责任。特此通知。

2016年5月9日，执行法院作出（2015）*立一保字第*号罚款决定书：被罚款人甲银行某支行，住所地**市某区某路某号。负责人刘某，行长。本院在审理乙银行诉丁公司、丙公司等借款合同纠纷一案中，依据乙银行申请，于2015年6月30日作出（2015）*立一保字第*号民事裁定书，裁定冻结被申请人丁公司、丙公司、辽宁某环电缆有限公司、本溪市某活性炭有限公司、王某、郭某银行存款3000万元或查封等值财产。在裁定执行过程中，被罚款人甲银行某支行对本院冻结被申请人账户存款的执行工作拒不配合，故意拖延时间，违法将当时在被申请人丙公司在该行0427账户内存款300万元转移至其他账户，严重妨害民事诉讼的正常进行。依据《中华人民共和国民事诉讼法》第一百一十四条、第一百一十五条第一款，决定如下：对甲银行某支行罚款 30 万元，限在 2016 年 5 月 16 日前交纳。如不服本裁定，可在收到决定书的次日起三日内，向 ** 人民法院申请复议一次。复议期间，不停止决定的执行。

甲银行提供顺丰速运公司邮递存根复印件予以证实该公司通过顺丰快递向执行法院办案人员马某邮寄"文件"一份，马某本人于 2016 年 5 月 12 日签收。甲银行主张该份邮件中包含甲银行于 2016 年 5 月 11 日通过执行法院向 ** 人民法院提出的罚款决定复议申请书，主要内容：甲银行不服执行法院（2015）*立一保字第*号罚款决定书，申请复议，请求执行法院停止处罚。甲银行主张罚款决定书中确认甲银行"故意拖延时间，违法将当时在被申请人丙公司 0427 账户内存款 300 万元转移至其他账户"缺少事实及法律依据。该账户为丁公司在甲银行处开立保证金账户，甲银行对该账户内资金享有优先权，甲银行有权扣收账户内保证金。经本院办案人员与执行法院办案人马某、刁某电话核实，对方称甲银行相关人员到该院对罚款决定提出过异议，也提出了该行欲通过与乙银行调解解决纠纷等的意见，但是执行法院没有收到甲银行的书面复议申请。

2016 年 5 月 16 日，执行法院办案人刁某、周某、林某在刁某庭长办公室对该案进行合议，合议笔录记载"本院于 2016 年 4 月 28 日，依法向协助执行人甲银行送达了限期追回存款通知书，但至今该银行未能履行义务，也未在规定期限提出异议。2016 年 5 月 10 日，本院又向其（甲银行）下达了罚款决定书。2015 年 5 月 16 日，协助执行人甲银行负责人刘某行长，会同其分行法务部杨某、甲银行某分行李副行长来我院沟通，称相关账户为贷款保证金账户，即使被冻结也不可以扣划。并请求本院给一定的时间，以便于提供相应的证据材料等。鉴于此种情况，建议合议庭同意该行请求。合议庭意见，同意本罚款决定书暂缓执行至本月月底"。

2016 年 7 月 6 日，执行法院召开听证会，甲银行与乙银行围绕涉案丙公司 0427 账户是否为保证金账户进行辩论。

2016 年 7 月 26 日，执行法院作出（2015）*立一保字第*号民事裁定书：本院在审理乙银行诉丁公司、丙公司等借款合同纠纷一案中，依据乙银行申请，于 2015 年 6 月 30 日作出（2015）*立一保字第*号民事裁定书，裁定冻结被申请人丁公司、丙公司、辽宁某环电缆有限公司、本溪市某活性炭有限公司、王某、郭某银行存款3000万元或查封等值财产。在裁定执行过程中，协助执行人甲银行某支行对本院冻结被申请人账户存款的执行工作拒不配合，故意拖延时间，违法将当时在被申请人丙公司在该行0427账户内存款300万元转移至其他账户。本院于2015年9月18日，依法向协助执行人甲银行某支行送达了本院（2015）＊立一保字第＊号责令追回被转移款项通知书，责令其限期追回被转移款项。但至今该银行未能履行义务，也未在规定期限提出异议。现本案已经审结，且已进入执行程序，依据生效的判决上述被告应连带偿还原告3000万元本息等。所以，协助执行人甲银行某支行应当在其擅自转移的数额300万元内向原告承担相应的赔偿责任。依照《最高人民法院关于人民法院执行工作若干问题的规定（试行）》第33条的规定，裁定如下：协助执行人甲银行某支行应在未追回的款项范围内以自己的财产向原告即申请执行人乙银行承担赔偿责任。协助执行人甲银行某支行应在本裁定生效之日起10日内向原告即申请执行人乙银行清偿300万元。本裁定送达后即发生法律效力。

2017年6月22日，甲银行向执行法院提出执行异议称：执行法院没有于工作时间到甲银行进行财产保全，甲银行不存在不协助执行的情形，因此，该院向甲银行下达责令追回款项通知书、罚款决定书是错误的，甲银行提出了异议，但至今没有结论。执行法院院在判决后作出追加甲银行为被执行人的民事裁定，未向甲银行交代诉讼权利，甲银行对执行行为提出异议；同时甲银行作为案外人对涉案贷款保证金具有优先受偿权，甲银行提出案外人执行异议，请求执行法院撤销错误执行行为，解除查封。

执行法院于2017年12月15日作出（2017）＊08执异＊号执行裁定书。该院认为：甲银行所提异议均发生在诉讼阶段，且系对执行依据提出的异议；关于其提出该款项为贷款保证金，其有优先受偿权的异议，按照法律规定该异议应为案外人提出，但异议人已是本案的被执行人，其所提该项异议不符合法律规定。综上，甲银行所提异议不属于执行异议和复议审查范围。按照《最高人民法院关于人民法院办理执行异议和复议案件若干问题的规定》第二条之规定，裁定如下：驳回异议申请人甲银行的异议申请。

甲银行不服执行法院作出的（2017）*08执异*号执行裁定书，向**人民法院提出复议申请，请求：1.撤销（2017）*08执异*号执行裁定书；2.裁定中止执行保证金账户内的资金，并确认该行对保证金账户具有优先受偿权；3.撤销（2015）*立一保字第*号责令追回被转移款项通知书；4.撤销（2015）*立一保字第*号罚款决定书；5.撤销（2015）*立一保字第*号民事裁定书。

执行法院于2018年5月22日向**人民法院移送卷宗材料。

（二）甲银行0427账户相关情况

1. 该账户为丙公司在甲银行设立的贷款保证金账户。

2014年5月22日，丙公司与甲银行签订《人民币流动资金贷款合同》，约定贷款金额5000万元，贷款期限从2014年5月22日至2015年5月22日。甲银行按照合同约定发放了贷款，丙公司逾期还款，甲银行进行贷款重组，截至2015年6月29日，贷款本金及利息共计50403784.39元。

2015年6月29日，双方签订了《人民币流动资金贷款合同》及其补充协议，约定贷款金额5360万元，期限2015年6月29日至2016年6月29日，用途为贷款重组。当日，甲银行与丙公司签订《保证金账户质押合同》，约定丙公司为5360万元主债权提供360万元的保证金质押担保，在主合同债务人不履行到期债务或发生约定的实现质押权利的情形时（丙公司的经营状况和/或财务状况恶化，或涉及重大经济纠纷），甲银行有权就该保证金账户的资金优先受偿。保证金账户为：0427账户。甲银行在双方签订上述合同的当日发放了贷款5360万元，并依据《人民币流动资金贷款合同》附件二支付委托书，将贷款金额5360万元中的50403784.39元用于偿还原有债务本息，余额3196215.61元（5360万元－50403784.39元）存入保证金账户中（0427账户）。

2. 甲银行某分行贷款情况

2014年3月28日，甲银行某分行与丁公司签订《人民币流动资金贷款合同》，约定贷款金额为人民币1800万元，用途为流动资金，贷款期限从2015年2月6日至2015年9月8日。甲银行某分行按约定履行了贷款义务，丁公司逾期还款，截至2015年6月30日丁公司拖欠利息98163.68元。丙公司作为保证人与甲银行某分行签订的《最高额保证合同》,丙公司对该笔贷款承担连带保证责任,最高额保证额度为2400万元。该合同第7.9条、第7.10条主要约定,当债务人(丁公司)未按约定清偿主合同项下全部或部分债务,丙公司应代为清偿,丙公司授权甲银行从该集团在甲银行开立的任何账户中扣收。

3. 2015年6月30日涉案0427账户资金变动情况

6月30日,甲银行从0427账户向丁公司在甲银行某分行0843账号转款10万元,甲银行某分行于10时9分37秒扣收丁公司拖欠的利息98163.68元,将剩余1836.32元转回0427账户。执行法院办案人员于16时后到达甲银行。甲银行于19时6分13秒从0427账户中扣划3098051.93元用于偿还丙公司对甲银行的贷款。上述转款及扣划行为均为甲银行自主发起,丙公司并无异议。

2017年7月19日,**市中级人民法院作出(2017)*01民初*号民事调解书,该院认定主要事实:2015年6月18日,甲银行与丙公司签订《综合授信合同》,在2015年5月13日至2016年6月30日期间丙公司可向甲银行申请使用授信额度6432万元。在此期间,甲银行分十二次总计向丙公司发放贷款56562273.66元,截至2017年7月18日,丙公司尚欠借款本金53464221.73元。该院调解确认丙公司偿还借款本金53464221.73元,即该院对涉案0427账户中的资金3098051.93元(56562273.66元-53464221.73元)已清偿了主债权予以确认。

本院认为,**市中级人民法院执行(2015)*立一保字第*号财产保全案件存在违法情形,理由:

(一)执行法院裁定赔偿300万元缺乏事实基础及法律依据。

1. 未予确认涉案0427账户性质,存在违反法律规定剥夺当事人辩论权利的情形。

执行法院作出(2015)*立一保字第*号民事裁定书载明"本院于2015年9月18日,依法向协助执行人甲银行某支行送达了本院(2015)*立一保字第*号责令追回被转移款项通知书,责令其限期追回被转移款项。但至今该银行未能履行义务,也未在规定期限提出异议。"该裁定存在剥夺当事人辩论权利违法情形。执行法院向协助执行人甲银行送达的责令限期追回被转移款项通知书未告知提出异议的期限。甲银行于 2016 年 5 月 12 日提供"情况说明"、于 2016 年 5 月 27 日提供"关于暂缓执行决定书的申请"予以主张涉案 0427 账户为保证金账户，该行对该账户内资金享有优先受偿权。根据《最高人民法院关于适用〈中华人民共和国民事诉讼法〉的解释》第一百五十六条规定"人民法院采取财产保全的方法和措施，依照执行程序相关规定办理"。《最高人民法院关于人民法院办理执行异议和复议案件若干问题的规定》第六条的规定"当事人、利害关系人依照民事诉讼法第二百二十五条规定提出异议的，应当在执行程序终结之前提出，但对终结执行措施提出异议的除外。案外人依照民事诉讼法第二百二十七条规定提出异议的，应当在异议指向的执行标的执行终结之前提出；执行标的由当事人受让的，应当在执行程序终结之前提出"。甲银行无论作为利害关系人提出执行行为异议还是作为案外人提出执行异议均在法定期限内，执行法院确认甲银行未在规定期限内提出异议缺乏法律依据。根据《最高人民法院关于人民法院办理执行异议和复议案件若干问题的规定》第七条之规定，甲银行作为利害关系人认为执行法院在执行保全裁定过程中行为违法提出异议的，人民法院应当依照民事诉讼法第二百二十五条规定进行审查，甲银行对责令追回被转移款项通知书提出了异议请求，但是执行法院依法审查甲银行的异议请求违反法律规定。

2016 年 7 月 6 日，执行法院召开听证会，甲银行与乙银行围绕涉案 0427 账户是否为保证金账户进行辩论。执行法院对甲银行的异议请求在（2015）＊立一保字第＊号民事裁定书根本不予提及，掩盖了客观事实，违反了审判职责，也有失中立公正，剥夺当事人辩论的权利。

2. 甲银行对涉案 0427 账户中的资金享有质权，其有权优先受偿。

依照甲银行与丙公司签订《人民币流动资金贷款合同》《保证金账户质押合同》，丙公司在甲银行开设 0427 账户，并用该账户中的 360 万元为贷款主债权 5360 万元提供质押担保。丙公司对该账户内的资金不能支取、也不能控制，对该账户内的资金使用受到限制，该账户不是丙公司的结算账户。根据《物权法》第二百一十二条规定："质权自出质人交付质押财产时设立。"《最高人民法院关于适用〈中华人民共和国担保法〉若干问题的解释》第八十五条规定"债务人或者第三人将其金钱以特户、封金、保证金等形式特定化后，移交债权人占有作为债权的担保，债务人不履行债务时，债权人可以以该金钱优先受偿"。参照最高人民法院于 2015 年 11 月 19 日发布的指导案例 54 号（中国农业发展银行安徽省分行诉张大标、安徽长江融资担保集团有限公司执行异议之诉纠纷案），涉案 0427 账户中的资金符合金钱作为质押物的特定化和移交占有的要求，甲银行对涉案 0427 账户中的资金应具有质权。

涉案 0427 账户资金变动情况是否影响质押担保的问题，在执行法院要求甲银行冻结丙公司 3000 万元债权时，丙公司存在经营状况和/或财务状况恶化，或涉及重大经济纠纷情形，甲银行按照《保证金账户质押合同》约定有权直接扣划涉案 0427 账户资金 3196215.61 元予以清偿其主债权。虽然涉案 0427 账户中的部分资金 98163.68 元清偿了甲银行某分行的其他债权，但是清偿行为不是丙公司主动操作，而是甲银行按照丙公司签订的《最高额保证合同》自行扣收，丙公司并未因此取得涉案账户控制权，该账户内的金钱未与丙公司其他财产相混同，故涉案 0427 保证金账户未变更为丙公司的日常结算账户。此外，涉案 0427 账户中的资金 3196215.61 元对主债权 5360 万元提供质押担保，甲银行通过"甲银行保证金存款解冻、出账通知书"对使用该账户部分资金 98163.68 元清偿甲银行某分行的其他债权予以确认，该清偿行为为甲银行自行处分了部分质押担保资金，故该账户资金变动仍符合金钱作为质权的特定化和移交占有的要求，不影响该账户质押担保性质。

3. 甲银行对涉案 0427 账户资金优先受偿未侵害乙银行权益，不应承担赔偿责任。

如上所述，甲银行对涉案 0427 账户资金具有质权，享有优先受偿权利。根据《最高人民法院关于适用〈中华人民共和国民事诉讼法〉的解释》第一百五十七条之规定，人民法院对质押物可以采取财产保全措施，但不影响质权人的优先受偿权。本案甲银行作为（2015）*立一保字第*号诉前保全案件的案外人对涉案 0427 账户资金具有实体权利，在执行法院要求该银行协助冻结涉案账户时，其应予配合，并有权提出案外人执行异议以及相关诉讼主张权利，乙银行亦有权提出执行异议之诉主张权利。现甲银行自行扣划该保证金账户资金清偿了被担保主债权，并经 ** 市中级人民法院作出（2017）*01 民初 *号民事调解书确认，甲银行存在妨害司法秩序情形，执行法院有权根据情节轻重予以处罚，但是甲银行的扣划行为并未损害乙银行实体权益，因此执行法院裁定甲银行承担300万元赔偿责任缺乏事实及法律依据。

（二）罚款决定是否生效及是否超过必要限额存在争议。

1. 甲银行是否在规定期限内对执行法院（2015）＊立一保字第＊号罚款决定书提出复议申请事实不清。

根据《民事诉讼法》第一百八十五条之规定"被罚款、拘留的人不服罚款、拘留决定申请复议的，应当自收到决定书之日起三日内提出。上级人民法院应当在收到复议申请后五日内作出决定，并将复议结果通知下级人民法院和当事人"。甲银行对执行法院的罚款决定书具有复议权利，甲银行提供的执行法院办案人员马某签收的顺丰速递存根、执行法院办案人于2016年5月16日作出的合议庭笔录内容、甲银行提出执行异议内容能够证实甲银行在收到罚款决定书后三日内对执行法院冻结涉案账户资金提出了异议，但是该公司是否在规定期限内提出明确的复议申请事实不清。建议＊＊人民法院查明此节事实，依法保障当事人的合法程序救济权利。

2. 罚款金额与损害结果不相适应。

根据《最高人民法院关于适用〈中华人民共和国民事诉讼法〉的解释》第一百九十三条的规定"人民法院对个人或者单位采取罚款措施时，应当根据其实施妨害民事诉讼行为的性质、情节、后果，当地的经济发展水平，以及诉讼标的额等因素，在民事诉讼法第一款规定的限额内确定相应的罚款金额"。涉案0427账户为丙公司在甲银行开设的保证金账户，甲银行对该账户资金300余万元享有质押权，在贷款主债权5360万元范围内具有优先受偿权。甲银行未予配合法院冻结该笔资金并未直接损害申请执行人的实体权益；虽然甲银行未予冻结涉案资金300余万元，亦未配合执行法院追回该笔资金，但是甲银行始终以提出异议等方式主张相关权益，其没有与执行法院办案人员产生言语或肢体冲突，其妨害司法秩序情节较轻，因此建议＊＊人民法院对执行法院罚款30万元是否超过必要限度予以审查。

综上，＊＊市中级人民法院执行（2015）＊立一保字第＊号财产保全案件存在违法情形，建议＊＊人民法院对本案予以纠正，并切实保障双方当事人相关诉讼程序权利。

根据《中华人民共和国民事诉讼法》第二百三十五条、《最高人民法院关于适用〈中华人民共和国民事诉讼法〉的解释》第一百五十六条、《最高人民法院、最高人民检察院关于民事执行活动法律监督若干问题的规定》第四条第二款、第十二条的规定，特提出民事执行监督检察建议。

请在收到检察建议后三个月内将审查结果书面回复本院。

此致

**人民法院

2018 年 6 月 25 日

附：检察卷宗贰册

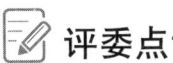 **评委点评**

该案办理的重点与难点在于如何论述甲银行对案涉丙公司账户资金具有优先于乙银行债权的担保物权，办案人准确运用最高人民法院发布的 54 号审判指导案例提出监督意见，有效消除争议，充分体现了检察机关办理民事案件精准监督的理念。监督法院民事执行案件不仅要关注执行领域程序法律条文，而且要掌握实体法律规定，熟悉"两高"指导性案例、典型案例，善于检索引述相关案例，从而提高监督质效。该份检察建议书准确阐述事实，提出针对性监督意见，对类案起到很好借鉴意义。

附：获奖单位名单

为全面贯彻落实最高人民检察院张军检察长提出的"要严肃、规范、优化检察法律文书"的重要指示精神，进一步规范全省检察机关检察法律文书制作，促进检察官基本素养提升，发挥优秀法律文书的示范引领作用，2020年4月，辽宁省人民检察院部署开展了全省检察机关优秀法律文书评选活动。评选活动开展后，全省各级检察机关精心组织，积极参与，共选送刑事、民事、行政、公益诉讼四大检察各类法律文书612份，涵盖起诉书、不起诉决定书、刑事抗诉书、民事抗诉书、行政抗诉书、公益诉讼起诉书、检察建议书等各类具有典型意义的常用检察法律文书。经辽宁省人民检察院各业务部门初步筛选、评审委员会集中评审，共评选出优秀法律文书一等奖10份、二等奖16份、三等奖15份，优秀组织奖3个。

现将获奖单位公布如下：

一等奖获奖单位：辽宁省人民检察院、宽甸满族自治县人民检察院、丹东市人民检察院、沈阳市大东区人民检察院、抚顺市新抚区人民检察院、凌海市人民检察院、凤城市人民检察院

二等奖获奖单位：本溪市明山区人民检察院、抚顺市人民检察院、葫芦岛市连山区人民检察院、朝阳市人民检察院、沈阳市于洪区人民检察院、辽宁省人民检察院、葫芦岛市人民检察院、大连市人民检察院、沈阳市人民检察院、丹东市人民检察院、阜新市人民检察院、沈阳市大东区人民检察院

三等奖获奖单位： 丹东市振安区人民检察院、大连市人民检察院、沈阳市人民检察院、辽宁省人民检察院、沈阳市城郊地区人民检察院、葫芦岛市龙港区人民检察院、北镇市人民检察院、丹东市人民检察院、凌海市人民检察院、营口市鲅鱼圈区人民检察院、凤城市人民检察院

优秀组织奖获奖单位： 沈阳市人民检察院、大连市人民检察院、丹东市人民检察院